陈华彬（2000 年前后于南京）

陈华彬（第二排右六）与李开国先生（第二排右七）2003 年于重庆

陈华彬（右二）与李开国先生（左二）及陈德新师母（左一）
1989 年于西南政法学院

陈华彬（右二）1998 年于日本和同班同学一起上课中

陈华彬（左二）1998年于日本和同班同学及友人在一起

陈华彬（中）1998年于日本和同班同学在一起

陈华彬（左列二）1998 年于日本和中国同学等在一起

陈华彬（第四排左九）1987 年于乐山师范专科学校

政史系 84 级 2 班毕业留影

# 作者简介

**陈华彬**，我国当代著名民法学者，中央财经大学法学教授（二级）、博士生导师、博士后合作导师，法学博士，教育部新世纪优秀人才支持计划入选者（2008年），中国法学会保险法学研究会副会长，最高人民法院案例指导工作专家委员会委员。

陈华彬作品系列

———

# 婚姻家庭法

陈华彬　著

中国政法大学出版社

2024·北京

**图书在版编目（CIP）数据**

婚姻家庭法 / 陈华彬著. -- 北京 ：中国政法大学
出版社，2024. 8. -- ISBN 978-7-5764-1638-1

Ⅰ. D923.9

中国国家版本馆CIP数据核字第20241LD034号

------------------------------------------------------------------------------------------

| | |
|---|---|
| 出 版 者 | 中国政法大学出版社 |
| 地　　址 | 北京市海淀区西土城路 25 号 |
| 邮寄地址 | 北京 100088 信箱 8034 分箱　邮编 100088 |
| 网　　址 | http://www.cuplpress.com (网络实名：中国政法大学出版社) |
| 电　　话 | 010-58908441(编辑室)　58908334(邮购部) |
| 承　　印 | 北京中科印刷有限公司 |
| 开　　本 | 720mm×960mm　1/16 |
| 印　　张 | 17.25 |
| 字　　数 | 250 千字 |
| 版　　次 | 2024 年 8 月第 1 版 |
| 印　　次 | 2024 年 8 月第 1 次印刷 |
| 定　　价 | 76.00 元 |

# 人生在勤，不停歇的学与思

  这部《婚姻家庭法》著作是我历经较长时期的积累、关注并经较漫长时期的打磨、思忖而得以写作完成的成果。自 1994 年 7 月我于中国社会科学院研究生院博士毕业后，我虽然对物权法乃至债法（尤其是前者）倾注更多心力，但对于婚姻家庭法（亲属法）乃至继承法的关注与文献的积累也时时在进行中。1996 年 1 月至 6 月，以及 1997 年 10 月至 1998 年 6 月两度于日本进行的民法研修和日本语研修，以及同时游学日本各有关大学的过程中，皆收集、积累了日本学界（透过日本学界的研究成果，乃大体可以俯瞰世界其他国家和地区的研究境况）有关亲族法（亲属法、婚姻家庭法）的文献材料，回国时不遗余力地把它们带回国内，迄今收藏保存在我的书房中。感谢过去的岁月的恩赐，感念于日本研修期间所过的充实、忙碌并有很大收获的生活。如今每每念及于此，心里不禁充满了惬意与自豪，实感叹原来人生所走的每一步、每一段经历都没有白走而皆是有意义的啊！尤其于独处乃至夜深人静时，过往的经历乃不时一幕一幕地浮现于目前，由此使我充满了甜美之感，心中也变得格外宁静乃至意得志满！

  婚姻家庭法是民法中至为重要的领域。家，是社会的最基本的组织，正如歌谣所唱，"家是最小国，国是千万家"。家联系着国运。从一定意义上说，家怎么样，家的状况如何，决定了国家的样态与国家的面貌。我们生于家中，家又处于国中。故此，爱我们的家，自某种意义上说，也就是爱我们的国。家国即家与国，乃实不可分啊！这部《婚姻家庭法》在论及我国自古以来的有关婚姻家庭制度时，对于中华民族这一大家历经五千余年的风雨淬炼而不曾中断的婚姻家庭制度史充满无限的敬意、感慨与喟叹。对于生于斯、长于斯的中华民族的一分子历经百折而不悔的精神品质、气节乃至节操，深深敬佩与慨叹！愿我们中华民族的连接着国的家和谐、富足、安宁、幸福、如意！

另外，这部《婚姻家庭法》也有自世界的视角所进行的考察、研究与分析。它包括对欧风美雨，即欧洲国家、美国乃至东方的日本以及其他世界上大多数国家和地区的婚姻家庭制度的分析、考察和讨论。如今的人类世界是共同体的世界，天下一家乃至世界大同并不是虚幻而遥远、渺茫，人类同心，天下同理。于进行考察、分析、讨论中，也充满了对于人类世界的各国家乃至地区的无尽关怀、关切，愿它们也像我们中华民族一样，在家的生活中过得开心、和谐、安宁、幸福、如意与富足啊！

如同以前本书作者于相关著作中曾提及的，如今的我国乃至人类世界正在经历前所未有的大变局、大变化、大变革，人们的思想意识、观念乃至生活的志趣皆较以往有大的变化，再加上各种科技的发展与革新，无不使我们的生活运命与生活环境乃至心理甚至生理上有重要变化。在这样的境况下，家尤其呈现出其特有的价值，家的安宁、幸福、和谐、富足乃至充实，对于当下生活的人们来说是无比重要、无比要紧的啊！愿本《婚姻家庭法》的面世能为人们带来一股清新之气与清新之风！如此，即幸甚！

这部《婚姻家庭法》的写作与研究系秉持作者一贯的风格与做派，踏实、认真、严谨、严格，由此可以因应未来社会可能对于它的检视与检验。也于此祝愿读者诸君于阅读本著作的过程中愉悦、开心、欢乐！

以上数言是为序。

陈华彬

二〇二四年三月六日谨识于北京海淀大钟寺寓所

# 目 录
## CONTENTS

# 第一章

# 婚姻家庭与婚姻家庭法概要

## 第一节　婚姻家庭与婚姻家庭法概要

### 一、婚姻家庭与婚姻家庭法的涵义或意涵 [1]

按照马克思主义的观点，在从猿到人的演进过程中，劳动起了重要作用。也就是说，是劳动创造了人类的世界。[2] 人类诞生以来，人的生活关系包括作为人的生存基础的财货的生产、再生产的经济生活层面与为了维持种族的存在而进行的再生产的家族生活层面。并且，家族生活是由各个自主独立的个人以爱情或情爱为纽带而以夫妻（也包括子女）的方式过的生活。如果进一步说的话，则是：经济生活是以社会中的商品交换为中心而过的生活，而家族生活是商品交换的最终阶段即终了阶段的商品的消费问题，也就是再生产人或劳动力的过程。一般而言，规律前者的法即是财产法，而规律后者的法则为亲族法（家族法）。亲族法，也就是我国《民法典》（第五编）与学理所称的婚姻家庭

---

[1]　本部分主要参考、依据的文献是：［日］久贵忠彦等：《民法讲义 7 亲族》，有斐阁 1977 年 11 月 25 日初版第 1 刷发行，第 1—2 页。

[2]　参见艾思奇：《历史唯物论、社会发展史》（第七版），生活·读书·新知三联书店 1952 年版，第 18 页以下。

法。[1]

不过，需提及的是，在日本，有学说认为，亲族法、家族法这样的用语乃至概念，其意涵于现今未必是完全明白、清晰的。对此，试做出如下一些方面的分析与论述。

在日本，"亲族法"这一用语由来于1898年《日本民法》[2]第四编"亲族"。其以"家"为中心（核心），于各"家"之中设置作为其统率者的"户主"。[3]与赋予亲族团体固有意义的该《日本民法》亲族编不同，第二次世界大战后经修改后的《日本民法》亲族编（即现行法），其家族的理念是：由夫妇与未成熟的子构成所谓的婚姻家族（famille conjugale）[典型的"核心家族、核心家庭"（nuclear family）]。由此，学说上多认为，不应称为"亲族法"，而应谓为"家族法"。然现行《日本民法》第四编启用的编名依然是"亲族"，所以即使今日仍应一般性

---

　　1　我国台湾地区学者史尚宽于其所著《亲属法论》（第四版，荣泰印书馆股份有限公司1980年版）第1页指出，亲属法（Familienrecht；droit de famille；law of domestic relations）有实质上的意义与形式上的意义：①实质上的亲属法，谓规定亲属关系、家长家属关系及由此等关系所生各种权利义务的法规，即规定亲属或家长家属身份的发生、变更、消灭，及基于此等身份发生的权利义务。亲属法所规定的权利义务，又可分为身份上的权利义务与财产上的权利义务。规定前者的亲属法称为纯亲属法（Das reine Familienrecht），规定后者的亲属法称为亲属财产法（Das Familiengueterrecht）。②形式上的亲属法谓民法典中亲属编的规定。至于亲属法的性质，则有亲属法为私法、亲属法为关于身份生活之法、亲属法为强行法，以及亲属法为普通法；关于亲属法的特质，则有亲属法的习俗性、亲属法的伦理性、亲属法的团体性，以及亲属法的要式性。对此，参见史尚宽前揭同书，第3—5页。

　　2　日本成文民法典的编纂事业之开启，是在进入明治时期以后。由于明治维新而成立的明治政府，为了修改日本幕府与列强之间缔结的不平等条约，痛感有废除治外法权的必要，为达成此目的的一项重要手段即是着手整备近代法典。然当此之时，日本国内应成为或作为其基础（基盘）的习惯法也尚未生成，而于列强中，尤其具有完备的成文法的是法国，以及其后的德国——包括其《德国民法典第一草案》乃至于1896年公布的《德国民法典》。日本即依据它们（主要是《法国民法典》与《德国民法典第一草案》）而展开其民法典的编纂事业。对此，参见［日］久贵忠彦等：《民法讲义7亲族》，有斐阁1977年11月25日初版第1刷发行，第7页。

　　3　学理指出，日本民法中虽无"孝敬"的类似规定，然明治政府为实现富国强兵以对抗欧洲列强的侵略，于民法中建立"家制度"，赋予户主绝对的权利（力），使人民听从户主的指挥，户主听从国家的指挥，此所谓"忠孝一体"的概念（观念），与认为孝于亲即忠于君的儒家思想十分相近。唯战后日本民法为贯彻男女平等原则与保障个人尊严，早已废止家制度。对此，参见陈公棋炎先生九十晋五冥寿纪念文集编辑小组主编：《家族法新课题——陈公棋炎先生九十晋五冥寿纪念文集》，元照出版有限公司2017年版，第68—69页。

地采用"亲族法"的用语。

家族的生活范围也并不当然仅局限于自己的家族范围内，而是主要扩及于由血缘而发生结合（即因血缘而结合）的特定的人们，即亲族之间，这些人于精神上、物质上抑或经济上皆保持着十分密切的关系，由此而持续地过他们的日常生活。现行《日本民法》亲族编也是包含了这样的亲族形态，这使现行《日本民法》亲族编具有作为亲族法的实体。譬如，现行《日本民法》规定亲族范围的第725条、规定亲族相助的第730条以及关于扶养的规定等即属之。

由上可见，现行《日本民法》亲族编是以对家族与亲族的规定为中心而构成其内容的。尽管如此，其也包含关于监护、保佐及辅助等的规定，这些是与家族、亲族无本质性联系或关系的一些规定。

第二次世界大战结束后直至对《日本民法》进行修改前，亲族编（第四编）与继承编（第五编）一起被一般性地称为"身份法"。就"家"的构成、户主与其家族（构成员）的行动予以规定的亲族编与就"家"的承继予以规定的继承编在一个原理的支配之下而具有密切关联。个人在"家"的秩序中占据一定的位置（身份），以此为基础，法体系得以建立，由此出发，它就是被认为系身份法的内容或东西。今日尽管仍然启用"身份法"这一用语，但"家族法"这一用语几乎可以替代之（不过，身份关系、身份权、身份行为等用语，是在广义上使用的）。还有，应予提及的是，或者成为问题的是，这样的"家族法"是否包含了《日本民法》继承编的内容或东西？若率直地说，这一点是不清楚的。确实，继承法是以人的死亡为契机，使故去之人的财产由其家族、亲族予以承继的法，但是，它终究是以财产为中心的法，并且，它也包含了遗嘱的规定。由此等视点看，将它单纯地视为家族法之一部是未必应予赞成的，也就是未必妥当的。

## 二、婚姻家庭法的规律对象 [1]

（一）家族 [2] 是什么（家族涵义的分析）

如所周知，人自出生后直至去世，乃是与社会生活中的大多数人结成关系而得以生存或活着的。这其中尤其紧密的关系即当属生活中的人与家族的关系。现今，自一般的个人与家族间的关联来看，生活中的我们自出生后到成人之前，在亲（父母）的庇护下得以成长，而成人后即独立构筑自己的生活。结婚后，与异性一起创造新的生活时，即生育自己的下一代。到了老龄阶段，又变成不能独立生活，于是在社会保障的援助下，于大多数的场合或情形，接受由近亲者所施与的精神的、经济的或者身体上的援助。亲族法即是规定这样的夫妇、亲子等的法律关系，于围绕这些家族关系发生纷争时，给予其解决基准的法。在我们的生活中，当听闻"家族"这一词语时，大体上即能想象到生活或居住在一个屋檐下的由夫妇与子女构成的核心家庭。这种核心家庭或家族，是现代比较实务中所能见到的一般的家族形态。但是，于比较实务中，现代的家族通常相同，即并不当然具有持续性；也就是说，其每天都在变化中。现今的欧美国家也经历着较日本更激烈的家族关系的变动。研习亲族法，于理解现行制度或规定的同时，考量、把握或看待变化中的家族即成为重要之事。

（二）现在乃至未来的家族的情况概要——以日本及欧美诸国的情况为例的分析

在日本，其人口数量于经历了第一次育婴潮的 1950 年是约 8320 万，其中 19 岁以下的人口比例约为 45.6%，65 岁以上的人口比例约为 4.9%。但至 1997 年，小孩的数量变得比高龄者少。这以后即被称为"少子社会"。到了 21 世纪，高龄

---

[1]　本部分依据、参考的文献是［日］高桥朋子、床谷文雄、棚村政行：《民法 7 亲族·继承》，有斐阁 2023 年版，第 2—7 页（高桥朋子执笔）。

[2]　需提及的是，对于日文"かぞく"一语，华夏主编《简明日汉法律辞典》（人民法院出版社 2003 年版）第 32 页于"かぞく【家族】"的条目下谓："家族（在社会中共同生活的基于血缘关系的集团，日本旧民法指户主为中心的家庭全体成员，现行民法中已无此概念）"。

化进程持续演进，这就迎来了"少子高龄"的社会。2021 年，日本有约 1.2278 亿人，是 1950 年的约 1.5 倍。但是，19 岁以下人口所占的比例约为 19.8%，65 岁以上人口所占的比例变成了约 29.3%。2016 年以后，出生人口数下降到 100 万人以下，2020 年以后，出生人口数更少。2021 年，其出生人口数只有 811 622 人。

让我们再看看婚姻状况。尽管结婚志向或意向根深蒂固、不易动摇，但是晚婚化持续发展，结果导致未婚率也得以上升。日本 1950 年的结婚（婚姻）件数是 715 081 件，至 2021 年变成 501 138 件（减少约 30%）。同一时期，离婚件数从 83 689 件增加到 184 384 件（增加约 120%），特别是中高年龄的离婚量增加。有如此变化的同时，当然也有并无变化的方面或侧面。譬如，于日本，对于非正式结婚的男女同居的宽容度极低，可能是因为人工流产比较容易实施或进行，所以非婚生子女（于婚姻关系外出生的子女）的数量极少［1952 年以后，约 50 年间，出生子女中的非婚生子女比例在 1% 左右，2021 年稍稍有些增加，为 2.3%］。另外，同性婚姻于日本也不被认可。

与日本的情况不同，在欧美，其家族已经在较早的时期经历了激烈的变化。让我们看看法国的实例吧！法国较日本于更加早的时期经历了"少子高龄化"。然其后的变化是，法国较日本更加趋于缓和。另外，法国 1950 年到 2018 年的离婚件数的增加比例也较日本稍高一些（270%），然婚姻件数的减少比例与日本相较并无变化。不过，某种特征性的变化是，家族形态的多样性。1999 年，其公布规律同性恋者、非正式婚姻的共同生活的法律［民事伴侣结合法（Pacs）］；2013 年，同性婚得到认可。2018 年，法国的结婚量是 234 735 件（正式的及异性间的婚姻是 228 349 件，同性间的婚姻是 6386 件），Pacs 缔结量是 208 871 件（异性间的 Pacs 是 200 282 件，同性间的 Pacs 是 8589 件）。对于年轻一代而言，无论婚姻还是 Pacs，其都不选择，而多有选择非正式婚姻者。伴随非正式婚姻、Pacs 的增加，非婚生子女的出生数量增加，于每年的出生子女数量中，其比例自 1966 年的 6.0%，激增到 2020 年的 61.0%。法国这样的情况或现象于欧美诸国中并不是突出的，经历了更加激烈变化的国家有很多。无论在哪一方面，日本的家族关系也可能变成这样的状况。日本现行民法规定的家族关系，只不过是规律各种各样的男女、亲子关系的一种形态。于考量、检视家族法的问题时，不宜采取固定观念，而应考量怎样的家族关系是更好的。

值得提及的，是对于同性夫妇（情侣）的法的保护。于近代民法上，婚姻仅在男女之间被认可。然在近年，性的指向的多样性被认可。于欧美，即使是同性夫妇（情侣）也产生了受到与婚姻相同的法的保护的机能。在北欧国家、荷兰、德国、法国、美国、英国等 30 个以上的国家，同性婚以及登记伴侣（partnership）制度等被认可。婚姻或登录的同性夫妇（情侣），于民法、税法、社会保障法等方面，被给予婚姻的（法律）效果或与之类似的（法律）效果。譬如，登录后，由同性夫妇（情侣）的一方有偿获得的财产被认为是二人的共有财产，赋予其继承权；对于二人之间的赠与、遗赠，有利的税扣除也被认可；关于一方的医疗，赋予另一方以承诺权；一起休假也被认可。不过，此（法律）效果的范围则是因国而异。最有争议的是，领养子女及接受人工生殖技术辅助是否应当被认可或获得承认。

于日本，2015 年，东京的涉谷区与世田谷区开始同性伴侣证明的发行以后，继之的自治体增加，人口覆盖率超过 7 成。另外，要求进行同性婚立法的当事者们提起复数的诉讼，若干判决也被做出。其中，既有认为现行制度合宪的判决[1]，也有认为现行制度尽管不违反《日本宪法》第 24 条第 2 款，却是处于"违反的状态"的判决[2]；还有认为现行制度违反《日本宪法》第 14 条的判决[3]；甚至还有认为现行制度违反《日本宪法》第 24 条第 2 款的同时，也违反第 14 条第 1 款的判决[4]。

（三）亲族法的性质

家族是市民社会与国家的最小集团，虑及其这样的法基础地位，自秩序维持

---

1　参见日本大阪地判 2022 年 6 月 20 日判时 2537 号第 40 页。

2　参见日本东京地判 2022 年 11 月 30 日判时 2547 号第 45 页等。

3　参见日本札幌地判 2021 年 3 月 17 日判时 2487 号第 3 页。

4　参见日本名古屋地判 2023 年 5 月 30 日 LEX/DB25595224。

的视角看，是不能将家族的法律关系委诸全部自由取决（决定）的。也就是说，亲族法的强行法特性是很强的。于比较民法（譬如《日本民法》）上，于亲族编中对家族设置一定的规定，使家族得以法制度化。由是，亲族法具有为解决家族间发生的纷争的裁判规范以及调停规范的性质。

（四）亲族法的规律对象

于德国法和日本法上，亲族法被置于其民法典的第四编规定（于我国《民法典》中系被规定于第五编——婚姻家庭编）。民法是市民的法（市民法），是规律市民的财产关系、家族关系的。于德国，其民法典系由规定财产法的第一编总则、第二编债、第三编物权，以及规定家族法（广义）的第四编亲族与第五编继承构成；《日本民法》也由规定财产法的第一编总则、第二编物权、第三编债权，以及规定家族法（广义）的第四编亲族与第五编继承构成。根据我国《民法典》的规定，其第一编规定总则，第二编规定物权，第三编规定合同，第四编规定人格权，第五编规定婚姻家庭，第六编规定继承，第七编规定侵权责任。其中，第一编总则、第二编物权、第三编合同、第七编侵权责任的规定大抵系属于财产法的内容，而第五编婚姻家庭与第六编继承则规定广义的家族法的内容。至于第四编人格权，则是规定人格权的保护等。

财产法是规定由抽象存在的市民所构成的市民社会的财产关系的规则，而家族法则是规定基于具体身份关系的市民（自然人）的身份的财产关系的规则。另外，构成广义的家族法之一部的继承法，则是规定以市民（自然人）的死亡为契机，以身份关系为基础的财产移转的规则，在这里，身份的原理与财产法的原理发生交错。也有学理认为，宜将继承法自家族法中剔除，而仅仅将亲族法称为家族法（狭义）。本书所称家族法，通常系在广义上予以启用，于此谨予释明。另外，也顺便提及，我国台湾地区学理也谓，其"民法"亲属编[1]及继承编规范身

---

1　我国台湾地区学者陈惠馨于其所著《民法亲属编——理论与实务》（元照出版有限公司2016年版）第3—4页谓，我国台湾地区现行"民法"亲属编主要规范亲属关系、夫妻关系、父母子女关系及家长与家属关系。

份关系（家族关系），包括纯粹身份关系及身份财产关系，其适用恒与"民法"其他各编及其他规范连接 1。

（五）亲族法与身份性

将亲族法自财产法中予以分隔，或者说亲族法与财产法的区隔或差异，系在于亲族法中的身份性的存在。自然人基于身份关系而被赋予的权利，即为身份权，除纯粹的身份的权利外，也包含财产的权利。身份权具有一身专属性，其不得让与及由他人代理行使，也不允许继承，于不当行使时，容易被判定为权利的滥用。得发生身份上的法律效果的法律行为，被称为身份行为。身份关系是由存在与财产关系不同的特质这一认识而产生的概念，其本来是分析亲族法、继承法全体的构造的概念，然于现今，其主要在关于婚姻、离婚、收养及收养解除的成立要件的议论中被启用，由此，对于其存在的意义，也出现了质疑的声音。身份行为具有其独自性的特点，故此，通常认为，民法总则的规定是不能原封不动或原原本本地适用于身份行为的。

### 三、婚姻家庭法的变迁与理念——以日本为例的考察 2

日本亲族法的基本原理是个人的尊严与男女两性的实质平等（《日本民法》第 2 条、《日本宪法》第 24 条）。唯此基本原理的确立是在第二次世界大战结束后的日本对其宪法、民法进行修改之时。在此之前的《日本民法》，是由别的基本原理所支配的。

（一）日本战前的家族法

前已提及，在日本，其民法的制定乃可以追溯到明治时代。明治政府为了废除治外法权，统一自德川时代以来的诸习惯法，自 1871 年，乃开启民法典的编纂

---

1　应值提及的是，郭振恭："身分法上疑难问题之探讨"，载陈公棋炎先生九十晋五冥寿纪念文集编辑小组主编：《家族法新课题——陈公棋炎先生九十晋五冥寿纪念文集》，元照出版有限公司 2017 年版，第 21 页。

2　本部分依据、参考的文献是 ［日］高桥朋子、床谷文雄、棚村政行：《民法 7 亲族·继承》，有斐阁 2023 年版，第 7—11 页（高桥朋子执笔）。

事业。而编纂民法典时，其财产法部分委由法国人波伦索那得（G. Boissonade,
1825—1910 年），家族法部分因立基于日本的风俗习惯，故而由日本人为之。
1890 年，民法典草案得以完成并公布，史称"旧民法"。但是，围绕该"旧民
法"发生了所谓的"民法典论争"。"旧民法"于 1892 年变成施行延期。

　　这里有必要稍稍涉及"民法典论争"。围绕"旧民法"，尤其是其中的家族法
部分，对其予以赞成（称为"断行派"）与反对（称为"延期派"）的两种不
同立场之间展开了论争。延期派主张的理由是：民法的内容是个人主义的、民主
主义的，"旧民法"中的家族法部分乃与明治宪法的精神不合，且破坏日本自古
以来的伦理，以及违反以传统的祖先崇拜为中心的家族主义。论争的结果是，主
张此等观点的延期派取得胜利。1893 年，以穗积陈重、富井政章、梅谦次郎三人
作为起草委员，开始对"旧民法"进行修改。1896 年，财产法部分公布，1898
年，家族法部分公布，合称为"明治民法"。其家族法部分的基本构造，与"旧
民法"相同，系以"户主权"为中心的"家"为轴心（"家"制度），"旧民法"
中关于户主权的条文得以增加，且亲族编的构成也变成以"家"为中心。"家"
的基础是（设置）"户籍"，户主的地位由长男单独继承。婚姻关系从属于亲子关
系，无论婚姻之际抑或离婚之际，子女都不得不获得父母的同意。在婚姻关系
中，妻必须自称夫的"家"的名字（姓氏）。另外，妻因婚姻（结婚）而无行为
能力，若未获得夫的许可，其不得为重要的法律行为。伴随迈入日本大正时期的
资本主义进程或资本主义化的推进，由农村外流到都市的人口增加，户籍变成不
能实际反映"家"的东西。政府为谋求"家"制度的强化，而设置临时法制审议
会，关于亲族编、继承编的"修改要纲"被做成（亲族编于 1925 年、继承编于
1927 年被发布）。临时法制审议会进行将其条文化的"人事法案"的编纂。与政
府的意图、期待不同，其多少缓和了一点合于家族的实态的"家"制度，变成了
具有新、旧思想的妥协性质的东西。但是，起草工作因第二次世界大战的激烈化
而被命令中止。

　　（二）日本现行的家族法
　　第二次世界大战结束后，伴随承诺接受波茨坦宣言，受到由占领军推动的明

治宪法的修改启迪，1947 年 5 月 3 日，《日本宪法》施行。新宪法废止了"家"制度，规定个人的尊严与男女两性的实质平等。与宪法修改工作并行，亲族法、继承法的修改工作以我妻荣、中川善之助为中心而得以进行。1947 年，新法得以公布。新民法废止"家"制度，规定平等继承，规定婚姻依男女的合意而为之，并规定夫妇平等。但是，作为与旧势力相妥协的产物，具有夫妇同姓（氏）强制等"家"制度性质的条文也被残留（遗留）下来。

这以后，日本完成了其社会的、经济的急速变化与演进。尤其是 1960 年代以降的高度经济增长，也对家族关系产生很大影响。在都市，被称为核心家庭的由夫妇与其未成熟子女构成的小规模家族增加，小孩的数量减少。自 1980 年代以降，在日本，可以看到社会高龄化急速演进，晚婚化、未婚率上升，以及离婚增加等现象和情况。若比较 1986 年与 2020 年的家庭构成，可以看到，有 65 岁以上人口的家庭占所有家庭的比例由 26.0% 增加到 40.7%，夫妇与未满 18 岁的未婚子女组成的家庭占所有家庭的比例由 30.2% 减少到 13.6%。另外，已经结婚的劳动女性也增加。1985 年，已经结婚女性中的劳动女性比例超过 50%。呼应这些家族实态的变化，家族法的较多部分的修改也得以进行。譬如，离婚后的婚氏续称制度的创设（《日本民法》第 767 条第 2 款，1976 年）、配偶继承份额的增加（《日本民法》第 900 条，1980 年），特别养子制度的导入（《日本民法》第 817 条之 2，1987 年），成年监护制度的新设（1999 年），关于离婚后的亲子的面会交流、监护费用的规定的新设（《日本民法》第 766 条，2011 年），保护孩子免受虐待的亲权行使的停止制度等的创设（《日本民法》第 834 条之 2，2011 年），非婚生子女的继承份额平等化［《日本民法》第 900 条第 4 项，2013 年］，女性的再婚禁止期间短缩（《日本民法》第 733 条，2016 年），伴随成年年龄下调的婚姻适龄的修改（2018 年），继承法的一部修改（2018 年、2021 年），特别养子收养的一部修改（2019 年），亲子法制的一部修改（2022 年）等。于现今，关于亲权等的家族法制的修改在进行中。于 1996 年，以选择的夫妇别姓等为内容的"修改民法之一部的法律案要纲"（以下简称"1996 年的民法修改要纲"）被发布。若干部分已实施了如上所述的修改，然选择的夫妇别姓、离婚关系等的修改还是原原本本地被残留下来，亦即未进行修改，而维持其原状。

综上所述，我们可以看到，现今日本的家族法，还残留了具有"家"制度性质的条文，唯与此同时，对应或呼应家族实态的变化，个人的尊严、夫妇的平等这一基本原理都更加彻底，并重新进行法的修改。于往后，随着夫妇关系的松弛、涣散、衰弱，老龄者的增加，对 LGBTQ [1]那样的性别的理解拓宽，国际结婚的增加等，家族关系也会渐次发生变化。由此，与之对应的家族法也必须进一步调整。

这里有必要提及比较实务上，日本国际结婚的增加与围绕子女的法的纷争，并兼及海牙公约的问题。一般而言，日本人与外国人的婚姻等，因系国籍不同的人之间的婚姻，故称为国际结婚。在这里，日本男女于国外结婚的情形等，即所谓具有国际性的婚姻也予以包含。日本人与外国人的国际结婚在 1980 年以降得以增加，1975 年，约占结婚量的 0.6%（6000 件），但 2021 年则占约 3.3%（16 496 件）。另外，于 2021 年，夫日本人、妻外国人的结婚量是夫外国人、妻日本人的结婚量的约 1.4 倍。若看外国人配偶者的国籍，于最近乃是呈现出多样化的状态。围绕国际结婚的法的纷争，成为国际私法的问题，其中之一是伴随国际结婚的破裂，跨越国境的抢夺、夺取小孩事件频发。为保护小孩的利益及预防纷争，应将小孩归还到之前居住的国家（常居所地国），子女的监护权由该国的法院予以判决。这就是《国际诱拐儿童民事方面公约》（即所谓"海牙公约"）的规定。对此公约，日本也于 2013 年 5 月做出了加入、承认的决议。

---

1　根据百度百科的释义，所谓 LGBTQ 系网络流行语，中文又名"彩虹族""彩虹族群""性少数者"等，一般指女同性恋者（lesbian）、男同性恋者（gay）、双性向者（bisexual）、跨性别者（transgender）与酷儿（queer）。

### 四、婚姻家庭法的法特性 [1]

婚姻家庭法呈现出如下法特性：

第一，家族常常是作为一个制度而于社会中存在。亦即，家族的存在不仅仅是家族自身的内部的存在或法的规律，它在社会上也受包含家族的、上位的集团（国家、民族及宗教团体等）的规范统制，即在这种统制之下得以存在。而且，规律这种家族的存在、机能的规范，并不仅仅是法，在广义上也包括习俗、道德、宗教。中世纪 [2] 以后，在多数的西欧各国，长期规制婚姻的是基督教，由此，婚姻的成立、效果以及子（尤其是非婚生子女）的法律地位，也是以基督教的教义为基础而得以构成的。在近代国家（尽管还不能说是完全的国家），国家替代曾经的教会而规制婚姻关系。教会、国家确定其认为是理想的婚姻的模样或形态，自婚姻成立手续直至效果，几乎所有的一切皆以法予以规制。是否成立婚姻关系全由当事人的自由而定，若有成立婚姻关系的意思，则自手续开始直至其效果而预先予以规定，使之定型化，并完全按此定型规定而为之，即使对于亲子也不例外。如此，亲族法以家族为制度而予以规制的要素是强烈的，它由此具有的作为组织规范的法特性是不容否定的。同时，亲族法也有作为行为规范的法特性，譬如在要成为夫妇，应按规定的方式而为之这一意义上。由这些论述可知，在私法中，亲族法尤其具有强烈的强行法的性质。另外，在亲族法领域，习俗、道德、宗教等的规范所起的作用或效果也是十分大的（不过，在日本，宗教规范

---

1　本部分主要参考、依据的文献是［日］久贵忠彦等：《民法讲义7 亲族》，有斐阁1977年11月25日初版第1刷发行，第3—4页。顺便提及，我国台湾地区学者林秀雄于论及亲属法（婚姻家庭法）的特殊性时指出，其具有伦理道德性、传统习俗性及弱者保护性。对此，参见林秀雄：《亲属法讲义》（第三版），元照出版有限公司2013年版，第9—11页。

2　16世纪意大利的人文主义者开始把古典时期和他们自己所处的近代之间的时期称为"中世纪"。第一个将全部历史分成"上古"、"中古"和"近代"三个时期的是17世纪末年德意志的历史家赫利斯多福尔·凯列尔（Christopher Keller），其所著《历史全程》将历史分成三个时期，又称"三部史"。然中世纪这个名词直至18世纪才被欧洲的历史家普遍采用。对此，参见齐思和编著：《世界中世纪史讲义》，高等教育出版社1957年版，第1页。

的影响几乎是没有的，此与西欧诸国具有显著的不同）。

第二，在具有家族、亲族这一身份关系的人之间，于日常生活中的经济方面有时不免发生金钱上的纠纷，亲族法此时即作为解决这样的纠纷的基准而存在，也就是说，亲族法具有裁判规范的法特性。

另外，还有必要提及的是，构成社会的最小且重要的单位的婚姻的安定，一定意义上乃攸关社会的安定。也就是说，其与社会的安定存在关联。并且，子担负着构成次（即下一个）时代的社会的使命，其幸福成长乃是社会的利益，亦即其对于社会来说是重要的。近代国家由这样的考量出发，就家族、家庭生活的诸问题乃积极地进行监护性的关照。如今的亲族法，也设立了这样的关照的基准或规定。

还有，晚近以来，欧美尤其是欧洲各国的亲族法是在变动中的。具体可以举出如下一些：①修改离婚法，包括 1969 年的英国、1970 年的意大利（据此创设离婚制度）、1971 年的荷兰、1975 年的法国、1976 年的西德等，采用彻底的破裂主义，以一定期间的别居 [1] 作为婚姻破裂的表征或判断基准；②修改亲子法中的非婚生子女法，包括 1969 年的英国、西德、荷兰，1972 年的法国等，由平等思想出发或基于平等思想，认可非婚生子女的权利而尽可能使之与婚生子女接近；③修改亲子法中的养子法，包括 1966 年的法国、1967 年的意大利、1969 年的英国、

---

[1]　我国台湾地区学者戴东雄于其所著《亲属法论文集》（再版，三民书局 1993 年版）第 262—263 页谓："中世纪的欧洲，教皇的势力凌驾各民族国家，教会的寺院法对各国亦发生效力。寺院法之内容，乃以婚姻法为主，尤其离婚法。依教会之义理，夫妻的结合非基于人为，而是神意的安排，诚如《圣经》说：'婚姻是上帝配合的，人不可分开'。有鉴于此，教会之寺院法采取婚姻非解消主义，除妻之犯奸淫外，不准离婚。惟婚姻生活之实际体验，婚姻之破裂乃不可避免的事实，寺院法因而不得不采别居制度，以代替离婚。探其采别居之理由，在于基督教义视性行为极为神圣，故只准许当事人肉体上分开之别居，而不准离婚，以免再婚而渎犯神意。惟长久的别居制度，虽能达到婚姻神合的目的，但无视婚姻实际破裂的情况，尤其终身别居颇为残酷，反而增加奸淫之风，不论对夫妻本人或社会，均产生不良之影响。自十六世纪宗教改革发生之后，婚姻神合之观念开始动摇，尤其十七、十八世纪教皇势力衰退，民族国家之地位抬头。他们从教皇手中收回婚姻事项的管辖权。"婚姻世俗化之结果是，西欧各国大致承认夫妻之离婚与短暂的别居。"西欧各国近几十年工商业发达，物质享受提高，加以教育普及，女权高张（涨），社会结构大为改变。其影响所及，夫妻各有主见，婚姻生活易于发生摩擦，离婚率因而亦有增加之趋势。为因应社会如此的变化与需要，西欧各国的离婚政策，从有责主义（Verschuldensprinzip）趋向破裂主义（Zerrüttungsprinzip），只要婚姻有客观的破裂事实，而不问其原因，即可离婚。"

1972 年的瑞士、1976 年的西德等，子的利益成为其核心（中心），所谓完全养子的导入乃构成其特色；④1974 年，法国与西德同时将成年的年龄下调为 18 岁。[1]

## 第二节 我国《民法典》婚姻家庭编的构成与内容

如前述，我国 2020 年通过的《民法典》第五编规定"婚姻家庭"，共计包括 5 章，自第 1040 条至第 1118 条，条文总数为 79 条。各章分别是：第一章"一般规定"；第二章"结婚"；第三章"家庭关系"，包括第一节"夫妻关系"，第二节"父母子女关系和其他近亲属关系"；第四章"离婚"；第五章"收养"，包括第一节"收养关系的成立"，第二节"收养的效力"及第三节"收养关系的解除"。

自总体上看，我国《民法典》婚姻家庭编对于婚姻家庭关系（也即比较法上的亲属关系）的规定是简明扼要的，其体系结构也是较为清晰的。惟从整体上而言，其条文数也可复增加一些，即可再规定得翔实、充实一些。此项可能的不足，可透过我国《民法典》婚姻家庭编的司法解释等途径予以克服。

## 第三节 婚姻家庭关系为身份关系 [2]

### 一、概要

人类有史以来，即以夫妇、亲子为中心而过亲族的共同生活。但是，此种状况于古代，是在像家族、氏族等大的血族集团中得以存在或成立的，而且自大的方面说，它是在社会的阶级身份中得以存在或成立的。由此，亲子、夫妇这样的

---

1　参见［日］久贵忠彦等：《民法讲义 7 亲族》，有斐阁 1977 年 11 月 25 日初版第 1 刷发行，第 4 页。

2　本部分依据、参考［日］我妻荣、有泉亨著，远藤浩补订：《民法 3 亲族法·继承法》（第 4 版，新版），一粒社 1994 年 1 月第 3 刷发行，第 4—8 页。

关系也是存在于大的血族集团的秩序中，且受该秩序的强烈的制约。当然，其也免不了受社会一般的阶级身份制的影响。进言之，家族集团中的长者对其构成员有专权的支配力。此与阶级的身份关系的构成有关。为此，亲与子、夫与妻的关系并不作为个人对个人的纯粹的关系而得以形成与对待。不仅如此，亲、夫，与子、妻的关系，同样在家族的支配关系中得以存在或成立。并且，即使在阶级的身份关系消灭，大家族集团解消以后，这种家族的支配关系中仍残留有中小家族制的影响。代之而起的是一男一女结合的夫妇关系，与基于血缘的亲子关系，此二者共同构成亲族关系的两根支柱。并且，前者，即夫妇关系，是对等的人的意思与人格平等者之间的关系，于广义上，其受契约理论的支配。后者并不是亲对于子的支配权，而是以亲对于子的监护、教育义务为中心而予以构成。

综上所论，若一言以蔽之，则是：婚姻家庭法是以身份关系或亲族关系为规律对象的法律。

## 二、横的结合的身份的法律构成

人类的亲族的共同生活，从时间上看，是通过现在的结合而面向未来的以种族的保存为目的的。此又可分为横的结合与纵的结合两个方面。如下先考察横的结合。此种结合的基本形态有三种：①夫妇，亦即一夫一妇（一夫一妻）的结合，它是共同居住与生活的最现实的协同生活体。②亲子，它是亲保育、监护及教育未成熟的子的结合关系，是继夫妇之后的现实的协同生活体。尽管共同居住的情形也不少，但子成年、结婚或独立生活后，别居的情形逐渐增多。由此，其关系也变得淡薄，乃与如下所述的狭义的亲族关系相近。③狭义的亲族，亦即，除夫妇、亲子之外的亲族。较兄弟更远的狭义的亲族，是现实中并不共同生活的亲族。但血浓于水，他们在观念上、精神上构成为一结合体，而存在相互扶助、合作的关系。

### 三、纵的结合的身份的法律构成

上述横的结合的三种基本形态，无论哪一种，皆属于现在的共同生活，且同时以通向将来的延续为内容。夫妇是种族保存的基础，亲子是其延续。亲族协同生活体的纵的结合的法律发现，是继承，其透过使作为经济基础的财产被承继，而谋求实现亲族协同生活体的纵的联络结合。不过，继承并不仅仅是财产的承继，也是"家名"乃至"祖先的祭祀"这些观念的、精神的东西的承继。还有，继承也使亲族协同团体的统率者的地位被承继。于比较法（如日本法）上，迄至晚近之前，此最后的形态是认可户主权的承继（家督继承）的，然日本的新法将之废除，而只认可单纯的遗产继承。

## 第四节　身份的法律关系的特质 [1]

### 一、身份关系的人格的结合性

亲族的共同生活团体并不是团体员各自为达成特定的共同目的而于必要限度内的结合，而是包含全体构成员且超越它的全人格的结合。养亲子关系、夫妇关系，并不像实亲子关系那样是必然性的关系，而是当事人选择的结果的关系。即使这样，其所构建的关系，也是本来就涉及或关涉终生的全人格的关系，其并不是共通的利益范围内的结合关系。由此，其原则上与不认可有永久拘束性的财产关系是不同的、迥异的。于身份关系，即使任意结合的情形，也不允许对之附期限、附条件。双方当事人存在任意的合意而无法律规定的原因时，一方是不能将其解消的。

---

1　本部分依据、参考 [日] 我妻荣、有泉亨著，远藤浩补订：《民法3 亲族法·继承法》（第4版，新版），一粒社1994年1月10日第3刷发行，第8—11页。

### 二、身份的法律关系的规范性

身份关系是超越各自利益追求和意欲的协同体，同时，规律该关系的，是脱离各自意思的客观规范。[1]规律出卖人与买受人之间的关系的，主要是当事人达成合致的意思（以契约予以规定），法律的规定（譬如担保责任，《日本民法》第561条）、定金（《日本民法》第557条）只不过是对它的补充或解释。与此不同，规律亲子关系、夫妇关系的，是脱离单个亲、子、夫、妻的意思的客观规范。不用说，是否成为夫妇，系由当事人决定。但是，即使在此场合，于变成夫妇以后，夫妇关系也与当事人的意思无关，而是由客观规范予以规律。概言之，此即意味着亲族法的多数规定乃是强行规定。亲族法的规定因系强行规定，所以实定法的内容如何规定，对亲族的共同生活团体所产生的影响是巨大的。重视"家"的旧亲族法，对于日本的身份生活产生了怎样的巨大影响，自日本历史看是明了的、清晰的。因此，1947年制定的《日本宪法》于第24条第2款即宣示：必须以个人的尊严与（男女）两性的本质（实质）的平等为基础（而展开亲属法的内容）。1947年经修改后的《日本民法》（尤其是其亲属编）也忠实地依循《日本宪法》所定的这一精神。

### 三、身份的法律关系的事实的尊重

如前述，身份关系是全人格的结合，因为每天要被具体地体现，所以它是不

---

1　有学说指出，身份法有两个重要的特色，一是事实先行性，二是符合人伦秩序的法认证。亦即，当一个与身份属性相关的事实为多数人所经历，并行之久远时，若该事实与当地及当代社会的人伦秩序相符合，透过法律承认并加以规范者，即形成身份法的内涵，具有法制上的地位。婚姻法为身份法的一部，也有上述身份法的特色。一般而言，男女以长久共同生活扶持为目的结为夫妻，符合人伦秩序，并经法律认许规范形成婚姻法制，若婚姻无法达成上述相互扶持目的而破裂，也有离婚法制的规定，规范夫妻离婚后相关的权利义务，故传统的婚姻法有两大基础部分，一为婚姻法制，另一为离婚法制，分别规范婚姻的成立与解消。对此，参见吕丽慧："论美国分居制度之法制架构与规范"，载戴东雄教授八秩华诞祝寿论文集编辑委员会：《戴东雄教授八秩华诞祝寿论文集：身分法之回顾与前瞻》，元照出版有限公司2017年版，第41页。

适于抽象化、观念化的关系。即使是夫妇关系，抑或亲子关系，将其分解为抽象的、观念的权利体系，亦是困难的。由此，与其他的法领域相较，它是具体的事实被予以相当或很大尊重的领域。于比较法（譬如日本法）上，有关非正式婚姻的判例法的发展即其适例。夫妇关系事实被破坏或遭受损坏，此时认可离婚的考量或规定，进而认可事实离婚的一定效果的学说，其良苦用心都旨在表达同样的倾向（另外，重婚也是撤销婚姻的原因，《日本民法》第 732 条[1]、第 744 条[2]）。婚姻的撤销并无溯及效力（《日本民法》第 748 条等）。由此可见，在亲族关系中，譬如，A 与 B 之间存在亲族关系，其作为对于天下万人的关系即必须确定。这种关系对特定的人不得主张、不能对抗这样的考量或认识乃是与其本身不相容的。

## 四、国家对身份的法律关系的监护关照

身份的结合关系是民族发展的基础、国民活动力的源泉，由此，国家不能对国民家族共同生活的正确、健全发展漠不关心，不能使共同生活中的个人意思、人格受不当支配或孤立无援。以未成年人为养子女情形的家庭法院的许可（《日本民法》第 798 条[3]）、放弃继承的申述程序（《日本民法》第 938 条[4]）、监护人的选任及解任（《日本民法》第 841、845 条）等受家庭法院的监护关照，即是其体现。另外，近代国家必须是福祉国家，其不允许将任何一人于社会上、经济上置于不幸之渊。《儿童福祉法》（1947 年）、《生活保护法》（1950 年）以及其

---

　　1　《日本民法》第 732 条规定："有配偶者，不得重复结婚。"参见王融擎编译：《日本民法：条文与判例》（下册），中国法制出版社 2018 年版，第 689 页。

　　2　《日本民法》第 744 条规定："违反第七百三十一条至第七百三十六条规定之婚姻，各当事人、其亲属或检察官，得向家庭法院请求其撤销。但一方当事人死亡后，检察官不得请求之。违反第七百三十二条或第七百三十三条规定之婚姻，当事人之配偶或前配偶，亦得请求其撤销。"参见王融擎编译：《日本民法：条文与判例》（下册），中国法制出版社 2018 年版，第 696 页。

　　3　《日本民法》第 798 条规定："以未成年人为养子女时，应得家庭法院之许可。但以自己或配偶之直系卑亲属为养子女之情形，不在此限。"参见王融擎编译：《日本民法：条文与判例》（下册），中国法制出版社 2018 年版，第 745 页。

　　4　《日本民法》第 938 条规定："欲抛弃继承者，应向家庭法院申述其意旨。"参见王融擎编译：《日本民法：条文与判例》（下册），中国法制出版社 2018 年版，第 861 页。

他社会保障制度皆可以说是公的扶助制度。这些制度以对国民个人予以救济为原则或方针，然该个人实际上乃是存在于家族共同生活团体之中，所以，即使是救济的（法律）构造也与亲族（家族）存在密切的关系，并由此得以于实务中实施。

## 第五节　身份权

### 一、概要

人，譬如夫、妻，父母、子女以及亲族等，于其家族的、亲族的共同生活关系（身份关系）中所具有或占据的地位，即是身份（其并不是指像在武士或奴隶那样的阶级社会中的地位）。基于这样的身份而享有亲族法上的诸权利的，即是身份权（自严格意义上而言，系派生的身份权）。身份权具有很强的一身专属的法特性，其通常不具有让与性、继承性（即使财产法色彩很强的身份权，也系如是，譬如扶养请求权）。另外，身份权原则上若非本人则不得行使，也不允许由他人代替行使。还有，身份权行使之义务性十分强，其原则上不允许抛弃，且其行使时具有严格禁止权利滥用的法特性，亲权即是其典型。并且，身份权内容之实现，若义务人不基于其自由意思而为之的话，则不能达到真正的目的。由此，身份权不适于强制执行（譬如关于夫妻同居，直接强制不用说不可，就是间接强制也有疑问。不过，财产法色彩很强的扶养请求等则另当别论）。最后，身份权通常具有排他的法特性，其受侵害时，可以提出妨害排除请求（譬如子女被第三人诱拐时，父母可以提出返还的请求）。此外，损害赔偿请求也是被认可的。[1]

### 二、具体分析

身份权或亲族权，是指伴随身份地位的生活上的利益，若自别的方面观察，

---

1　参见［日］久贯忠彦等：《民法讲义7 亲族》，有斐阁1977年11月25日初版第1刷发行，第14—15页。

则如前述，系指亲族的共同生活团体中赋予各个人的地位的权能。譬如，被称为亲权的亲的权利，是赋予亲子协同体中的亲这一地位的权能。所以，亲权是伴随有权利、义务的总括性的东西（《日本民法》第820条[1]）。并且，原则上，若非本人，则不能行使身份权，也不允许由他人予以代理，也不可以实施任意让渡等其他处分行为，即身份权具有一身专属的法特性（譬如《日本民法》第881条[2]"扶养请求权"）。还有，该权利通常具有排他性，其受侵害时，可为妨害排除请求或申请"禁止命令"[3]。另外，原则上也可为损害赔偿请求（《日本民法》第711条[4]）。[5]

## 第六节　身份行为

### 一、概要[6]

（一）身份行为的类型与身份行为能力

身份行为，是指发生身份上的法律效果的法律行为。身份行为可大别为三类，且其各自是否须以能力为必要，往往成为问题。

---

1　《日本民法》第820条规定："行使亲权者，为子女之利益，就子女之监护及教育，享有权利，负有义务。"参见王融擎编译：《日本民法：条文与判例》（下册），中国法制出版社2018年版，第763页。

2　《日本民法》第881条规定："受扶养之权利，不得处分。"参见王融擎编译：《日本民法：条文与判例》（下册），中国法制出版社2018年版，第806页。

3　我国《民法典》第997条规定："民事主体有证据证明行为人正在实施或者即将实施侵害其人格权的违法行为，不及时制止将使其合法权益受到难以弥补的损害的，有权依法向人民法院申请采取责令行为人停止有关行为的措施。"是为学理所称"人格权行为禁令"。对此，参见陈华彬：《民法的构筑》，中国政法大学出版社2022年版，第25页。

4　《日本民法》第711条规定："侵害他人生命者，对被害人之父母、配偶及子女，虽其财产权未受侵害，亦应赔偿损害。"参见王融擎编译：《日本民法：条文与判例》（上册），中国法制出版社2018年版，第629页。

5　参见［日］我妻荣、有泉亨著，远藤浩补订：《民法3 亲族法·继承法》（第4版，新版），一粒社1994年1月10日第3刷发行，第11页。

6　本部分依据、参考［日］久贵忠彦等：《民法讲义7 亲族》，有斐阁1977年11月25日初版第1刷发行，第15—22页。

1. 形成的身份行为（通向或面向身份的行为），亦即直接使身份的创设、废止及变更得以发生的法律行为，是最纯粹的基本的身份行为，譬如婚姻（结婚）、协议离婚、收养、协议断绝养子关系（此四者合称为四大身份行为）以及任意认领等，皆属之。此类身份行为，其自身具有目的，并不像财产行为那样是基于利害打算的深思熟虑的行为。为此类行为，应有认识身份行为本身是什么、其意义何在的能力。因此，为形成的身份行为（所需要）的能力，是与意思能力一致的。由于身份法律关系通常是定型化的，所以身份行为的效果也是一定的，不允许任意改变。由此点看，可以说它并不需要为财产法上的法律行为所需的那样的能力。譬如，关于认领能力、协议离婚、收养及协议断绝养子关系等，即是其典型。

2. 支配的身份行为（基于身份的行为），也就是基于特定的身份而于他人的身上为身份法的支配的行为，行使亲权、实施监护，即其适例。此类行为系以保护行为的对象方为目的而对该人的人格实施支配，所以行为人须具有合理的判断而实施行动的能力。在这里，它以具有与财产法上的行为能力相等（相同）的能力为必要。此点由比较法（譬如日本法）中的亲权代行者（《日本民法》第 833 条、第 867 条第 1 款）以及监护人的欠格事由（《日本民法》第 846 条）的规定即可明了。

3. 附随的身份行为（为身份的利益而实施的行为），即附随于身份上的变动而实施的行为，又分为两类。

（1）附随于自己的形成的身份行为而实施的场合。此又可分为二种：其一，纯身份行为，例如婚姻（结婚）之际姓氏的决定（《日本民法》第 750 条），离婚之际子女的亲权人（《日本民法》第 819 条第 1 款）、监护人（《日本民法》第 766 条第 1 款）的决定。于这些场合或情形，依为主要的身份行为的能力而有意思能力，即足矣。其二，财产行为，譬如婚姻（结婚）之际的夫妇财产契约（《日本民法》第 755 条以下）、离婚之际的财产分配合意（《日本民法》第 768 条）。按照学理的通说，于这些场合或情形，以有财产的计算能力为必要，也就是说，须是财产法上的行为能力者。与此不同，也存在反对说，即认为主要的行为既然以具有意思能力为已足，则从行为乃是不需要更高能力的，即也应以具有意思能力为足矣。值得提及的是，此反对说，于日本学界也系有力的学说。

（2）非依自己的形成的身份行为，为发生身份上的变动而实施的行为。于此种场合，行为的内容决定实施该行为所需的能力。亦即，以被继承人的死亡这一身份法的事实为契机而为的继承的限定承认（《日本民法》第922条[1]。关于单纯承认，存在问题）、继承抛弃（的方式）（《日本民法》第938条），以具有财产法上的行为能力为必要。对于认领这一他人的身份行为，成年的非婚生子女为承认，应解为系纯粹的身份行为（对此也存在反对说），只要是成年人，即不以有财产法上的行为能力为必要，而只要具备意思能力即足矣。

**（二）身份行为的要式性**

身份行为乃系一个社会的秩序而影响第三人甚大，故此，身份行为通常要求采取或履行一定的方式。如同前述婚姻等四大身份行为、任意认领即可明了的那样，其要求采取申报方式或形式。不过，严格贯彻要式性而有问题时，也可看到将要式性予以缓和的情况，譬如非正式婚姻及事实上的养子即为其典型适例。

**（三）身份行为（中）的意思与申报和生活事实**

身份行为，即使是面向一定身份关系之创设（婚姻、收养）、解消（离婚、协议断绝养子关系）的形成的身份行为，基于身份关系的公示的必要性而为的申报，构成身份行为的实质的意思，以及当事人的身份的生活事实，这三者的关系往往成为问题。对此，学理上又大体存在两种对立的学说，即实体的意思说与形式的意思说。如下予以分别考量。

1. 实体的意思说。按照此说，身份行为意思又分为两种：一是面向实体性的、社会习俗上定型的身份关系之设定的效果意思（实体的意思），二是与效果

---

1　《日本民法》第922条（"限定承认"）规定："继承人，得保留仅于继承所得财产之限度内清偿被继承人之债务及遗赠，而承认继承。"参见王融擎编译：《日本民法：条文与判例》（下册），中国法制出版社2018年版，第854页。

意思不同的（有别的）面向身份行为之形式的申报的表示意思（申报意思）。效果意思与表示意思无论何者欠缺，身份行为都是无效的。并且，效果意思是与身份的生活事实不可分的一体性的东西，其具有"有事实必有意思，有意思必有事实"的法特性。此种观点以意思的尊重与事实的尊重为背景，认为身份行为是行为者的全人格的、本质的意思，身份行为于其内容上是习俗的且定型的。因此，根据此种观点或学说，假装身份行为，即当事人间尽管并无设定特定身份关系的意思，但由该人做出了该身份行为的外形（实施了申报）的，无论其种类如何，乃是无效的。仅以特定法律效果的发生为目的的身份行为（譬如为变更夫妻的姓氏而为的离婚申请与再婚申请）也因欠缺习俗的、实体的意思而无效。并且，预定将来的身份行为的事前申报（譬如举行结婚仪式、同居前的婚姻申请）也因欠缺身份的生活事实而变成无效。还有，虽具有实体的意思，但现实的申报并非基于本人意思的，也因欠缺申报意思而无效。

2. 形式的意思说。该说认为，就认为假装身份行为无效的实体意思说而言，关于亲族法上的法律行为，其基于心里保留（真意保留，《日本民法》第93条）、通谋虚伪意思表示（《日本民法》第94条）的，应以之为绝对无效，乃是有疑问的。此种观点于第二次世界大战结束后（即战后）乃获得有力的支持。按照该说，所谓身份行为意思，是指面向申报的表示意思（申报意思），实体的意思这一概念应当被拒绝、剔除。该主张的基本要旨如下：若像实体的意思说那样实质性地理解身份行为意思，则依私人意思所为申报的（法律）效力就会受其左右，如此即与身份行为的要式性相矛盾。因此，以身份行为的要式性（原则）的贯彻与禁反言法理为理论基础，另外再加上政策论的基础或根据，就应当承担身份行为的表示（申报）责任。这样一来，经由使假装身份行为有效而防止脱法行为，维持身份行为的安定以及实现对第三人的保护等意图或目的就可实现。由此之故，根据此说，为特定目的而实施的身份行为自不用说是有效的，而且就是假装身份行为也常常是有效的。

对于上述形式的意思说，主张实体的意思说的学者乃进行了再批判，认为其最成问题的是，将身份的生活事实统统置于考虑事项之外，而认假装身份行为也系有效。为一方当事人的利益而进行或实施的假装身份行为，若使之有效，对他方当事人而言可能会是明显不合理的结果。亦即，假装身份行为是解消的身份行为（譬如离婚）时，于法律上不能强制身份关系复活（创设的申报，对上，婚姻）。还有，假装身份行为是创设的身份行为［譬如婚姻（结婚）］时，于无法定原因（对上，离婚原因）的情形，则不能摆脱或免掉身份拘束。此外，形式的意思说所强烈主张的第三人的信赖保护这一点也是有问题的。

对于以上诸学说，日本判例大体认为，创设的身份行为中，婚姻因为社会定型性而可大体得以确立，这样的结果就使得实体的意思说是适当的，但对于养子收养，则大致倾向于形式的意思说。还有，对于解消的身份行为，也倾向于形式的意思说。

（四）身份行为的无效与撤销

由于身份行为强烈要求尊重本人意思，财产上的法律行为中的外观尊重要求是不起作用的，或者说对它并无意义。因此，有瑕疵的意思表示，关于意思欠缺的法律行为的规定，原则上并不适用于身份行为。也就是说，关于心里保留（真意保留，《日本民法》第93条）、通谋虚伪意思表示（《日本民法》第94条）以及错误（《日本民法》第95条）的规定不能适用于身份行为。没有或不存在意思的身份行为是绝对无效的［《日本民法》第742条第1项、第802条第1项］。还有，关于欺诈、强迫的《日本民法》第96条的规定也不能适用。因欺诈、强迫的婚姻、离婚、收养及这些事项的撤销，适用《日本民法》亲族编所做的特别规定（《日本民法》第747条、第764条、第808条第1款、第802条）。并且，《日本民法》亲族编所规定的这些事项的撤销，与《日本民法》总则编所规定的撤销存在如下不同：一是效果上的不同。总则编规定的撤销具有溯及效力，而婚姻、收养的撤销不具有溯及效力（《日本民法》第748条第1款、第808条第1款）。二是撤销权的存续期间不同。总则编规定的撤销权可以存在5年乃至20年（《日本民法》第126条），而因欺诈、强迫的身份行为的撤销权则为3个月（婚姻，

《日本民法》第 747 条第 2 款）或 6 个月（收养，《日本民法》第 808 条第 1 款但书）。三是撤销的方式不同。总则编规定的撤销权，其在裁判外行使也是允许的，而亲族编的撤销权则必须以诉讼的形式行使（《日本民法》第 743 条、第 744 条第 1 款）。

（五）身份行为的代理

身份行为须由本人自己的意思决定，故此，其原则上不允许代理。作为《日本民法》的规定的例外，身份行为的代理是被限定的。按照其规定，关于代诺收养的第 797 条、关于代诺解除收养的第 811 条第 2 款以及关于子女姓氏变更的第 791 条等，即属于规定的身份行为的限定性代理。盖因于这些场合，当事人即使是年幼者（另外，也正是为了他们的利益），也必须考虑、谋求、策划其得以实现的身份行为。

（六）总则编规定的适用

综上可以清晰地看到，身份行为与财产法上的法律行为具有不同的特色。因此，总则编的规定是否也得适用于身份行为即成为问题。于日本，自其旧法时代以来，即有主张亲族法的独自性（独立性），民法典的总则是财产法的总则，而并非亲族法的总则这样的观点。这一认识是所谓学理通说的认识。但是，在现今，有力的学说认为，每个问题应个别地进行检视、检讨、考量。不过，无论依据何种学说或观点，皆可以肯定且十分明确的是，民法典总则编的规定是不能以完全的或原封不动的形态或方式而适用于亲族法领域的事项的。

## 二、身份的法律行为的特质 [1]

身份关系尽管由客观规范予以规律，然于其框架内，依照各个人的意思而形成、变更乃至解消的部分或情形也是存在的。基于引起身份关系变动的各个人的意思的行为，即系身份的法律行为。婚姻、收养子女（《日本民法》第 792 条以

---

1　本部分依据、参考［日］我妻荣、有泉亨著，远藤浩补订：《民法 3 亲族法·继承法》（第 4 版，新版），一粒社 1994 年 1 月 10 日第 3 刷发行，第 11—17 页。

下）、非婚生子女的认领（《日本民法》第 779 条以下）、子女姓氏的变更（第
791 条）、生存配偶者消灭姻亲关系的意思表示（《日本民法》第 728 条第 2 款）、
行使亲权的各种行为（《日本民法》第 820 条至第 824 条）、亲权或管理权的辞任
（《日本民法》第 837 条）、遗嘱（《日本民法》第 960 条以下）以及特留份的抛
弃（《日本民法》第 1043 条）等，即其适例。

这样的身份的法律行为，于行为人的能力、代理、意思欠缺、欺诈、强迫等
方面也会发生问题。对此，民法典总则编的规定虽可适用，但其主要是以财产行
为为对象的规定，原原本本地适用于身份的法律行为乃是不妥当的。于学理上，
通常也都认为，民法典总则编的规定不能适用于身份的法律行为，身份的法律行为
应另以亲族编、继承编两编的规定为基础，就能力、意思表示等确立一定的标准。

（一）身份的法律行为的能力

于以往的立法上，如所周知，禁治产、准禁治产是关于财产上的能力的术
语。以年满 18 岁为成年[1]的规定，也主要是关于财产上的判断能力的规定。不仅
如此，财产的法律行为，于本人并无充分的能力时，可以由代理人代替为之，即
使以比较高的判断能力作为统一的标准也是可以的，且并无强迫能力不充分的本
人实施行为的必要。与此不同，在身份的法律行为，不仅不允许代替他人实施行
为的情形较多，若有理解某身份的法律行为意义的能力，即使无如前所述的经济
打算的能力，也不妨碍认可或承认其效力。即便自这一点说，民法典总则编有关
能力的规定也不能原原本本地适用于身份的法律行为，而是应考量每个行为的性
质或法特性，透过具体的妥当的标准规定能力。概言之，本人若有理解身份的法
律行为意义的能力（判断能力、意思能力），即可单独实施或为之，此乃原则。
《日本民法》于亲族、继承两编中，就各个行为分别作出有关能力的规定，即系
认可这样的原则。由此，即使于民法未作规定的场合或情形，也不能立刻或直接
就适用民法典总则编的规定，而是应于检视该行为的性质后做出判断。

---

1　参见《日本民法》第 4 条。条文翻译参见王融擎编译：《日本民法：条文与判例》（上册），
中国法制出版社 2018 年版，第 18 页。

　　按照《日本民法》第 731 条的规定，未满 18 岁者，不得结婚；又，《日本民法》第 792 条规定，已达 20 岁者，得收养子女。[1]《日本民法》这样的规定，自公益的角度看，是阻止这些年龄以下的人进入各自的婚姻或收养关系的。也就是说，它是就每个身份行为而规定相应的能力。对成为养子女以及子女得变更姓氏，尽管未从正面做出规定，但其例外性地认可于未满 15 岁的情形可由法定代理人代理，[2] 故此，15 岁以上的人应解为具有能力。另外，《日本民法》规定，成年被监护人协议离婚及诉讼离婚时无需监护人同意（第 764 条）、收养无需监护人同意（第 799 条）、协议解除收养及诉讼解除收养无需监护人同意（第 812 条），[3] 因为于此等场合或情形，是当然需要有能力的。不过，这些人于为具体的行为时若并无意思能力，则该行为无疑是无效的。

　　以上所述，若自别的视角论，即是：这些纯粹的身份行为，原则上是不认可得代理的。唯如前所述，于某些特殊的情形可以予以代理。《日本民法》第 811 条第 2 款规定："养子女未满十五岁时，其解除收养，由养父母与养子女解除收养后应成为其法定代理人者间之协议为之。"[4] 也就是说，基于特殊的理由而存在可以代理的例外。未满 15 岁子女的姓氏变更得由法定代理人代理，亦属之。此外，基于其他特别的理由，认可得由法定代理人代理的情形，乃系由法律所明定，譬如《日本民法》第 775 条、第 787 条以及第 804 条即是。还有，以上行为不以他人的同意为必要，乃系原则。但是，以未成年人作为养子女则需要获得家庭法院的许可（《日本民法》第 798 条[5]），此为基于特殊的理由而认可得获同意

---

　　1　参见王融擎编译：《日本民法：条文与判例》（上册），中国法制出版社 2018 年版，第 668、740 页。

　　2　《日本民法》第 797 条第 1 款规定，成为养子女者未满 15 岁时，其法定代理人得代其作出收养之承诺；第 3 款规定，子女未满 15 岁时，其法定代理人得代其作出前两款之行为，亦即"子女姓氏之变更"的行为。参见王融擎编译：《日本民法：条文与判例》（下册），中国法制出版社 2018 年版，第 744—745 页，第 739—740 页。

　　3　参见王融擎编译：《日本民法：条文与判例》（下册），中国法制出版社 2018 年版，第 692 页。

　　4　参见王融擎编译：《日本民法：条文与判例》（下册），中国法制出版社 2018 年版，第 753 页。

　　5　《日本民法》第 798 条规定："以未成年人为养子女时，应得家庭法院之许可。但以自己或配偶之直系卑亲属为养子女之情形，不在此限。"参见王融擎编译：《日本民法：条文与判例》（下册），中国法制出版社 2018 年版，第 745 页。

的例外。

与以上所述者不同的是，亲权人或监护人代替子女或被监护人而为财产上的行为，或者对子女或被监护人的财产上的行为给予同意的行为等，因属于监护、支配他人的行为，故需要有合理的客观的判断能力，仅单纯理解该行为的意义是不够的。日本民法之所以要求作为亲权人或监护人的人须具有民法典总则编所规定的能力，其理由即在于此（参见《日本民法》第833条、818条及846条）。

其他身份法上的行为包括：夫妇财产契约（《日本民法》第755条以下）、关于子女监护者的协议（《日本民法》第766条、第771条及第788条）、继承的承认及抛弃（《日本民法》第919条）以及特留份的抛弃（《日本民法》第1043条）等。这些行为因系附随于一定身份关系中的地位的行为，所以应与主地位相关联而定其能力。另外，此等行为中，尽管比较法（譬如日本法）规定继承的承认及抛弃应适用民法典总则编的规定（《日本民法》第919条第2款），但此系因继承而承继财产的人的地位，乃系财产上的利害之事所决定、所引起。基于同样的旨趣，夫妇财产契约尽管是附随于婚姻的东西，但因属于财产性的事项，所以学理上大多认为，其应适用民法典总则编关于能力的规定。但是，因夫妇的财产关系也只不过是夫妇关系的一项内容，故此，有婚姻能力及亲，并应获得亲同意的场合或情形，只要有同意就可以了。此盖因婚姻是在成年后缔结，而夫妇财产契约则是于结婚前就必须为之，这其间的矛盾或龃龉应该予以缓和。

（二）身份的法律行为（中）的意思欠缺与欺诈、强迫

身份的法律行为应当重视本人的意思，故此，若无意思，原则上即应无效。由此，这里系采纯粹的意思主义。《日本民法》第742条规定了婚姻无效的情形，于第802条规定了收养无效的情形，其他的身份的法律行为作相同的考量也是对的。于此场合或情形应注意的是，前述结果并不是因适用民法典总则编关于意思表示的规定（《日本民法》第93条至第95条）而产生，而应解为由身份行为的特质而生。之所以如是，盖因若适用民法典总则编的规定，于一定的场合或情形即可能变为有效，而这是不当的。譬如，男女通谋而缔结婚姻关系或离婚，这样

的行为并不单纯是当事人之间的事，而是在对一切人的关系上皆是无效的。如此的场合或情形，是不能适用譬如《日本民法》第 94 条第 2 款 [1] 规定的。

《日本民法》第 747 条规定欺诈或强迫婚姻的撤销，第 808 条规定婚姻撤销等规定之准用，第 764 条及第 812 条规定婚姻规定之准用，这些场合或情形的撤销，并无《日本民法》第 96 条第 3 款 [2] 那样的限制。此外的行为也应解为相同。不过，即使是身份的法律行为，其财产的色彩强烈，而援用民法典总则编规定的场合或情形，不用说也是应当予以援用的（参照《日本民法》第 919 条第 2 款）。

（三）身份的法律行为与公序良俗和强行规定

即使是身份的法律行为，也应当适用民法典总则编，譬如《日本民法》第 1 条（基本原则）、第 1 条之 2（诚信原则）的规定，并应当适用《日本民法》第 90 条（公序良俗）、第 91 条（"与任意规定相异的意思表示"）[3] 的规定。之所以如是，盖因违反公共秩序或善良风俗的法律行为无效以及违反强行规定的行为无效，乃是支配法律秩序的一切领域的理念。不过，身份上的行为是否违反公序良俗，须自该行为的社会的、国家的意义，以及考量该行为被确定为无效的影响而决定。譬如重婚，它是违反公序良俗的行为，所以成立重婚关系的契约是无效的，若已经产生重婚关系，以之为无效就会对既已出生的子女的地位及其他方面带来不当的影响，由此之故，《日本民法》就规定以撤销予以处理，并且该撤销的效果并无溯及力。也就是说，该撤销仅向将来产生效力，而对既往并无效力（参照《日本民法》第 744 条、第 748 条）。

---

[1]　《日本民法》第 94 条规定："与相对人通谋虚伪之意思表示，无效。因前款规定而致意思表示之无效，不得对抗善意第三人。"参见王融擎编译：《日本民法：条文与判例》（上册），中国法制出版社 2018 年版，第 65 页。

[2]　《日本民法》第 96 条规定："因欺诈或强迫所作之意思表示，得撤销。对相对人所作之意思表示，存在第三人欺诈之情形，限于相对人已知或可知该事实时，得撤销其意思表示。依前两款之规定，撤销欺诈之意思表示时，不得对抗善意且无过失之第三人。"参见王融擎编译：《日本民法：条文与判例》（上册），中国法制出版社 2018 年版，第 73 页。

[3]　《日本民法》第 91 条规定："法律行为当事人表示之意思，与法令中无关公共秩序之规定相异时，从其意思。"参见王融擎编译：《日本民法：条文与判例》（上册），中国法制出版社 2018 年版，第 62 页。

### （四）身份的法律行为的要式性

身份上的行为大多需要采取一定的形式。譬如，《日本民法》第 739 条规定：
"婚姻，因依户籍法（昭和二十二年法律第二百二十四号）之规定申报，而生其
效力。前款之申报，应以双方当事人及两名以上成年证人签名之书面，或此等人
之口头而作出。"[1]（协议）离婚准用此规定（《日本民法》第 764 条），收养也准
用此规定（《日本民法》第 799 条）。还有，协议解除收养，也准用此规定（《日
本民法》第 812 条）。另外，姻亲关系终止的意思表示或认领，也需要采取一定
的形式（《日本民法》第 728 条第 2 款[2]、《户籍法》第 96 条、《日本民法》第
781 条[3]）。此盖因身份关系为社会的秩序，对第三人影响重大。至于遗嘱需要采
取一定的形式，乃是出于其他的理由。不过，一方面，身份关系系依习俗、道德
那样的社会规范而予以规律，这反倒使当事人不遵守法律所要求的形式的场合或
情形出现；另一方面，也必须尊重这样的事实关系，如此就产生或出现了身份法
的立法与解释难题。

## 第七节　财产法与家族法的关系[4]

民法以自由、平等为原理，是规律个人间的市民的社会生活关系的法，其由
包含财产法与家族法的一个完整体系构成。因此，如何理解这样的财产法与家族
法的关系，往往就会成为问题。对此，主要有如下一些方面的考量。

第一，认为家族法与财产法在本质上系依不同的原理而构成。此说于日本曾

---

[1]　参见王融擎编译：《日本民法：条文与判例》（下册），中国法制出版社 2018 年版，第 693 页。

[2]　《日本民法》第 728 条规定："姻亲关系，因离婚而终止。夫妻一方死亡之情形，生存配偶者
表示终止姻亲关系之意思时，亦与前款同。"参见王融擎编译：《日本民法：条文与判例》（下册），中
国法制出版社 2018 年版，第 685 页。

[3]　《日本民法》第 781 条规定："认领，依户籍法之规定申报而作出。认领，亦得依遗嘱作出。"
参见王融擎编译：《日本民法：条文与判例》（下册），中国法制出版社 2018 年版，第 731 页。

[4]　本部分主要参考、依据的文献是：[日]久贵忠彦等：《民法讲义 7 亲族》，有斐阁 1977 年 11
月 25 日初版第 1 刷发行，第 4—7 页。

长期处于通说地位，系由学者中川善之助教授始创。按照该说，人的生活关系分为为财货的生产、再生产而进行的经济生活关系与为生殖、哺育而进行的保族生活关系（身份关系）两个层面。这些关系成立过程中存在多少计算的意思，在这一点上存在差异或者说对立。经济生活关系，系为特定的经济目的，是意思的、形成的、打算的关系，它是利益社会、目的社会（Gesellschaft）的结合。与此不同，身份关系则是基于人的保族本能的性情的、自生的、超打算的关系，它是共同社会、本质社会（Gemeinschaft）的结合。规律经济生活关系的法即为财产法，规律身份关系的法即是家族法（身份法）。财产法是当事人作为熟虑、熟思而进行计算的自由独立人采取个体的方式的"个体法"。与此不同，家族，譬如夫妇，并不是对立的一男一女的结合，而是作为合体的一体而存在。因此，家族法是统一组织形态的一体的规律，是"统体法"。与其说家族法注重个人的自由，毋宁说是重视统体或使统体具有优越性（亦即更加重视"统体"的层面）。另外，该说还认为，日本民法自身是依不同的原理而使家族法（身份法）与财产法得以构成，于旧法时的"家"制度下被构筑的东西。也就是说，日本民法是那个时代的历史的产物。总之，上述观点如今仍获得较多的支持，系为鲜明的具有魅力的理论。唯该说着力强调身份法的特殊性及其与财产法的差异，于日本的现行民法体系下，乃不能圆润地释明为何于《日本民法》这一法典中，家族法与财产法仍然各自占据其位置。也就是说，该说未能自统合的视点或角度而释明财产法与身份法（家族法）。

第二，认为家族法与财产法于本质上是同一的。此说主要由日本学者川岛武宜、山中康雄等主张。按照该种学说，第二次世界大战结束后的日本宪法修改及伴随它的民法修改，使"家"制度被废止，家族法变成以近代的市民家族为对象的法，其由此在与财产法相同的商品交换社会的近代市民社会的法原理上被统一，二者变成具有相同的构造。于近代家族法上，作为主体的个人是其出发点。具体而言：其一，基于作为主体的个人的意思并以之为基础，作为市民的契约的婚姻得以成立。其二，未成年的子与亲的监护养育关系得以成立。由这样的主体的个人构成的未成年的子与亲（夫妇）的集团，即是家族，它是以基于契约的私的所有为基础的共同生活体的婚姻，与基于私的所有的亲对未成年的子的扶养、保护、监督的个人法关系。家族法是市民法秩序不可分的一部分。近代家族法的重点，是家族关系的财产的权利、义务。近代社会的家族、亲族关系，是纯粹的私法的市民关系，家族法上的诸关系也与财产法上的诸关系相同，是作为独立、自由的法主体的个人对个人的权利义务关系。不过，学理认为，以上观点存在如下问题：财产法与家族法的分类基准或标准等不明确。这样一来，例如亲子间的扶养义务关系强制性地发生，私的自治（私法自治）即不能贯彻。由此，当事人的独立主体性即可能被制约。

第三，主张家族法与财产法存在差异，而视家族法为中心（核心）的私的保护法观点。作为主张此观点的代表性学者并完成此观点的体系化的是沼正也教授。该说是对上述第二种学说予以批判而提出的理论，其从市民法对家族法与财产法的统合角度进行综合性理解，与前述第一种学说采不同的视角，然承认家族法与财产法存在差异。该说要旨如下：近代私法对于所谓"人"，强制性地赋予其独立、平等属性。于此基础上，自由的人与人得以对抗。财产法以这样的法主体的对抗与基于他方自由意思的相互承认为基础。家族法具有补全不独立、不平等的人的作用。可以说财产法规律的是完全者与完全者的对抗关系，而家族法规律的则是不完全者的不完全性补全的关系。家族法于民法的综合体系中，是补全财产法的装置，它构成财产法的基础。值得提及的是，以上观点受到一些学者很高的评价。

# 第二章

# 婚姻家庭法的发展史概览

## 第一节　原始社会的婚姻家庭

人类起源和发展的问题，从古到今，于世界各民族中，有过各种奇幻的神话[1]和传说，大体经历了由神创论到进化论的过程。不过，按照马克思主义的观点，劳动在人类社会的起源中有着重要的作用。也就是说，劳动创造了人。[2]"有了人，我们就开始有了历史"（恩格斯语）[3]。亦即，人类和人类社会是一起产生的。此盖因单个人不可能生存，人类一开始就是群居，一开始就有人类社会。人类社会开始也就是人类历史的开端。[4]通常认为，人类社会的发展迄今业已有二三

---

[1]　陈梦家：《陈梦家学术论文集》（中华书局 2016 年版）第 57 页谓：神话的发生似乎可大别为二，一是自然的，一是人为的。就自然的发生而言，因为神话本身是历史传说，历史传说在传递中不自觉的神话了，于是变成又是历史又是神话；但是我们可以披剥华伪，把神话中的历史部分提炼出来，重造古史。还有一种自然发生的神话，乃是由于人类求知欲的伸长，以及人类想象力的奔放，这往往造成极离奇的神话。人为的神话，就是所谓神道设教。

[2]　于人类起源问题上，一直存在着争论。唯心主义者认为人是上帝或神创造的，人类和人类社会一经神创就是永恒不变的了。远古以来，世界各民族中曾有过各种各样的神话和传说。我国就有女娲抟土造人的传说。有唯心论就有唯物论。当上帝造人说还没有载入《圣经》时，古希腊思想家阿那克西曼德（公元前 611 至公元前 545 年）就提出了从鱼到人的朴素唯物主义思想，认为鱼是人类的祖先。这种认识带有直观的、臆测的性质。对此，参见林耀华主编：《原始社会史》，中华书局 1984 年版，第 1—2 页。

[3]　参见［德］恩格斯：《自然辩证法》，载《马克思恩格斯选集》（第 3 卷），人民出版社 1972 年版，第 457 页。

[4]　参见林耀华主编：《原始社会史》，中华书局 1984 年版，第 1 页。

百万年的历史。原始社会则是人类历史上最早的社会形态，系人类社会发展的最低级阶段。这个太古时代包括了人类在地球上生存的99%以上的时间，并且建立了以后的更高级发展阶段的基础。[1]

在人类社会的孕育过程中，"形成中的人"必须几十个结合在一起，使用天然工具，集体劳动，共同生活。在群居生活中，两性关系处于不受任何约束的乱婚状态，这样的群体为"原始群"，也称"原始游群"。人类社会产生以后，原始人在物质资料的生产过程中，年龄相近辈分中的一群女子与一群男子集体地结成夫妻关系，这种群婚逐渐排除不同辈分之间的杂乱性交状态，对两性关系开始有了某种制度上的约束，禁止前辈与后辈之间通婚。此时，姐妹是兄弟的共同妻子，兄弟是姐妹的共同丈夫，夫妻都有共同的血缘。这种家族形态称为血缘家族。血缘家族是在兄弟姐妹间通婚，所以亲属并无父方与母方、夫方与妻方、血亲与姻亲的区别。以后，血缘家族向氏族的过渡，乃经历了一个漫长的过程。氏族又有母系氏族与父系氏族的分别。父系氏族出现后，氏族制度逐渐衰落。父系氏族包括若干父系大家族。父系大家族由一个父亲所生的数代子孙和他们的妻子组成。这时的对偶家庭[2]逐步向一夫一妻制家庭过渡，但它还并无自己独立的个体经济，还是在一个家长的权力支配下的父系大家族里共同生活。一夫一妻制家庭和对偶家庭的不同之处就在于，这种个体婚姻关系要牢固得多，双方不能任意解除婚姻关系。由此，一夫一妻制家庭的产生，就促使氏族和父系大家族趋于解体。[3]

按照我国婚姻家庭法学者的观点，原始社会婚姻家庭的历史类型主要有"群婚"与"对偶婚（对偶家庭）"。群婚就是原始社会中一定范围的一群男子与一

---

1　参见陶大镛主编：《社会发展史》，人民出版社1982年版，第1—2页。

2　对偶家庭是一个男子和一个女子在对偶婚的形式下组成的家庭形式。16世纪的易洛魁人以及处于同一发展阶段的其他部落，都保留着对偶家庭的家族制度。它是一个相当大的，包括四五代母系近亲的集团。它的成员包括母亲们及其子女，以及女系的后裔，人数可达一二百人，多的甚至达到三四百人。一个母系大家族通常住在一个住宅中，共同过着原始共产主义的生活。对偶家庭本身很脆弱，很不稳定，它没有独立的家庭经济，没有形成社会的基本细胞。对此，参见林耀华主编：《原始社会史》，中华书局1984年版，第265页（黄淑娉执笔）。

3　参见陶大镛主编：《社会发展史》，人民出版社1982年版，第29—36页。

群女子互为夫妻的婚姻形式，它是人类社会最早的婚姻家庭形态，与杂乱性交关系的根本区别在于，两性关系因世代的不同而受到限制。群婚又称团体婚，分为血缘群婚与亚血缘群婚。至于对偶婚，则系为一男一女相对稳定偶居生活的方式。一般认为，母系氏族产生以后，在它的相当长时期的发展过程中，婚姻形式先是普那路亚婚，然后发展到对偶婚。自普那路亚婚到对偶婚的转变，主要是由于氏族制的影响，氏族组织是完成这一转变的主要媒介。对偶婚产生于蒙昧、野蛮时代之交，大部分地区在蒙昧时代高级阶段，个别地方是在野蛮时代低级阶段。它是野蛮时代特有的婚姻形式，一直到野蛮时代晚期，这种婚姻形式还通行着。[1]在我国，对偶婚大约确定于仰韶文化晚期。其出现，给家庭关系注入了新的因素，即为子女确认生父提供了可能，为母系氏族转为父系氏族及一夫一妻制的确立提供了可能。一夫一妻制乃是在原始社会野蛮时代的后期，于对偶婚的基础上产生的。[2]

　　总之，自人类婚姻家庭发展历史看，人类的婚姻家庭制度迄今乃主要经历了群婚、对偶婚及一夫一妻制三种历史类型。[3]对于此三种历史类型所适应的状况，恩格斯于《家庭、私有制和国家的起源》中谓："这样，我们便有三种主要的婚姻形式，而这三种婚姻形式大体上是和人类发展的三个主要阶段相适应的。群婚跟蒙昧期相适应，对偶婚跟野蛮期相适应，以破坏夫妇贞操和卖淫为补充的一夫一妻制跟文明期相适应。在野蛮期高级阶段，在对偶婚和一夫一妻制之间，插入了男子对奴婢的支配和一夫多妻制"[4]。

---

1　参见林耀华主编：《原始社会史》，中华书局 1984 年版，第 264—265 页（黄淑娉执笔）。

2　参见杨怀英主编：《中国婚姻法论》，重庆出版社 1989 年版，第 74—77 页（刘莉执笔）。

3　胡平主编《婚姻家庭继承法论》（重庆大学出版社 2000 年版）第 14 页（胡平执笔）谓："婚姻家庭形态的历史分期，与历史学迥然不同。经典作家们将其分为蒙昧时期、野蛮时期和文明时期三个历史阶段，与此相适应的婚姻家庭形态分别是群婚制、对偶婚制和一夫一妻制。"并且，其认为蒙昧时期又经历了低级阶段、中级阶段和高级阶段（同书，第 14—15 页，胡平执笔）。还有，史凤仪著《中国古代婚姻与家庭》（湖北人民出版社 1987 年版）第 4 页指出，中国由原始群婚制向一夫一妻制过渡，大致完成于夏代初期。

4　参见《马克思恩格斯文选》（两卷集）（第二卷），外国文书籍出版局（莫斯科）1955 年版，第 231 页；巫昌祯主编：《婚姻与继承法学》，中国政法大学出版社 1997 年版，第 32 页（田岚执笔）。值得提及的是，恩格斯曾科学地预见到，随着社会制度的变革，在资本主义生产方式消灭以后，必将

## 第二节　奴隶制社会的婚姻家庭法

### 一、概要

按照马克思主义的观点，于原始社会以后，人类即迈入奴隶制社会。在奴隶制社会，随着商品生产和交换的发展，氏族内部各个家庭之间发生了贫富分化，特别是氏族首领们的财产日益增多。[1]按照我国婚姻家庭法学者的观点，在奴隶制社会初期，婚姻家庭关系主要是由习惯法来调整的。以后随着国家权力的扩大，加强了对婚姻家庭问题的干预，逐渐采用成文法的形式，然习惯法仍然起着很大的作用。[2]于宗教势力特别强大，实行政教合一的国家中，宗教经典同时又是法典，其中也有许多有关婚姻家庭的信条和行为规则。[3]

学者多认为，汉穆拉比法典中有关婚姻家庭的规定，古希腊的米惹斯（Menes）法典、犹太的摩西（Moses）法典、印度的摩奴（Manu）法典等中，都有关于婚姻家庭的规定。[4]另外，还有必要提及的是，古代作为奴隶制社会的罗马的婚姻家庭法（亲属法）也具有相当的特色。对此，本节乃设专题予以分析。

另外，因一夫一妻制主要存在于阶级社会，其随着社会的发展而于不同的时代有不同的特点。[5]奴隶制社会尽管也有一夫一妻制，但广大奴隶是奴隶主的私有财产，并无人格权，更无婚姻缔结权。男女奴隶大多由奴隶主随心所欲地指配婚

---

（接上页）出现与新的时代（社会主义、共产主义社会）相适应的真正的婚姻自由、男女平等、一夫一妻的婚姻家庭制度。对此，参见法学教材编辑部《婚姻法教程》编写组（杨大文主编）：《婚姻法教程》，法律出版社 1982 年版，第 8 页。

1　参见陶大镛主编：《社会发展史》，人民出版社 1982 年版，第 66 页。

2　参见杨大文主编：《亲属法》，法律出版社 1997 年版，第 12 页（杨大文执笔）。

3　参见法学教材编辑部《婚姻法教程》编写组（杨大文主编）：《婚姻法教程》，法律出版社 1982 年版，第 37 页。

4　参见法学教材编辑部《婚姻法教程》编写组（杨大文主编）：《婚姻法教程》，法律出版社 1982 年版，第 39 页。

5　参见李志敏主编：《比较家庭法》，北京大学出版社 1988 年版，第 11 页（杨遂全执笔）。

姻，使之充当繁殖奴隶的工具。于奴隶主阶级的内部，尽管法律规定实行一夫一妻制，但允许公开纳妾，盖因于统治阶级看来，妾与妻不同，因此不属多妻。[1]

## 二、罗马法的亲属法 [2]

### （一）罗马法的家长（家父）权

罗马社会以家的组织（即家族制度）为其最坚强的基础。有人认为，早期的罗马家庭乃是一个"政治组织"。[3]所谓"家"（familia），系指由家长与家属所组成的团体。[4]此团体不惟组织强固，且其家属的犯罪，家长也有裁判科刑的权力。由此，学说上乃有以"国中之国"比喻者。家长，也称家父（pater familias），系一家的首长，其有家长（家父）权（patria potestas）[5]。家长权的内容包括：主持祭司、充作法官及担任家主。[6]家长权系为罗马市民专属权之一，其专属于男性，带有终身性，并具绝对性。[7]家长须为男子，可以支配其家属。家长为自权人（妇女

---

1　参见胡平主编：《婚姻家庭继承法论》，重庆大学出版社 2000 年版，第 22 页（胡平执笔）。

2　本部分的内容非有特别说明，乃系主要参考、依据郑玉波译《罗马法要义》（第五版，汉林出版社 1985 年版）第 99—105 页的内容而写成，谨予释明。

3　参见［意］朱塞佩·格罗索：《罗马法史》，黄风译，中国政法大学出版社 1994 年版，第 12 页。

4　对于"家"的概念，法学教材编辑部《罗马法》编写组的《罗马法》（群众出版社 1983 年版）第 94 页谓："古代罗马，最初所称的'家'（domus, familia），是指在家长（paterfamilias）管辖下的一切人和物的总和，包括妻子、儿女、买入的市民、奴隶、牛马和其他财物等。随着社会的进步，所有权（dominium）、夫权、买主权、主人权（dominica potestas）便次第从家长权中分化出来，首先是人和物的分开，对人如对妻子儿女等则称支配权（patestas），对物如对奴隶牛马等则称所有权。之后，由于夫权和家长权取得的方式不同，妻又随夫的社会地位，因此，两者又加以区别。对买入的市民，彼此并没有亲族关系，和子女也有别，于是另有买主权。奴隶能为主人管理事务，取得财物，和牛马不完全一样，于是另有主人权。因此，法律昌明时代，狭义的家，专指家长和处于其权力支配下的家属。"

5　法学教材编辑部《罗马法》编写组的《罗马法》（群众出版社 1983 年版）第 121 页（周枏执笔）谓："最初，罗马的家长权是指家长对全家一切人和物所享有的权力，至后来随着社会的进步，罗马法才明显确定系指男性市民的自权人对其家属的支配权。"该书扉页所载编写者之一为"周枬"，但现今多采用"周枏"的写法，本书亦从之。谨予说明。

6　参见法学教材编辑部《罗马法》编写组：《罗马法》，群众出版社 1983 年版，第 122—123 页（周枏执笔）。

7　参见法学教材编辑部《罗马法》编写组：《罗马法》，群众出版社 1983 年版，第 121—122 页（周枏执笔）。

虽有时得为自权人，但不得为家长），其他服从家长权力的自由人则谓为他权人。处在家长权下的卑亲属，男的称为"家男"（filius familias），如子和孙等；女的称家女（filia familia），如女和孙女等。[1]家长权最初为统一的绝对的权力，即对于构成家属的人与物均得一律支配，但后因支配客体的不同，乃渐次分化。就人的方面而言，对妻则分化为夫权（manus），对家男、家女及孙（nepos，neptis）（总称为家子）则分化为父权（patria potestas）。就物的方面而言，对一般财产则分化为所有权（dominium），对奴隶则分化为主人权（dominica potestas）。于古罗马时代，父权与主人权逐渐丧失其绝对性，此系由子孙与奴隶的人格日渐发展所导致。妻之服从夫权，也于帝政初期不再被视为原则，而是被视为例外，盖因妻并不因其所以为妻，而致其能力受限制也。家长权具有排他性，一家之中，家长权仅限于家长方有之，因而母之于子并无亲权，非为家长之父对于其子也无父权，非为家长之夫对于其妻也无夫权。由此可见，亲子关系、婚姻关系，皆被家的关系所吸收。又，家长对其家属只有权力关系，并无权义（权利、义务）关系。尽管家长负有扶养、嫁资设定等义务，但此义务不受诉讼的制裁，其仅为自然债务而已。家长权因时代的进步，其绝对性虽次第丧失，但家长对家属的生杀权力（ius vitae necisque）直至君士坦丁帝时依旧存在。[2]

综合上述，我们可以看到，家长权乃罗马法[3]特有的制度，古今法制无可与之比者。罗马家庭最大的特点是"家父制"。[4]家长权堪称"无上权"（Patria ma-

---

1　参见法学教材编辑部《罗马法》编写组：《罗马法》，群众出版社1983年版，第122页（周相执笔）。

2　参见郑玉波编译：《罗马法要义》（第五版），汉林出版社1985年版，第99—100页。

3　日本内阁法制局法令用语研究会编《有斐阁法律用语辞典》（有斐阁1998年6月30日初版第8刷发行）第1385页解释"罗马法"谓："公元前8世纪中叶，都市国家罗马建立，从素朴的古代法出发，历经共和政、元首政、帝政而组织化、完成化的法体系。即使后世各国，其他继受罗马法；即使今日，世界各国的法律尤其是私法，也或多或少地受到罗马法的影响。它具有个人主义的、方式自由及进化能力大等方面的特色。"

4　参见费安玲主编：《罗马私法学》，中国政法大学出版社2009年版，第78页（费安玲执笔）。

jestas）。于古代罗马，家长操杀生之权，虽尊若一国的元首，也不能过问。具体而言，其包括：①家长有生杀予夺之权；②家长有出卖家子之权；③家长有否决婚姻及离婚权；④家父有监护亲子之权；⑤家长有家子的一切财产权；⑥家长得以遗嘱为家子指定监护之权；⑦家长得为家子指定继承人之权；⑧家长因其家子被损害而得向他人请求损害赔偿之权。唯至帝政时期，家长权渐受限制。[1]

总之，在罗马时代，家长权是具有决定性意义的，是重大的。家长权是罗马法独有的概念，是罗马市民的纯民族制度（盖尤斯语），家庭的基础是绝对的家长权。[2] 家父并非完全是指血缘意义上的父亲，没有儿子甚至没有结婚的成年男性依然可以被称为家父。[3]"家父不仅仅是指他这个人，也是指一种支配权"（乌尔比安语）。[4] 由此可以说，罗马社会的家庭乃是以"家父"为核心的人的集合体。[5] 有学说指出，罗马法中的家长权乃是罗马父系氏族社会在阶级社会之初的残迹，这种残迹给罗马法特别是市民法以深刻的烙印，它甚至影响到后世资本主义的立法，只不过已称为亲权而已。[6]

家长权的效力包括关于财产的效力、关于契约的效力及关于侵权的效力。关于财产的效力中，又涉及使用特有产（peculium profectitium）、军役特有产（peculium castrense）、准军役特有产（quasi peculium castrense）及别种特有产（bona adventiita 或 peculium adventicium）。关于契约的效力，家长与家子间订定的契约只可视为自然债务，于法律上不能发生效力。然若系家子与第三人的契约行为，则依

---

　　1　参见丘汉平著，朱俊勘校：《罗马法》，中国方正出版社 2004 年版，第 81—82 页。另外，陈朝璧著《罗马法原理》（法律出版社 2006 年版）第 420 页谓，家父权对于家子身份方面的效果包括：①婴儿出生时，家父得抛弃之；②家子对于家父有绝对服从的义务；③家父有审判家子之权；④家子有过失时，家父得让渡于受害人以免责任；⑤家父有出让子女之权。

　　2　江平、米健：《罗马法基础》（修订本），中国政法大学出版社 1991 年版，第 82 页。

　　3　参见费安玲主编：《罗马私法学》，中国政法大学出版社 2009 年版，第 78 页（费安玲执笔）。

　　4　见 D. 50，16，195，2。[意] 桑德罗·斯奇巴尼选编：《婚姻 家庭和遗产继承》，费安玲译，中国政法大学出版社 2001 年版，第 5 页。转引自黄风：《罗马私法导论》，中国政法大学出版社 2003 年版，第 119 页。参见费安玲主编：《罗马私法学》，中国政法大学出版社 2009 年版，第 78 页（费安玲执笔）。

　　5　参见黄风：《罗马私法导论》，中国政法大学出版社 2003 年版，第 119 页。

　　6　江平、米健：《罗马法基础》（修订本），中国政法大学出版社 1991 年版，第 83 页。

市民法有效。当家长权伸张之际，此项契约的利益当然全归家长享有，但家长方面不负对待给付的责任。关于侵权的效力，家长与家子之间，家长权为绝对的，故此，家长对于家子的督责殴打等，家子无救济之权。其后，法律渐加限制，若第三者侵害家子，家长则为要求损害赔偿的权利人，唯家子也可提起侵害之诉（actio injuriarum），并得请求发给禁令（interdictum quod vi clam），以保护其不再被害。[1]

(二) 罗马法的父权的发生与消灭 (终止) 因由

在罗马时代，父权的发生因由，其重要者包括下列一些：①因适法婚姻之子的出生 (naissance) 而取得父权。家长对其自己或家男由适法婚姻所出生之子，取得父权。②因收养 (adoptio) 关系而取得父权。罗马人的收养制度，依其收养对象的不同，又可分为下列两种：其一，自权人的收养。亦即收养他家家长为养子，被收养者，不仅其自身变为养父权下的他权人，其原家的家属也随之俱变，即其财产也悉改归养父所有。换言之，其原家即因归并于养父之家而消灭。结果既然如此严重，其方式自也特别郑重。亦即，必须经过"僧侣认可"与"民会询问"两种程序而后可。帝政后期乃改由皇帝以敕令加以裁夺。至于收养的限制，则是古代妇女及未成熟人因不得进入民会之故，遂也不得依自权人的收养方式而为养子，但古典时代[2]于特定条件之下，未成熟人也许其为此种养子，而自公元5世纪起，妇女也可被人收养。又，收养人非达60岁以上且自己无子时，不得为此种收养。还有，此种收养乃收养人与被收养人之间的行为，此点与后述

---

1　丘汉平著，朱俊勘校：《罗马法》，中国方正出版社2004年版，第114—117页。

2　罗马法史约可分为四期：第一期系自罗马建国后约5个世纪间，是为古代。此时代罗马乃系由相互独立的多数氏族 (gentes) 联合成立于意大利半岛中部的一小都市国家，而渐次变为以意大利半岛为领土的统一的国家。第二期系自公元前200年左右开始，至奥古斯都出现为止，乃罗马法进入世界法的时代。盖以意大利半岛为基地的农业国罗马，一跃而为以地中海为内湖的商业国后，其法律也随之进化为世界法，而以商业交易为其主要的规律对象，并排除人种的差别，对于诸多民族一体适用也。第三期自奥古斯都以后至亚历山大时为止，乃进入组织化时代，亦即法史上所称的古典时代。第四期自戴克里先帝起至优帝编纂法典止，乃罗马法的整理时代。此时代的法学虽衰，但法律的进化未完全停止。唯无论如何，关于法学创造的活动，再不似前代之盛，则毋庸置疑。对此，请参见郑玉波编译：《罗马法要义》(第五版)，汉林出版社1985年版，第144—157页。

的收养并不相同。其二，他权人的收养，亦即收养他家家子为养子。因被收养者本无财产，故并不发生财产关系的问题。其方式乃利用《十二表法》的"家长如三回卖却其家男，则家男可脱离其父权"的规定，先假装卖却其子三次，使该子脱离其父权，然后依诉讼方式由法官确认收养人对于被收养人的父权，迨优帝 [1] 法乃仅由当事人报告于裁判所即可生效，而不需要依何种方式。此种收养根据优帝法还可分为"完全收养"（adoptio plena）与"不完全收养"（adoptio minus plena）两种：前者即卑亲属为尊亲属所收养时，须完全服从养父的父权；后者即无上述亲属关系的收养，而养子仅取得对于养父的继承权。此种收养乃养父与生父之间的行为，故此，养子的意思如何，乃在所不问。唯依优帝法，则须以养子本身并不反对为必要。以上自权人收养、他权人收养，尽管其方式与效果多不相同，但优帝法禁止年少者收养年长者为养子，并限定收养人与被收养人的年龄须相差 18 岁。另外，去势的人，法律上不认可其有收养能力，此与我国昔时阉宦之人辄收养子以自慰的习惯正属相反。还有，收养既然为父权发生的原因，则妇女自不得为收养，唯优帝时对于丧子之母，乃由皇帝恩准其收养。此盖因治国者乃不可背乎人情也。③因姘度婚所生之子的准正而取得父权。姘度婚所生的子，一经"准正"（Legitimatio），其父即可取得父权。准正的方法为：子出生后，

---

1　优帝即优士丁尼帝，又称"查士丁尼一世"。[日] 三浦一郎主编、《外国君主辞典》翻译组译《外国君主辞典》（中国广播电视出版社 1991 年版）第 185 页于"查士丁尼一世（Justinianus Ⅰ，Flavius Anicius，约 483—565）"条目下谓："拜占庭皇帝（查士丁尼朝），公元 527—565 年在位。统治期间因使拜占庭帝国摆脱由异族人侵濒于混乱的政治危机，遂为闻名之英主。其妻塞奥多拉也居位助夫治理政务，因此有名于世。查士丁尼生于伊利里亚的陶来西姆，为年迈的伯父查士丁一世之养子，协助政务。查士丁一世死，527 年查士丁尼一世与其妻共同加冕。为复兴昔时全盛时期罗马帝国统治范围，遂派遣名将贝利萨里厄斯、纳尔西兹开始西征。534—554 年，先后将非洲的汪达尔王国、意大利的东哥特王国以及伊比利亚半岛西哥特王国东部扩为帝国领土。又于 528—532 年、540—545 年两次击退波斯人侵入，545 年缔结休战和平协定。对内政策也根据古代罗马的皇帝观制定，他擢用治国有方的法家特里博尼恩，收集全盛时期法规编成《查士丁尼法典》。这不仅留下功绩，并对后世法律的发展影响巨大。537 年在君士坦丁堡建成圣·索菲亚大教堂，作为与神在地上的代表罗马皇帝的宫殿相适应的教堂。但是因军事远征及营造宫殿等过重的负担，引起财政匮乏，加上在宗教方面自居为神学者，对信仰问题进行干预，为使罗马教会和信奉一性说的东部诸省和解，采用了一种异端学说，这成为帝国统一的一大障碍。又因专制政治而引起 532 年的'尼卡'起义。凡此种种，都使他苦恼焦虑。"

其父母经缔结合法婚姻而准正；遵皇帝的指令而准正；父使子为地方自治团体的议员或为议员的妻，也可准正。唯以最后一种方法的准正，仅子与父的关系与婚生子同，即服从其父权，且取得继承权，但与其他家属间仍不发生关系。综合前述，也就是有学者所谓的，家父权乃主要或根本上系基于婚姻、收养及认领而发生。[1]

至于父权消灭的原因，则包括如下一些：①父或子的死亡。父权原则上毕生存续，纵使其本人精神错乱，也不受影响。为子者也不因其成熟而当然脱离父权，唯父或子死亡时，则父权消灭。②假装卖却。如前述，《十二表法》规定，父对于子如经三回卖却，则丧失父权。此种规定原在惩罚其父，但后世竟以此种方式作为免除父权的方法，即对于子如假装卖却三次，对于女或孙如假装卖却一次，即可免除父权。优帝时代，此种以父权免除而消灭父权的方法，须向裁判所以意思表示为之。③生儿遗弃或迫女为娼。帝政后期的法律对于遗弃生儿或迫女为娼之父，使其父权消灭。④子为教会高级职员或政府的高级官吏。优帝法规定，为子者如就任教会的高级职员或政府的高级官吏，则脱离父权。此也系父权消灭的原因之一种。[2]

另外，值得提及的是，也有学者将家父权的消灭称为家父权的终止，并列举其终止的原因如下：①死亡；②收养；③夫权婚姻；④家子就荣誉职；⑤虐待家子；⑥贬为奴隶；⑦卖却家子；⑧解放（emancipatio）。"解放"是家长对家属放弃其家长权而使其成为自权人的方式。进言之，"解放"最初为家长对家属的一种惩罚，即剥夺家属对家族享有的权利。随着社会的进步，于法律昌明时代，"解放"已是为了家属的利益[3]。[4]

---

1　参见丘汉平著，朱俊勘校：《罗马法》，中国方正出版社 2004 年版，第 83—113 页。

2　参见郑玉波编译：《罗马法要义》（第五版），汉林出版社 1985 年版，第 101—104 页。

3　参见法学教材编辑部《罗马法》编写组：《罗马法》，群众出版社 1983 年版，第 133 页（周相执笔）。

4　参见丘汉平著，朱俊勘校：《罗马法》，中国方正出版社 2004 年版，第 118—120 页。另外，法学教材编辑部《罗马法》编写组的《罗马法》（群众出版社 1983 年版）第 133 页列举家长权消灭（丧失）的原因如下：①家长或家属的死亡，但家长死亡后家属仍在他人家长权下的不在此限，如祖父去世而有父亲的；②家长或家属受人格大变更或中变更的；③依法剥夺；④家属荣显；⑤家长受人格小变更，如家长为他人养子时，被收养人的家属即改处养父的家长权下。

### （三）罗马法的家族、宗族

在罗马时代，家族（domus）[1]因家长的死亡而告解体，于是服从家长夫权的妻与家长的子女，皆分别成为自权人。其中的男子则率其子孙，纷纷另组新家族，而自成为家长。此新家族虽各自独立，互不相涉，但基于解体的旧家族的关系，彼此间仍保持一种宗族[2]关系（agnatio）。此所谓宗族关系，指存在于家长与其家属之间及家属相互间，以及假定家长永生不死，则服从其家长权者相互间的关系也。有此关系的人，互称宗族（agnatus）。由此，家长与其妻及子孙的一团体关系，称为狭义的家族，而前述宗族的一团体关系，则称为广义的家族。后者于法律上除继承与监护的问题外，别无意义。市民法上的亲属，以前述的宗族关系为限，而此关系乃基于家长权而来，并非以自然的血族关系为基础，故此虽曾为血族，但因服从他家长权的结果，也须脱离原来的宗族关系，对于原来家长的死亡，即无继承权矣。市民法上这种不当的结果，迄至古典时代，乃渐由法务官予以排除，血族关系遂渐次取得法律上的意义。优帝法关于继承监护、扶养、服丧、尊敬义务及亲属会议等问题，均不以宗族关系为依据，而系以血族关系（cognatio）为准绳。还有，宗族或血族依特定的顺序得为继承，或为监护人、保佐人。而决定此种顺序，须以亲等（gradus）与亲系（stemma）为标准。直系亲属相互间的亲等依其世数（generatio）计算，即每一出生为一亲等；旁系亲属相互间的亲等，则自当事人的一方溯至共同始祖，再自共同始祖降至他方当事人，即以其总世数为亲等之数。何亲等以内称为亲属，并无明文规定，仅特定亲等的亲属

---

[1]　在罗马时代，家族是最狭义的家庭组织，其构成的分子，为家父及隶属于其权力下的人，例如子若孙及"有夫权婚姻"之妻、若媳或孙媳等是。参见陈朝璧：《罗马法原理》，法律出版社 2006 年版，第 362 页。

[2]　宗族，乃法定的亲属关系，抑或以"权力"（potestas）观念为基础而拟制的亲属关系。故此，受同一权力关系支配的人，在此权力关系消灭后，相互间仍为宗族的亲属，但此权力关系因"人格减等"而消灭的，不在此限；如家父因受"人格减等"的处罚而丧失权力，"子子"间即视为无此亲属关系。具体而言，互有宗族关系的人，可分为如下数种：①相互间受权力关系支配者；②现受同一家父的权力关系支配者；③曾受同一家父的权力关系支配者；④假使共同的家父尚未死亡，此即可受同一权力关系支配者。各"宗族亲"相互间的权利有二：继承权、监护人之权。对此，参见陈朝璧：《罗马法原理》，法律出版社 2006 年版，第 362—363 页。

相互间禁止结婚，或特定亲等人相互间得为继承，抑或得为监护人、保佐人有规定而已。另外，夫妻相互间及其一方与他方的亲属间，则为姻亲（affinitas）关系。[1]

### （四）罗马法的家属的能力

关于家属的能力，罗马法时代是一家的财产唯家长方有权支配，因而家属等对于财产则为无能力人，其取得的财产，悉归家长所有。但因时代的进步，乃渐认可有如下例外情形：①军功特有财产（peculium castrense）。凡家子于军役上所得的财产，皆归其本人所特有，即该家子可完全取得其所有权，而不隶属于家长权之下，盖所以奖军功，且对家长权加限制也。②准军功特有财产（peculium quasi castrense）。凡家子为官吏，自职务上所得的财产，也归其本人所特有，系与前述的军功特有财产同。③自家长以外的人所取得的特有财产（peculium adventitium）。家子由母或母方尊亲属所取得的财产，其所有权也归家子享有，唯用益权仍属于家长，由此其较前述①②两种特有财产上所享的权利为逊。④自家长所取得的特有财产（peculium profectitium）。家长划分其财产的一部归家子管理时，该家子即取得该部财产，然家长仍有收回之权，由此，其较前述特有财产所享的权利尤不如。另外，关于诉讼能力，于古典时代，家男尚不得以其自己的名义提起诉讼，仅得为诉讼的被告，亦即仅具受动的诉讼能力。[2]

## 第三节　封建社会的婚姻家庭法

封建社会是在奴隶制社会以后出现的人类社会的发展形态。于欧洲，自3世纪至5世纪，由于奴隶、隶农和平民的不断起义，奴隶制大庄园经济破产了，它从根本上动摇了罗马奴隶制的基础。476年，西罗马帝国灭亡，标志着欧洲古代奴隶制社会历史的结束，而进入长达千年的欧洲中世纪，即欧洲的封建制时期。[3]

---

1　参见郑玉波编译：《罗马法要义》（第五版），汉林出版社1985年版，第104—105页。

2　参见郑玉波编译：《罗马法要义》（第五版），汉林出版社1985年版，第100—101页。关于此四种财产的名称，本书第39—40页所引丘汉平著、朱俊勘校《罗马法》（中国方正出版社2004年版，第114—117页）与此略有不同，谨予说明。

3　参见陶大镛主编：《社会发展史》，人民出版社1982年版，第138页。

按照历史学者的观点，9世纪至11世纪，随着社会经济的发展，封建制度在欧洲的典型地区——西欧——先后确立。[1]在中世纪的西欧，人的身份问题沿用的是罗马法的概念，即"人或为奴隶，或为自由人，二者必居其一"。自由与不自由有明确界限，有不可逾越的鸿沟。其也无中间状态，没有半自由。唯事实上，中世纪人的依附关系是多种多样的。其时法律长期不统一，农奴的地位往往是由各地方、各庄园上的习惯决定。农奴人身不自由，他们的人身属于主人。由此派生出各种对农奴的限制，如不能自由离开主人，不能自由婚姻，外出、结婚须取得主人同意，向主人交纳一定货币或实物。另外，作为农奴身份标志的其他负担还有结婚税、继承税及任意税。农奴的婚姻合法，然一般只许同庄园之男女农奴结合，这样所生子女仍归原领主，不会发生问题。因此农奴往往只能在本村择偶。但中世纪时村子很小，人口又少，本村的人很多有亲戚关系，容易形成近亲结婚，而近亲结婚乃系教会明令禁止的。[2]

在我国，婚姻家庭法学者通常认为，欧洲各国的封建主义婚姻家庭制度，多数是在日耳曼人氏族制解体后，于接受罗马文明影响的条件下建立起来的。总体上看，欧洲封建时代的婚姻家庭法发展比较迟缓，内容也很不统一，就其渊源而言，主要来自习惯法、寺院法及罗马法。其中，习惯法是欧洲中世纪婚姻家庭法最重要的渊源。另外，寺院法也具有强大的影响。寺院法中有关婚姻家庭的规定尤以如下经典和文件为主要渊源：①《新约全书》（The New Testament）；②《使徒教律》（Teachings of the Apostles）；③《使徒约章》（Constitution of the Apostles）；④宗教大会的决议与教皇颁发的教令集。至于宗教改革以后的婚姻立法，主要之点有：宗教改革运动反对教会的专制统治，于婚姻问题上也主张摆脱教会法的严酷束缚，使之符合"人类理性"的要求。宗教改革与罗马法的复兴，于一定程度上推动了从封建主义婚姻家庭制度到资本主义婚姻家庭制度的转变。于16世纪的荷兰，其首先选择民事婚制度。继之，法国也选择民事婚制度。于德国，首先采

---

1　参见齐思和编著：《世界中世纪史讲义》，高等教育出版社1957年版，第43页。

2　参见马克垚：《西欧封建经济形态研究》（第2版），人民出版社2001年版，第195—202页。

用法律婚的是 1850 年的法兰克福地方法。1874 年的普鲁士法与 1875 年的帝国法颁行后，宗教婚在全国为法律婚所代替。[1]

另外，关于封建社会的一夫一妻制，我国婚姻家庭法学者的观点也通常指出，封建社会的生产关系的基础是封建主占有生产资料和不完全占有生产者——农奴、农民，农民对地主有不同程度的人身依附关系。封建的家庭是完整的经济单位。封建社会一夫一妻制的婚姻家庭与奴隶制社会一夫一妻制的婚姻家庭于本质上是一脉相承的。封建主义婚姻家庭制度的特征是：婚姻不自由，实行强迫包办；父母之命、媒妁之言是婚姻的主要形式，门当户对、财产多寡是婚姻的实际内容；子女的利益受到漠视，儿女是家长的私有财产，完全听命于家长；夫妻关系是一种尊卑的关系、支配与被支配的关系，妻子并无独立的人格，丈夫可以随意休妻，妻子没有离婚的权利。封建社会的一夫一妻制徒有虚名，实际实行着一夫一妻多妾制。对于封建统治者而言，娶妾的数目乃与其身份、地位成正比。[2]

## 第四节　资本主义社会的婚姻家庭法

按照马克思主义的观点，于封建社会以后，乃是资本主义社会的发展形态。通常认为，欧洲是资本主义的故乡。早在 14、15 世纪，资本主义生产关系的萌芽已经在地中海沿岸的一些发达城市出现，它系通过小商品生产者的不断分化而进行。[3] 至 18、19 世纪，西方资本主义发展到自由竞争的阶段，也就是一个较高的时期。唯于此稍前的 17 世纪，随着资产阶级革命的兴起，资产阶级的家庭法律观开始形成。其中，马丁·路德、孟德斯鸠、康德、黑格尔以及费尔巴哈等人的理论于摧毁封建和宗教的家庭法律观方面起了重要的历史作用。对于家庭法概念与本质，

---

1　参见法学教材编辑部《罗马法》编写组：《罗马法》，群众出版社 1983 年版，第 49—54 页（谢邦宇执笔）。

2　参见杨怀英主编：《中国婚姻法论》，重庆出版社 1989 年版，第 82 页（刘莉执笔）。史凤仪著《中国古代婚姻与家庭》（湖北人民出版社 1987 年版）第 6—10 页于论及封建社会的婚姻家庭制度时指出：①法律公开确认一夫多妻制；②包办买卖婚姻；③男尊女卑；④漠视子女利益。

3　参见陶大镛主编：《社会发展史》，人民出版社 1982 年版，第 219 页。

法国、德国的一些学者认为，其是规定家庭中人的主体资格的私法；对家庭法和其他法律的本质，当代资产阶级学者一般都认为是"自然法则"的人意化，是人的本性、"理性、公道、社会意志和社会必要性"的表现。英美法系的一些学者认为，婚姻是指固定化的性结合单位，故此，有人认为同性间也可缔结婚姻。资产阶级学者对婚姻家庭本质的看法计有肉体机能说、法律契约说、伦理爱情说、信托关系说以及财产说等各种主张或观点。美国有学者甚至明确地把"婚姻作为一种财产"，主张把婚姻身份关系作为一种财产利益来加以保护。[1]

1804 年的《法国民法典》是人类第一部真正意义上的资本主义国家的民法典，其认为契约自由也扩及于夫妻之间。其第 1387 条规定："夫妻间的财产关系，仅在无特别约定时，始适用法律的规定；夫与妻只需不违背善良风俗，并依后述各条规定的限制，得随意订立契约。"[2] 依该条的规定，婚姻及其财产的约定，大体上都是民法上的一种契约关系。这就与中世纪的封建法在对待婚姻关系上存在很大的差异。它表明，根据《法国民法典》的规定，婚姻既然是一种契约，[3] 则依契约法的原理，双方当事人于法律上的地位即应是对等、独立乃至自由的。[4] 据此可见，《法国民法典》在对人的"解放"这一点上面，是具有重大的贡献乃至意义的。[5]

另外，自总体上看，诚如学者所指出的，《法国民法典》中有关亲属制度的规定，在早期资本主义国家的婚姻家庭法中占有很重要的地位。这部民法典连同 1896 年的《德国民法典》一道，对后世各国家和地区婚姻家庭立法的影响是很大

---

1　参见李志敏主编：《比较家庭法》，北京大学出版社 1988 年版，第 11—15 页（杨遂全执笔）。

2　参见谢怀栻：《大陆法国家民法典研究》，中国法制出版社 2004 年版，第 13 页。

3　由嵘主编《外国法制史》（北京大学出版社 1992 年版）第 415 页谓："将婚姻视为契约的一种，将亲属关系视为民事法律关系的一部分，这在民法法系具有悠久的历史。"

4　袁成第著《涉外法律适用原理》（同济大学出版社 1988 年版）第 5 页谓：卢梭认为，"'人是生而自由的，但却无往不在枷锁之中。自以为是其他一切的主人的人，反而比其他一切更是奴隶。'卢梭提倡'天赋人权'，认为社会法律关系是一种'契约关系'"。

5　值得提及的是，李志敏主编《比较家庭法》（北京大学出版社 1988 年版）第 41—49 页（杨遂全执笔）指出，资本主义国家（婚姻）家庭立法的基本原则包括：①个人本位原则；②私法自治原则；③契约自由原则；④法律上男女平等原则；⑤一夫一妻原则；⑥过错原则。

的，它们都被认为是大陆法系各国家和地区婚姻家庭立法的典型。[1]

《法国民法典》第一卷"人"的第五编规定"婚姻"，第六编规定"离婚"，第七编规定"亲子关系"，第八编规定"收养子女"，第九编规定"亲权"，第十编规定"未成年、监护及解除亲权"，第十一编规定"成年与受法律保护的成年人"。[2]这些对于婚姻家庭法（即亲属法）的规定，体系完整，结构谨严，不啻为资本主义国家的重要的亲属法（婚姻家庭法）。比之晚了近一个世纪即1896年方予以公布的《德国民法典》于其第四编规定"亲属"，是为德国的"婚姻家庭法"[3]。[4]其第一章规定"民法之婚姻"，第二章规定"亲属"，第三章规定"监

---

1　参见法学教材编辑部《罗马法》编写组：《罗马法》，群众出版社1983年版，第54页（谢邦宇执笔）。

2　参见罗结珍译：《法国民法典》，中国法制出版社1999年版。

3　于德国，其民法典第四编称为家庭法（Familienrecht，Family Law）。对此，参见陈惠馨：《民法亲属编——理论与实务》，元照出版有限公司2016年版，第24页。另外，[德] D·シュヴァープ著、[日] 铃木禄弥译《德国家族法》（创文社1986年版）第3页写道：《德国民法典》第四编在"家族法"这一标题下处理了三个法领域，即婚姻、血族及监护。其中，监护这一法制度主要是因历史的理由而配置在《德国民法典》第四编中。就主要之点，我们可以做如是理解：家族法乃是指与婚姻和血族有关系（或关于婚姻与血族）的、妥当的法规的总体，在血族的法上，亲与子之间的法律关系（亲子法）是中心性的对象。本书笔者有必要指出的是，前揭《德国家族法》，是一本有关家族法的重要著作，具有积极影响与参考价值，值得重视。全书主要包括四个部分：序说、第1部婚姻法（第1章婚姻法序论、第2章婚约、第3章婚姻缔结、第4章夫妇的共同、第5章夫妇财产法、第6章离婚与别居）、第2部亲子法 [第1章血族，第2章亲子法序论，第3章嫡出的出身，第4章亲子关系的一般效果，第5章由亲的照顾、关怀、照料、关照（权限），第6章扶养法，第7章婚外子的法，第8章作为子的收容（容纳）]、第3部後见制度与监护制度（第1章後见制度、第2章监护制度）。

4　我国台湾地区学者戴东雄谓，1900年施行的《德国民法典》上的婚姻法是基于如下各原则而构成的：①民事婚。德国自12世纪以来，婚姻事项是由教皇或教会管辖，并适用寺院法的规定，男女当事人因而须在自己所隶属教会的神父面前举行结婚的仪式，方能发生夫妻的身份关系。自《德国民法典》公布后，不再承认宗教仪式的婚姻效力，只有依照民法上的仪式，即在户籍官吏面前举行婚礼（旧民法典第1317条），始能承认合法的婚姻。②家父长型（Patriarchalismus）的家庭构造。③管理共同制的夫妻财产制。④有责主义的原则。另外，还有必要提及，德国于1938年6月6日公布了单行的婚姻法，该法取代了民法典有关婚姻的一切规定。该婚姻法的特色是在离婚原因上采用概括的客观主义，同时为配合国策，除原有的离婚事由外，增加拒绝生育、恶疾、不育等事由。第二次世界大战德国战败后，1946年盟军监管委员会将1938年婚姻法有关民族政策删除，例如禁止有遗传性疾病之人、拒绝生育或不生育的人结婚等规定，但其余仍继续有效。1957年6月18日公布男女平等法后，亲属法与婚姻法有关男女、夫妻或父母不平等的规定均受影响。1976年的法律在形式上将1938年婚姻法有关离婚部分又编入民法典亲属编的体系，于内容上继续贯彻男女平等的原则，同时采用了无过失主义。对此，参见戴东雄：《亲属法论文集》（再版），三民书局1993年版，第1—24页。

护、法定辅助与襄佐"。[1]这样的结构体系与编制体例，也可谓灿然大备，值得称扬。至于作为资本主义国家的另一具有重要影响的日本的亲族法，本书第一章及本书的其他各章相关部分也会涉及，于此不赘。另外，1907 年《瑞士民法典》将亲属法置于第二编规定，其各章依次是：第三章"结婚"（第一章、第二章及第二章之一是《瑞士民法典》第一编"人法"的内容，其分别规定"自然人"、"法人"及"募集的财产"），包括第一节"婚约"、第二节"结婚的要件"、第三节"结婚准备与结婚仪式"、第四节"婚姻的无效"；第四章"离婚和分居"，包括第一节"离婚的要件"、第二节"分居"、第三节"离婚的后果"、第四节"离婚程序（已废止）"；第五章"婚姻的普通效力"；第六章"夫妻财产法"，包括第一节"一般规定"、第二节"普通的所得参与制"、第三节"共同财产制"、第四节"分别财产制"。[2]由《瑞士民法典》对于亲属法（婚姻家庭法）的编排体例与内容构成看，其不愧为大的、老牌的重要民法典对于亲属法（婚姻家庭法）的规定，其内容充实、完整，结构清晰，堪以应对当代瑞士社会的婚姻家庭状况，无疑应予肯定和赞赏。还有，我国 1929—1930 年颁布的《中华民国民法》中的亲属编（第四编）也是具有重要创新与重要价值和意义的亲属法（即"婚姻家庭法"），于此值得特别提及。对于其整体（总体）的论述、评价与分析，可参见本书作者著《民法总则》（第二版，中国政法大学出版社 2023 年版）第 180 页以下的相关部分。

## 第五节 社会主义社会、共产主义社会的婚姻家庭法与我国婚姻家庭法的沿革、演进、变迁及发展

### 一、社会主义社会、共产主义社会的婚姻家庭法

1917 年 11 月 7 日（俄历 10 月 25 日），俄国无产阶级在布尔什维克党和列宁

---

1  参见台湾大学法律学院、财团法人台大法学基金会：《德国民法》（下），元照出版有限公司 2016 年版。

2  参见戴永盛译：《瑞士民法典》，中国政法大学出版社 2016 年版。

的领导下，于占世界六分之一的土地上，推翻了资产阶级的统治，建立起第一个无产阶级专政的社会主义国家，这是人类历史上一次划时代的伟大事件。[1] 作为东方大国的我国，也于 1949 年 10 月 1 日成立中华人民共和国，建立起社会主义国家。在社会主义国家，婚姻家庭制度伴随社会主义生产资料公有制等制度的建立也发生了重要变化或具有自己的特色，其最典型的就是实行真正意义上的一夫一妻制、男女平等，以及和睦友好、文明的社会主义婚姻家庭关系。在社会主义社会，应当说婚姻的建立以爱情为基础，婚姻的维系以爱情为纽带，婚姻的解除以爱情的彻底消失为原则。[2]

于比较法的视野中，帝俄时代的婚姻家庭法具有强烈的封建性和浓厚的宗教传统。随着十月革命的胜利，苏维埃政权对婚姻家庭制度的改革采取了许多重大的立法措施。1921 年苏维埃政权采用新经济政策后，为了适应新的历史时期法律秩序安定的需要，于 1926 年 11 月 19 日又通过了《苏俄婚姻、家庭和监护法典》。苏联于卫国战争期间，于婚姻家庭法领域也进行了若干紧急立法。第二次世界大战结束后，苏联的婚姻家庭立法有所发展和变化。[3] 至于东欧各国的婚姻家庭法，它们于本质上均与苏联的婚姻家庭立法一样，通常具有如下共同点 [4]：①规定了婚姻自由、男女平等、一夫一妻制的基本原则；②在保障结婚自由的同时，加强对结婚问题的法律监督；③在婚姻家庭关系方面，有许多特别保护妇女和儿童权益的条款；④规定了婚后夫妻财产共有制度；⑤确立离婚自由制度，为婚姻的解除规定了必要的法律程序。

按照我国婚姻家庭法学者对恩格斯的观点的归纳和总结，社会主义高级阶段

---

1　参见陶大镛主编：《社会发展史》，人民出版社 1982 年版，第 311—312 页。

2　参见杨怀英主编：《中国婚姻法论》，重庆出版社 1989 年版，第 85—86 页（刘莉执笔）。值得提及的是，李志敏主编《比较家庭法》（北京大学出版社 1988 年版）第 49—59 页（杨遂全执笔）指出，社会主义国家（婚姻）家庭立法的基本原则包括：①双方自愿和以感情为基础原则；②男女地位平等原则；③一夫一妻制原则；④国家对婚姻家庭保护和指导原则；⑤保护母亲和儿童原则；⑥个人利益和社会利益相结合原则。

3　参见由嵘主编：《外国法制史》，北京大学出版社 1992 年版，第 604—605 页（杨联华执笔）。

4　参见由嵘主编：《外国法制史》，北京大学出版社 1992 年版，第 621 页（杨联华执笔）。

的婚姻家庭制度的主要特征包括 1：①随着生产资料转归社会所有，所有的妇女将同男子一样平等地参加劳动和社会活动；②婚姻自由得以充分实现，男女双方间的相互爱慕成为婚姻的基础；③把私有制残余和私有观念从家庭关系中清除出去。夫妻关系、父母子女关系是平等的关系。

社会主义是人类历史上迄今为止最进步的社会制度，但还不是无产阶级的最高理想。共产主义是人类最理想、最美好、最进步的社会制度，其在发展过程中经历了低级与高级两个阶段。人们通常把共产主义的低级阶段称为社会主义社会，而把其高级阶段称为共产主义社会。2 于共产主义社会的高级阶段，人类将由"必然王国"进入"自由王国"。那时，人类的婚姻家庭关系也会更加完善，男女平等、父母子女关系平等以及一夫一妻制等制度都将更趋和谐、充实，人们的身心健康、家庭关系的和睦以及文明的婚姻家庭关系等都将达到一个新的高度与层次。透过这些方面，人的自由的全面的发展也必定会实现。

马克思主义根据人类社会发展的规律，早就预见到人类一定要首先过渡到共产主义的低级阶段——社会主义社会，然后再进入共产主义的高级阶段——共产主义社会。共产主义必然在全世界胜利，这是不可抗拒的历史发展规律。3 婚姻家庭制度到那时也会更加耀眼、更加美好和更加理想！

## 二、我国婚姻家庭法的沿革、演进、变迁及发展

我国是人类世界的文明古国，是世界古代文化中心之一。4 我国历代的生产方式，经过了原始公社制、奴隶制、封建制等。原始公社制的存在，有关材料不多，

---

1　参见杨怀英主编：《中国婚姻法论》，重庆出版社 1989 年版，第 86 页（刘莉执笔）。
2　参见陶大镛主编：《社会发展史》，人民出版社 1982 年版，第 368 页。
3　参见陶大镛主编：《社会发展史》，人民出版社 1982 年版，第 377 页。
4　参见陶大镛主编：《社会发展史》，人民出版社 1982 年版，第 22 页。

但如唐、虞禅让¹的传说，不失为典型的证据。²

我国自公元前 21 世纪的夏代开始，³就由原始社会进入奴隶制社会。其后，又经历了商（公元前 16 世纪至公元前 11 世纪）、西周（公元前 11 世纪至公元前 771 年⁴）两个朝代，奴隶制度得到了充分的发展。我国最早有文字记载的奴隶制社会，是继夏朝以后的商朝。⁵

夏代刚步入阶级国家时，氏族时代的婚姻关系仍留有遗风，但也呈现出阶级社会的印记。原始社会末期，并非所有与夏部族有关系的氏族均进入父系氏族时

---

1　陈全力、侯欣一编著《帝王辞典》（陕西人民教育出版社 1988 年版）第 5 页于"尧"的条目下写道："号陶唐，名放勋。传说中五帝之一，炎黄部落联盟首领。帝喾之子，帝挚之弟。后代赋予帝王形象，因帝挚致禅而立。都于唐（今山西临汾），史称唐尧。曾设天文官，掌管历象，命羲、和专职专任。常向四方部落首领征询意见。又命鲧治洪水。娶散宜氏女，称女皇，生丹朱，丹朱傲慢荒淫。一说尧有庶子九人，皆不肖。因咨询四岳，推选舜为继承人。对舜进行三年考核后，命舜摄位行政。他死后，即由舜继立。一说尧晚年德衰，为舜所囚，被迫让位。传尧陵在山西临汾、山东东平等地。"同时，该《帝王辞典》的同页于"舜"的条目下写道："号有虞，名重华，史称虞舜。传说中五帝之一，炎黄部落联盟首领。黄帝七世孙，后代赋予帝王形象。因四岳推举，继尧而立。活动据点在虞（今河南虞城北）。曾耕于历山（约在今河南范县、旧濮县东南），陶于河滨，渔于雷泽（历山附近）。传说舜父瞽叟盲，舜母死，瞽叟更娶妻而生象，象傲狠。其父爱后妻子，常欲杀舜，舜仍不失子之道。后经四岳举荐，被尧选为继承人，并以二女嫁于舜，经多年考察后摄行政事。他放逐鲧、共工、驩兜、三苗；使禹平水土，契管人民，益掌山泽，皋陶作士（大理），并选用各部落人才，扩大设官分职。其子商均不肖，因选拔治水有功的禹为继承人。传说舜年二十以孝闻，年三十得举用事，年五十摄行天子事，年五十八尧死，年六十一代尧践帝位。践帝位三十九年，南巡狩，死于苍梧（今湖南、广西交界地带）之野，葬于九疑，即零陵（今湖南宁远东南）。"另外，关于尧舜禅让，也请参见宋歌编著：《古代神话》，知识出版社 1992 年版，第 87—98 页。最后，《虞书·尧典》载："昔在帝尧，聪明文思，光宅天下，将逊于位，让于虞舜，作《尧典》。"对此，参见邓振宇编：《中华千年古书》之《五经·尚书》（余力主编），紫禁城出版社 1998 年版，第 1 页。

2　参见郭沫若：《奴隶制时代》（第 2 版），人民出版社 1973 年版，第 14 页。

3　夏朝是我国第一个奴隶制国家，已具备了国家的基本特征。对此，参见胡留元、冯卓慧：《夏商西周法制史》，商务印书馆 2006 年版，第 2—5 页；法学教材编辑部《中国法制史》编写组（张晋藩主编）：《中国法制史》，群众出版社 1982 年版，第 14 页（张警执笔）。值得提及的是，《陈梦家学术论文集》（中华书局 2016 年版）第 381 页指出："夏代的有无，还是考古学和古史学上的一个问题。我们若相信春秋战国时人的记载，则纵然不信夏本纪所记全是史实，亦当不怀疑夏族之存在。此族根据古地理研究，当在汉代河东郡一带，即黄河从北流改为东流的转弯处。殷代已有农业，夏代恐亦然，观其所在的地域正与地理条件相合。姑且假定夏代已有农业，则历法成为必需。"

4　唯法学教材编辑部《中国法制史》编写组（张晋藩主编）《中国法制史》（群众出版社 1982 年版）第 30 页（张警执笔）写为："约公元前十一世纪—公元前 770 年"。

5　参见陶大镛主编：《社会发展史》，人民出版社 1982 年版，第 72—73 页。

代，相反，有的氏族仍处于母系氏族，在婚姻关系中处于母系氏族对偶婚时代。夏的政权确立以后，统治阶级的婚姻关系表现出明显的等级分化，个人专权，王室婚姻呈现父权制下的一夫多妻特权。[1]商代的婚姻制度可分为商王、贵族的婚姻制度和平民的婚姻制度两种。其中，商王、贵族的婚姻制度，前期为一夫一妻制，后期为一夫多妻制。商代平民的婚姻制度则为一夫一妻制，此点可从商代婚制的遗存考古中明了。[2]在西周，人们从婚姻、家庭和统治权三者之间的相因关系出发，对婚姻、家庭问题及与此相关的立法活动十分重视。于周人眼里，婚姻是家庭组成的前提，而家庭则是整个社会的最小但又是不可缺少的细胞。周人将同姓不婚作为一条重要的法定婚姻原则。周人的婚姻种类主要有掠夺婚、买卖婚、自由婚三种形式。在西周，其法定婚龄是男三十、女二十。西周法律规定，没有父母的同意，婚姻便不能成立。家父是家庭民事权利的主体，有完全民事权利能力，对子女有无限管辖权和任意处置权，因此必然是子女婚姻权的主婚人。西周法律非常重视媒妁的作用。西周法律关于禁止婚约成立的规定主要有：①同姓不婚，此为一种永久性的婚姻障碍。②居尊亲丧不得嫁娶，此为婚姻关系的暂时障碍。③等级身份不同，不得嫁娶，此也为婚姻关系的永久性障碍。④五不娶，此为单方面永久性的婚姻障碍。凡女方具有如下五种情况之一，即使女方持有异议，男方亦有权解除婚约，即"逆家子不取，乱家子不取，世有刑人不取，世有恶疾不取，丧妇长子不取"[3]。逆，指叛逆朝廷；乱，指淫乱；刑人，指因犯罪受刑之人；恶疾，指喑、聋、盲、疠（麻风病）、秃、跛、伛（驼背）等疾病。至于丧妇长女被规定为不娶对象，盖因这种人自幼便得不到家庭妇德的正规教育，

---

1　参见胡留元、冯卓慧：《夏商西周法制史》，商务印书馆2006年版，第152—155页。

2　参见胡留元、冯卓慧：《夏商西周法制史》，商务印书馆2006年版，第214—237页。法学教材编辑部《中国法制史》编写组（张晋藩主编）《中国法制史》（群众出版社1982年版）第25—26页（张警执笔）谓："商代婚姻的主要形式是一夫一妻制。在一夫一妻制的原则下，同时又有娣、嫔、妃、妾的存在，据考古学家的统计，殷高宗（武丁）蓄妾达六十四人之多。奴隶主贵族间的婚姻，盛行以娣随嫁的媵嫁制度。"

3　《大戴礼记·本命》。转引自胡留元、冯卓慧：《夏商西周法制史》，商务印书馆2006年版，第480页。

缺少为妇的道德。

周人在礼制上强调一夫一妻制，唯事实上，一夫一妻制，就夫而言确为一人，而妻之一人仅仅是名号上的一种称谓。庶民之妻称作妻，说明事实上的一夫一妻制只能在庶民中间推行，奴隶主贵族，尤其是天子，则不受一夫一妻制的限制，实际上是多妻制。换言之，西周婚姻制度，形式上实行一夫一妻制，但是，像殷商一样，奴隶主贵族实际上是一夫多妻，并且加以制度化了。西周奴隶主贵族间，媵嫁制度也盛行：天子娶后，三国来媵；诸侯娶一国，二国往媵。还有，妾是可以公开买卖的，这就为奴隶主贵族的多妻制广开门路。但是，宗法制度以嫡长继承为核心，因此不能不重视嫡庶之分，即使是周王也不得"并后"，诸侯于法无二嫡。[1] 西周实行夫妻地位的公开不平等，其主要表现如下：①女子对丈夫绝对贞节，从一而终；②女子无独立人格，人身要依附于男子；③妻子无完全财产权，经济上不能独立；④妻子在家庭中分管内务，充当家务劳动者或家务代理人；⑤丈夫有片面休妻权；⑥从礼制上讲，西周家庭关系还相对注重夫妻间的互敬互爱、和睦相处、相互扶持。[2]

我国古代的宗法制度与婚姻家庭制度存在密切关联。宗法制于西周以前已经萌芽，不过正式成为一种严密的制度是在西周。[3] 宗法制度，也就是以男子为中心，

---

[1] 参见法学教材编辑部《中国法制史》编写组（张晋藩主编）：《中国法制史》，群众出版社1982年版，第43—44页（张警执笔）。

[2] 参见胡留元、冯卓慧：《夏商西周法制史》，商务印书馆2006年版，第464—491页。

[3] 参见胡留元、冯卓慧：《夏商西周法制史》，商务印书馆2006年版，第491页。西周在我国的古代历史上具有重要的地位，其时各项事业较为兴盛、发达［西周是奴隶制比较发达的时期，大量金文资料表明，西周法律，不独民事法规发达，就是与民事法规相联系的民事诉讼以及婚姻、经济等法规，也均达到一定规模（参见胡留元、冯卓慧：《夏商西周法制史》，商务印书馆2006年版，第602—604页）］。《诗经·大雅·文王》有云："周虽旧邦，其命维新"。这里所称"周"，应主要系指西周。周振甫《诗经译注》（精装本，中华书局2019年版）第408页将此二句译为："周虽然是旧邦，承受天命是新上。"还有，胡留元、冯卓慧著《长安文物与古代法制》（法律出版社1989年版）第5页写道：西周有没有民法典？民法发达不发达？这是法学界、史学界长期关注、争论的一个关系着中华法系特点的重大课题。多数同志认为，西周民刑不分，以刑为主，民法很不发达；有的同志持相反意见，一部《周礼》，就是一部民法典，这部民法典从西周开始，沿用于整个古代社会。我们认为，后一种意见很难成立，而前一种说法也不太全面。诚然，到目前为止，还没有发现一部哪怕是残缺不全的西周民法典，但是，这绝不意味着西周民法不发达。只要重视青铜器铭文——金文的研究，就不难看出，西周有关民事性质的法律规范已初具规模，颇为可观。

以血缘关系为纽带，按照血缘关系的远近区别亲疏的等级制度。婚姻家庭为宗法制度的细胞，又以巩固、发展宗法制度为旨趣。[1] 一夫一妻多妾制是奴隶制的产物，封建贵族继承了奴隶主贵族的这一特权。他们不仅一妻二妾，甚至三房五妾，等级地位越高，妻妾越多。奴隶主贵族和封建贵族都实行一夫一妻多妾制，只是二者实行的方式不同。我国古代法律只许有一个正妻，这是为了区别嫡庶，便于嫡长子继承。因此，我国古代的多妻制是一夫一妻多妾制，封建法律严禁一夫二妻。封建法律也不许以卑为妾，按唐律，婢只在有子或经放为良时方可以为妾。后世封建法律多承袭唐律的规定。娶妻用聘娶方式，纳妾用买卖、受赠等方式。聘娶婚为我国古代广泛使用的标准结婚方式，它是根据"六礼"（纳采、问名、纳吉、纳征、请期、亲迎）实行的嫁娶制度，是在宗法制度下，由氏族社会的习惯经过不断演变、总结而来的。另外，公开的买卖婚姻是我国古代聘娶婚的一种重要补充形式，并与聘娶婚互相影响。此外，还有入赘、童养媳及冥婚等几种结婚方式。至于我国古代的离婚制度，在春秋战国时期，主要是出妻制度。至迟于汉代，礼法已总结了出妻的七条理由，即所谓的"七出"[2]，包括"不顺父母或不事舅姑"、"无子"、"淫"、"嫉妒"、"恶疾"、"口多舌"及"窃盗"。自宋代开始，出妻逐渐被视为丑事。还有，义绝是法律对男女双方实行的强制离婚（"七出"是法律允许男方自行休妻）。另外，唐代以前，已有和离现象，然用法律确定和离，则自唐律始。此外，尚有违反婚约而发生的离异、违反一夫一妻制而发生的离异以及因婚姻违法而发生的离异，这都属于违法婚姻的离异。[3]

---

1　宗法制度有两条重要原则，一是嫡长子继承，二是"兄弟相宗"。后者指大宗率小宗，小宗率群弟的统属关系，表现为政治职能，就是诸侯率其宗以拱卫周王，卿大夫则率其宗以奉承诸侯。同时，大宗对小宗也要尽到卫护的责任，所谓"宗子维城"就是从这个意义上说的。对此，参见法学教材编辑部《中国法制史》编写组（张晋藩主编）：《中国法制史》，群众出版社1982年版，第46页（张警执笔）。

2　学理指出，中国自古以来即有七出、义绝、两愿离等离婚制度，此种制度极具封建社会中男尊女卑的思想。对此，参见林秀雄："我国离婚制度之变迁与发展"，载陈棋炎先生九十晋五冥寿纪念文集编辑小组主编：《家族法新课题——陈棋炎先生九十晋五冥寿纪念文集》，元照出版有限公司2017年版，第180页。

3　参见李志敏：《中国古代民法》，法律出版社1988年版，第30—49页。

在我国古代社会，处理家庭关系的指导原则为"亲亲"、"尊尊"和"三纲"，于奴隶制社会为"亲亲"、"尊尊"，在封建社会为"三纲"。"亲亲"是亲近亲属，"尊尊"不限于尊亲，首先是尊君，但也包括宗族家庭内部的幼尊长、妻尊夫等。"尊尊"以"亲亲"为基础，二者反映了宗法制度的基本要求。"三纲"，指"君为臣纲，父为子纲，夫为妻纲"。"三纲"既是封建宗法制度的标志，封建婚姻家庭关系也必须将其奉为最高准则。我国古代礼法处理父母子女关系的基本准则为儒家推崇的"亲亲"、"爱亲"。"亲亲"就是"仁"，或"仁"的首要内容。"孝悌"为"仁"之本。"孝"在我国古代为百行之首、百善之先。唐律及后世律法都把"不孝"作为十恶之一。"孝"包含着对长辈的敬爱供养，是卑对尊的态度，尊对卑的态度则为"慈"。秦律禁止乱杀婴儿，但子女成人之后，生死问题仍要唯家长之命是从。后世封建律法不禁止尊长殴卑幼。唐律保留了"父子相为隐"的礼制规则。家庭财产由家长掌管，父子祖孙同财是我国古代行之很久的习俗，祖或父对同财有支配权。于"三纲"之中，"夫为妻纲"尽管排在第三位，但从宗法血缘关系看，夫妇关系又很重要，所以礼法有时特别强调夫妇之道。于我国古代社会，夫妇的分工为男外女内，男子在外谋生，掌握家庭财产，女子在内从事家务，故此夫妇在礼仪上没有平等地位，法律上并无平等权利。夫妇之间的不平等地位，有如天地之别。夫天妇地的地位决定了他们之间的主从关系，女子的一生都是在依从中度过的。就从夫言，礼制法律的要求是：从夫的地位，夫贵妇荣；从夫受刑，丈夫犯罪，妻子从坐；从夫的教令，任夫熔铸，直到从一而终，随夫葬于地下。此外，还需提及的是，在古代，虽然婚姻出于包办，然夫妇笃于感情，决不见异思迁、喜新厌旧，仍是应该肯定的。尽管夫尊妻卑是主流，但也存在夫妇相敬如宾的好传统；虽有礼制的极大束缚，但历代都出现不少才华出众的妇女和教子成才的伟大母亲。[1]

此外，儒、道、释三教对我国古代婚姻家庭制度也有重要影响。[2]

---

[1] 参见李志敏：《中国古代民法》，法律出版社 1988 年版，第 50—56 页。
[2] 关于此，请参见李志敏：《中国古代民法》，法律出版社 1988 年版，第 66—71 页。

于此尚有必要着力提及的，是 1929—1930 年的《中华民国民法》。[1]学说认为，这是一部除旧布新的民法，这一点突出地表现在亲属编和继承编。如前述，我国有数千年的封建落后的历史，于民事制度和民事规范方面也充满了野蛮落后的东西，如所谓孝道、多妻（妾）制[2]、男尊女卑、三从四德等。《中华民国民法》的出现，一举推翻了几千年来的一些封建陈规，建立了进步的、文明的新规范，具体包括：①男女在人格上平等，使妇女在权利能力与行为能力方面完全与男子居于同等地位，把中国相沿数千年的男尊女卑、三从四德等一扫而光。这是中国有史以来的最大变革。②取消关于妾的规定。《中华民国民法》的立法原则明确，不仅民法（典）不应承认妾制，也不得以单行法承认其存在。③男女平等在亲属编中的其他规定。在《中华民国民法》的亲属编中，其他有关男女平等的规定还有不少，例如男女在离婚条件上的平等，男女同得为家长，男女同得为监护人，夫妻在收养子女时有同等权利，夫妻同等行使对子女的权利义务等。于该民法中，不存在父权、夫权的规定和理论。④废除了沿用数千年的嫡子、庶子、嗣子及私生子等称谓。《中华民国民法》将这些区别及称谓概予废除，将私生子改称非婚生[3]子，并使其享有与婚生子同等的地位与权利。这不啻是该民法

---

1　我国台湾地区现行"民行"第四编规定"亲属"，共计包括七章：第一章"通则"，第二章"婚姻"（含五节，第一节"婚约"，第二节"结婚"，第三节"婚姻之普通效力"，第四节"夫妻财产制"，以及第五节"离婚"），第三章"父母子女"，第四章"监护"（含二节，第一节"未成年人之监护"，第二节"成年人之监护与辅助"），第五章"扶养"，第六章"家"，以及第七章"亲属会议"。对此，参见陈聪富主编：《月旦小六法》（第十七版），元照出版有限公司 2014 年版。

2　在清朝，其统治集团在实行多妻的同时，还积极鼓励生育。对此，参见张晋藩：《清代民法综论》，中国政法大学出版社 1998 年版，第 211 页。

3　值得提及的是，我国台湾地区现行"民法"仍区分婚生与非婚生子女，但有学者指出，婚生与非婚生无"立法上"予以区别的必要，并认为这一区分抵触国际人权公约，系对人之出生的歧视、对人格尊严的侵害及对私生活、家庭的侵扰，故此，应修正删除"非婚生"一词。该学者对其主张予以翔实论述，其大意为：不论婚生或非婚生子女，"婚生"与"非婚生"均不过是对该子女的形容词，所形容者不是该子女的人品或其他人格特质，而是针对该子女所无法参与决定的生父、生母间于受胎时有无婚姻关系的事项，即系以与该子女个人无关的事项加诸该子女，此一形容词，尤其"非婚生"一词，一般而言，予人以歧视贬抑该子女人格尊严之感，对所谓非婚生子女尤属不公。1948 年《世界人权宣言》第 1 条宣示，人人生而自由，在尊严和权利上一律平等；第 2 条及第 7 条更宣示，人人皆得享受不因出生而被歧视的权利。1990 年 9 月 2 日生效的《儿童权利公约》前言所揭示的对人格尊严与价值的信念，即任何人平等享有权利及自由，不因其出生等而有任何区分。第 2 条之 1 揭示，每一

（典）的"进步"。⑤废除大家族制，废除宗法的亲属制度。中国数千年来，维护封建的宗法制，将亲属分为宗亲、外亲、妻亲三类，并依宗亲服制图定亲等。《中华民国民法》将这一套来自封建礼法的制度概予废除，改分亲属为血亲、姻亲，又采用罗马法的亲等计算法[1]。另外，又废除了宗法制，不设族长一类，改采小家族制，只设家长，尽量削弱家长的权力，另设亲属会议。这些都是很大的改革。[2]

新中国成立后，于1950年4月13日由中央人民政府委员会第七次会议通过了《中华人民共和国婚姻法》。[3]它是中国婚姻家庭制度上长期的反封建斗争在法律上的总结，又是为适应改革婚姻家庭制度的实际需要而制定的。其包括八章：原则、结婚、夫妻间的权利和义务、父母子女间的关系、离婚、离婚后子女的抚养和教育、离婚后的财产和生活以及附则。如前述，中国是一个长期遭受封建统治的国家，亲属制度上的封建传统既深且广，于新中国成立初期的岁月里，现实生活中的婚姻家庭状况与法律的要求还相去甚远。1950年的《婚姻法》在颁行时

---

（接上页）儿童均享有该公约所揭橥的权利，不因出生的不同而有所歧视。另外，我国台湾地区"民法"所参考的德国及瑞士相关规定，也早已变更。譬如德国于1998年7月1日即已颁布实施的民法亲子改革法，有关"非婚生子女"的用语不再在法条上出现。瑞士于2000年1月1日再次修正的亲子法也放弃"非婚生子女"的用语。概言之，"非婚生子女"一语，在德国、瑞士的民法上已成为历史名词，我国台湾地区"民法"更无予以保留之理。对此，参见黄虹霞："不信公道唤不回——再论'非婚生'子女一词之商榷"，载戴东雄教授八秩华诞祝寿论文集编辑委员会：《戴东雄教授八秩华诞祝寿论文集：身分法之回顾与前瞻》，元照出版有限公司2017年版，第145—151页。另外，王雪梅著《儿童权利论：一个初步的比较研究》（社会科学文献出版社2005年版）第61—113页指出儿童权利保护原则如下：①最大利益原则；②平等（无歧视）原则；③尊重儿童原则；④多重责任原则。该著作于论及儿童权利的基本内容时，则指出其包括生存的权利和发展的权利。对此，参见王雪梅前揭同书，第114—167页。

1　史尚宽先生于其所著《亲属法论》（第四版，荣泰印书馆股份有限公司1980年版）第6页指出，关于亲等计算，向有寺院计算法与罗马计算法之分。我国台湾地区"民法"亲属编采罗马计算法。

2　参见谢怀栻：《大陆法国家民法典研究》，中国法制出版社2004年版，第116—119页。应提及的是，学理指出，我国台湾地区的"民法"亲属编自1985年以来历经大小18次修正，其修正趋势为：①贯彻男女平等的原则；②保障未成年子女的最佳利益；③由公正第三人介入并调整私人间的法律关系。对此，参见陈棋炎先生九十晋五冥寿纪念文集编辑小组主编：《家族法新课题——陈棋炎先生九十晋五冥寿纪念文集》，元照出版有限公司2017年版，第54页。

3　参见吕淑琴编著：《民法辞典》，上海辞书出版社2018年版，第479页。

具有一定的纲领性。[1]

1980 年 9 月 10 日通过，自 1981 年 1 月 1 日起施行的《中华人民共和国婚姻法》是我国的第二部婚姻法。该法第 1 条规定，"本法是婚姻家庭关系的基本准则"。这一规定说明了婚姻法的性质、任务和对象。我国婚姻法既调整婚姻关系，又调整家庭关系，实际上是婚姻家庭法。[2] 2001 年，该法根据第九届全国人民代表大会常务委员会第二十一次会议的决定予以修正，共 6 章 51 条，包括：总则、结婚、家庭关系、离婚、救助措施与法律责任、附则。[3]

2020 年我国颁布《民法典》，于其第五编规定"婚姻家庭"。其名称上不再使用婚姻法一语，而是直接启用婚姻家庭的表达，直截了当地表明它是既调整婚姻关系又调整家庭关系的规则，实为于立法技术与层面上的积极而重要的进步。同时，它又表明我国的婚姻家庭规则向民法的新回归。[4] 如前述，我国《民法典》婚姻家庭编共计五章，其各章分别是：第一章"（婚姻家庭的）一般规定"，第二章"结婚"，第三章"家庭关系"，第四章"离婚"，以及第五章"收养"。《民法典》的这一规则系统实为我国现今社会生活中法律调整婚姻家庭关系的基本、重要且不可或缺的规则体系，具有重要而不可替代的意义、价值与功用。

---

1　参见杨大文主编：《亲属法》，法律出版社 1997 年版，第 19—20 页（杨大文执笔）。

2　参见江平、巫昌祯主编：《现代实用民法词典》，北京出版社 1988 年版，第 157 页。

3　参见吕淑琴编著：《民法辞典》，上海辞书出版社 2018 年版，第 479 页。

4　我国曾有学理认为，在社会主义国家，婚姻家庭关系摆脱了私有财产的支配，因此它不再附随于民法，而成为一个独立的法律部门（参见江平、巫昌祯主编：《现代实用民法词典》，北京出版社 1988 年版，第 158 页）。

第三章

# 结婚（婚姻）制度

## 第一节　概要

### 一、结婚（婚姻）的涵义与现代的结婚（婚姻）状况

结婚，于法律上又称为婚姻。[1]所谓婚姻，乃系指作为社会制度而受到保障的男女的性的结合关系，将之予以法规范化的，即是婚姻法。如前所述，近年来，于认可或承认家族的多样性的国家或地区，不独男女之间的婚姻被认可或承认，认可或承认同性间的婚姻的国家或地区也在增加。原本于欧洲，尤其是在西欧的近代以前，婚姻被认为是基督教中的圣礼（夫妇间互相分享神的爱的典礼），由采取宗教的仪式而成立（宗教婚，于神前的誓约）。[2]但是，由于近代国家的成立（建立），婚姻变成于世俗的国家法层面而得以进行（民事婚，于身份登记官的面

---

1　史凤仪著《中国古代婚姻与家庭》（湖北人民出版社1987年版）第26—27页谓，婚姻，古字为"昏姻"或"昏因"；昏字也有写成"昬"的。有的说昏为昏旦之昏，昏为昏因之昏，昏嫁应作昏，婚姻应作婚。古代对婚姻一词有三种解释：①婚姻是指嫁娶的仪式；②婚姻是指夫妻的称谓；③婚姻是指姻亲关系。这三种解释，概括起来说是，婿于昏时娶妇，妇因婿而来，随之而定夫妻的称谓，建立两家姻亲亲属关系，这些都要通过婚姻仪式来实现。显然，这些解释都与中国行之几千年的聘娶婚相适应。这也足以证明，婚姻的概念产生于聘娶婚之后。

2　亦即，于中世纪的欧洲大陆，婚姻关系主要由教会法调整，被认为是"神的意志"，结婚必须举行宗教仪式，不能解除。对此，参见李志敏主编：《比较家庭法》，北京大学出版社1988年版，第61页（任国钧执笔）。

前为婚姻的合意）。这样，按照国家法要求的方式缔结的婚姻才被认可，此称为法律婚主义。与法律婚主义相对的是举行习俗的仪式，或当事人以婚姻的意思而开始过夫妇的共同生活，法律上也认可其婚姻成立的事实婚主义。现今，采用事实婚主义的国家和地区是少的。于我国的近邻日本，其系采取法律婚主义，具体是当事人须在《户籍法》所规定的地方（地点）向市区町村公务所提出婚姻申请，也就是说是采取申报婚主义。另外，根据《日本民法》，夫妇由作为一组（一对）的男女构成，是所谓"一夫一妇制"（第732条、第770条第1款第1项），一夫多妻、一妻多夫抑或同性间的婚姻等，皆不被认可。此外，其规律婚姻的基本原理是个人的尊严与男女两性的实质平等。依照其宪法的规定，婚姻立足于个人的尊严，仅基于男女两性的合意而成立，并且，夫妇有相同的权利，由他们之间的相互协力而使婚姻得以维系（第24条）。《日本民法》也以这两个原理（个人的尊严与男女两性的实质平等）作为其解释的基准。[1]

还有，于日本，其婚姻件数于1972年达到1 099 984件的峰值，这以后出现了次第减少的倾向，[2]2021年变成501 138件。结婚意向逐渐减少的同时，未满35岁的未婚者的约八成（男性81.4%，女性84.3%），其无论何者都打算结婚（2021年）。但是，由于晚婚化进程的演进，平均初婚年龄由1950年的男性25.9岁、女性23岁，上升到2021年的男性31.0岁、女性29.5岁。1980年以降，未婚率也急速上升。2020年，30岁至34岁男性的未婚率是51.8%，女性是38.5%。同时，再婚件数增加，再婚件数占总婚姻件数的比例由1971年的男性8.1%、女

---

1 参见［日］高桥朋子、床谷文雄、棚村政行：《民法7 亲族·继承》，有斐阁2023年版，第44页（高桥朋子执笔）。应值提及的是，陈惠馨于其所著《民法亲属编——理论与实务》（元照出版有限公司2016年版）第89页指出，目前我国台湾地区主流婚姻观念已经逐渐抛弃传统社会男（夫）尊女（妻）卑或男主外、女主内的婚姻关系思维，逐渐朝向婚姻中的配偶双方地位平等且各自给予自主发展空间演进。有关婚姻与家庭制度面临变迁是全球化现象，不仅发生在欧美国家，也发生在亚洲不同地区。当然，不同地区所面临的具体婚姻或家庭制度变迁各有不同，但相似之点甚多，例如高离婚率或者婚姻中配偶关系的变迁都是重点。

2 我国台湾地区学者陈惠馨于其所著《民法亲属编——理论与实务》（元照出版有限公司2016年版）第95页谓，事实上，当代婚姻制度面临的最大挑战，乃是从理所当然的异性婚观点（一男一女的婚姻）走向接受异性婚与同性婚观点（男男或女女婚姻），例如法国、美国等，承认同性婚姻的有效成立。

性 5.9% 增加到 2021 年的男性 19.1%、女性 16.6%。日本学理认为，于往后，围绕并因应结婚状况的更深层次的变化，日本的婚姻法也会针对结婚（婚姻）的成立方式与法律效果，不得不进行迫切的再审视、再评估（重新评估）。[1]

在我国，自总体上看，近年来，结婚件数也呈下降趋势，这一方面系我国社会生活发生重要变化所导致，另一方面也系结婚者（尤其是年轻结婚者）的婚姻观念、恋爱观念发生变化所引起。另外，还有国际结婚观念、结婚实态所发生的变化这一"大气候"的影响。可以预见，我国的这种结婚件数趋于减少的态势还可能会持续下去，由此带来的社会的"少子化"乃至与之相伴而生的社会人口的"高龄化"（老龄化）问题是值得加以注意、重视的。

## 二、结婚（婚姻）制度的发展、变迁与演进脉络

陈鹏著《中国婚姻史稿》（中华书局 1990 年版）的第 1 页"例言"谓："中国婚姻制度，导源于礼，而范之以令，裁之以律。违礼则犯令，犯令则入律，入律则有刑。唐宋以降，律令而外，复有格式诏制编敕之类，随代而变，名目滋章，要旨礼以为本，辅律而行，是为中国婚姻法制之特色。""中国婚姻礼制，历代相承，体例虽略有增删，原则初无更易，惟礼律繁文苛禁，往往与俗悬殊，且有适相反者。如礼无二嫡，而贾充置左右夫人，律禁有妻更娶，而唐户籍中有注二或事三妻者。不宁惟是，礼与律亦有相径庭者，如子妇无私货，无私畜，礼也，而汉律有弃妻俾所赍之文，此中国婚姻法制之又一特色也。"并且，依照是书的观点，"婚姻指婿与妇而言"、"婚姻指夫妇结合之关系而言"、"婚姻指婿与妇之父母而言"，以及"婚姻指婿妇两家及亲党而言"。[2]

结婚制度，是指国家对两性结合需具备的条件和形式的规定，其系随着社会

---

1　参见［日］高桥朋子、床谷文雄、棚村政行：《民法 7 亲族·继承》，有斐阁 2023 年版，第 43 页（高桥朋子执笔）。

2　参见陈鹏：《中国婚姻史稿》，中华书局 1990 年版，第 1—2 页。

的发展而不断演变、发展。[1]于奴隶制社会，结婚包括婚约和婚姻的成立两个阶段。[2]

于古代罗马，罗马人视婚姻为有神秘性的结合，婚姻为"夫妇终身的结合"（consortium omnis vitae）。古代罗马的婚姻，以绵血统、继宗祧为目的，故女子出嫁后，即与母家脱离法律上的亲属关系，而为夫家的"他权人"（aliena juris）。当时实行有夫权婚姻（matrimonium cum manu），出嫁女子脱离原来的家庭而处于夫权或夫的家长的权力下，完全处于被支配的地位。[3]娶妻的目的，既在绵血统、继宗祧，夫妇间合作以成家，生育以传后，休戚相同，除共谋现实的生活外，更含有宗教的意味，故此，罗马法学家莫德斯汀（Modistinus）谓：婚姻者，乃一夫一妇的终身结合，发生神事与人事的共同关系者也[4]。[5]

在古代罗马，婚姻是生儿育女，保证家族祭祀不致断绝的一种方式，所以，婚姻是每一个罗马公民的神圣义务。[6]罗马社会的基础系在于家族制度，其中心在于家长，而家长权发生的源泉，乃在于有婚姻权（jus conubii）的罗马市民的婚姻（matrimonium）。罗马的家族制度原本十分牢固，然后世因时代变迁，其乃逐渐步入崩溃之途，婚姻也与此倾向合致，而分为市民法时代的婚姻与万民法时代的婚姻两种。前者即采取严格方式的婚姻，后者乃自由的婚姻，此二者均为合法的婚姻。另外，尚有姘度婚与共栖关系，二者虽也为男女两性的结合，但法律上则不发生婚姻的效力。罗马市民法规定的结婚方式有如下三种：①宗教婚（confarreatio），此乃贵族间结婚的方式。除当事人外，应有大僧正（pontifex meximus）、

---

1　史凤仪著《中国古代婚姻与家庭》（湖北人民出版社1987年版）第27—32页于论及中国古代有关婚姻意义的解释时，指出：①为扩大家族势力的需要而结婚；②为祭祀祖先而结婚；③为传宗接代而结婚；④为增加家庭劳动力而结婚；⑤为定人伦而结婚。

2　参见李志敏主编：《比较家庭法》，北京大学出版社1988年版，第61页（任国钧执笔）。

3　参见法学教材编辑部《罗马法》编写组：《罗马法》，群众出版社1983年版，第98页（周枏执笔）。

4　Inst. 1. 9. 1。又译为："婚姻就是夫妻间发生神事与人事的共同关系的终身结合。"对此，参见江平、米健：《罗马法基础》（修订本），中国政法大学出版社1991年版，第106页。

5　参见陈朝璧：《罗马法原理》，法律出版社2006年版，第370—371页。

6　参见江平、米健：《罗马法基础》（修订本），中国政法大学出版社1991年版，第106页。

"犹必得"神的祭官（flamen Dialis）以及 10 名证人在场，而于神前行之，最后夫妻共食供神的一种麦（far，意大利所产的麦）制的饼，以表示夫妻共同生活之意，其礼乃成。此种婚姻也可称为共食婚，迄至 3 世纪乃无形予以废止。②买卖婚（coemptio），此即由男女依握取行为的方式，以买娶女子的婚姻。其初仅仅平民用之，其后逐渐成为一般的结婚方式。③时效婚（usus），男女同居继续一年，法律上即发生夫妻关系的效力。但一年内若有三夜连续外宿，则时效中断，婚姻无由成立。总之，此三种婚姻形式乃系市民法上的婚姻，其皆须具有严格的方式，故称为严格婚（Strenge Ehe），也就是正式婚。与此相对者则为略式婚姻，亦即万民法上的婚姻。此种婚姻单由当事人的合意即可成立，故也称为"合意婚"。又，其有无方式及方式如何，纯粹依凭当事人的自由，故又谓为"自由婚"（freie Ehe）。优帝时代市民法上的各式婚姻皆被淘汰，唯此万民法上的婚姻得独行于世。[1]

按照我国婚姻家庭法学者的观点，结婚制度随着社会的发展变化而发展变化，人类个体婚制下的结婚，大体经历了掠夺婚、有偿婚、劳役婚、无偿婚、聘娶婚、宗教婚以及共诺婚等若干形式。[2]①掠夺婚（Marriage by capture [3]），[4] 又称抢婚，是男子暴力抢劫女子为妻的婚姻，它是在原始社会末期，从群体婚向个

---

1　参见郑玉波编译：《罗马法要义》（第五版），汉林出版社 1985 年版，第 105—106 页。

2　史凤仪著《中国古代婚姻与家庭》（湖北人民出版社 1987 年版）第 43—54 页指出，中国古代还有过一些特殊类型的嫁娶形式，其中主要有以下几种：①选婚与罚婚，属于强制婚；②赠婚与赐婚；③收继与续嫁；④赘婚与养婿；⑤招夫与典妻；⑥虚合；⑦妍度。

3　参见法学教材编辑部《婚姻法教程》编写组（杨大文主编）：《婚姻法教程》，法律出版社 1982 年版，第 125 页。

4　值得提及的是，日本学者田中英夫（编集代表）等著《英美法辞典》（东京大学出版会 1991 年版）第 544 页于 marriage 的条目下谓，marriage 指"婚姻"和"婚姻权"。就前者即指婚姻而言，是一组男女依法任意形成排他的结合，据此产生作为夫妇的法的关系。于英国，以前是依无方式的合意的交换而成立，然依 1753《婚姻法》（Marriage Act）系被认为无效。无方式婚在苏格兰［Scotland，英国领土的组成部分，在大不列颠岛北部，首府爱丁堡（参见田世昌主编《日语外来语大词典》，机械工业出版社 1997 年版，第 930 页）］及美国的少数州被认为有效。

体婚过渡时出现的一种婚姻形式。[1]②有偿婚（Marriage by consideration），包括买卖婚、交换婚及劳役婚等。买卖婚，就是以支付金钱或其他等价物为成婚条件的婚姻。交换婚，就是双方父母各以其女交换为子妇，或男子各以其姊妹交换为妻。[2]③劳役婚，指男子须在婚前或婚后于女家服一定时期的劳役，以此作为娶妻的代价的婚姻形式。④无偿婚，指不需要对方给付经济上的代价而缔结的婚姻。⑤聘娶婚，指男方向女方父母交纳一定的聘财和聘礼作为订婚的条件，然后男子依礼的一定程序娶妇，女子依聘的方式而嫁的婚姻，它通行于整个中国古代社会。于婚姻关系的形成上，聘娶婚需履行礼制要求的程序，早在西周时期就创制了"六礼"，六礼备谓之"聘"，六礼不备谓之"奔"。[3]⑥宗教婚，指按照宗教教规而缔结的婚姻，系在中世纪的欧洲占统治地位的结婚方式，其时教会不仅握有婚姻家庭的立法权，也操纵婚姻家庭的司法权。结婚必须严格遵守教会法中的有关规定，教会法不独为婚姻的成立规定了严格的条件，明列了众多的婚姻障碍[4]，而且要求当事人结婚须履行一定的宗教仪式，婚姻才能合法成立。于当代社会的一些宗教较盛行的国家，宗教仪式虽仍然是法定的结婚形式之一，但已不是结婚

---

1　史凤仪著《中国古代婚姻与家庭》（湖北人民出版社 1987 年版）第 2—3 页谓，原始社会末期相继出现了以下几种婚姻形态：①血缘群婚制，按照辈分划分婚姻集团，同辈的男女之间互为夫妻，排除了不同辈分之间，即长辈与晚辈、父母与子女之间的性的关系。②亚血缘群婚制，或称"普那路亚家庭"。这种婚姻形态又排除了兄弟姊妹之间的性的结合。只有这一血缘氏族的一群男子与另一血缘氏族的一群女子才能互相发生性的关系。③对偶婚制。在亚血缘群婚制的基础上，成对的男女长期或短期在一起同居。一个男子在许多妻子中有一个正妻，而这个女子在她的许多丈夫中把这个男子看作她的主夫。只有正妻和主夫可以同居，其他婚姻同伴之间可以发生性的关系，但是不能同居。这是向一夫一妻制过渡的一种婚姻形态。另需提及的是，所谓普那路亚，夏威夷语，意为亲密的同伴。普那路亚家庭，指一群同辈姊妹和一群不包括她们的兄弟在内的同辈男子，或一群同辈兄弟和一群不包括他们的姊妹在内的同辈女子互为夫妻的集团婚。这些女子之间不再互称姊妹，男子之间不再互称兄弟，而称为普那路亚。对此，参见史凤仪：《中国古代婚姻与家庭》，湖北人民出版社 1987 年版，第 2 页注释 3。

2　参见法学教材编辑部《婚姻法教程》编写组（杨大文主编）：《婚姻法教程》，法律出版社 1982 年版，第 125 页。

3　参见巫昌祯主编：《婚姻与继承法学》，中国政法大学出版社 1997 年版，第 109 页（田岚执笔）。

4　教会法规定：结婚须经公告程序并在神职人员面前举行宣誓仪式。法定婚龄为男 16 岁、女 14 岁。当事人双方的合意是结婚的必备条件，以不能人道、重婚、相奸婚、近亲婚等为阻碍婚姻成立的原因。参见巫昌祯主编：《婚姻与继承法学》，中国政法大学出版社 1997 年版，第 110 页（田岚执笔）。

的法定必经程序。[1]⑦共诺婚，又称为自由婚，指依男女双方的合意而成立的婚姻。[2]

　　1949 年新中国成立后直至现今，我国的结婚制度系主要采取婚姻自由原则。此种婚姻自由（也就是结婚自由）乃完全依男女双方的自由意思而成立婚姻关系。除在个别时期或时间段里，这种婚姻自由（结婚自由）受到一些影响外，在我国，自新中国成立以来迄今为止的大部分时期，这一原则皆得到贯彻。[3]2020年颁布的《民法典》第 1041 条第 2、3 款规定，我国"实行婚姻自由、一夫一妻、男女平等的婚姻制度。保护妇女、未成年人、老年人、残疾人的合法权益"。同时，第 1042 条第 1 款规定："禁止包办、买卖婚姻和其他干涉婚姻自由的行为。禁止借婚姻索取财物。"这些规定皆在明示，包括结婚自由在内的婚姻自由是我国社会主义婚姻家庭制度的主要内容和应有之义。于往后，我国的这一婚姻家庭法领域的重要原则必会得到更进一步的发展与完善。

## 第二节　结婚的条件

### 一、比较法（日本法）上婚姻要件的考察 [4]

（一）婚姻的实质要件

日本法上婚姻的实质要件有二：其一，存在婚姻意思；其二，不存在婚姻障

---

　　1　参见陈苇主编：《婚姻家庭继承法学》，法律出版社 2002 年版，第 96—97 页（张华贵执笔）；胡平主编：《婚姻家庭继承法论》，重庆大学出版社 2000 年版，第 117 页（陈苇执笔）。

　　2　参见杨怀英主编：《中国婚姻法论》，重庆出版社 1989 年版，第 184—187 页（陈苇执笔）。

　　3　我国台湾地区学者陈惠馨于其所著《民法亲属编——理论与实务》（元照出版有限公司 2016年版）第 126 页于论及传统中国关于结婚的规范时，指出：在明清之际，缔结有效的婚姻不仅要根据《大明律》《大清律例》，也要根据传统"礼"的规范。例如，根据《大清律例》的规定，结婚主要由祖父母、父母决定；如果没有祖父母、父母，则要接受家族中其他尊长（伯叔父母、姑兄姊）的安排，当事人没有决定跟谁结婚的权利。另外，法律也规定同姓之人不得结婚，不管这两个同姓之人的支派远近、籍贯是否相同。《大清律例》另外禁止不同阶级的人（良、贱）结婚。

　　4　本部分参考、依据［日］高桥朋子、床谷文雄、棚村政行：《民法 7 亲族·继承》，有斐阁2023 年版，第 45—53 页（高桥朋子执笔）。

碍。于并无婚姻意思的场合或情形，婚姻的无效即成为问题；于有婚姻障碍的场合或情形，婚姻的撤销则成为问题。

依《日本民法》第 742 条第 1 项的规定，当事人间无缔结婚姻的意思时，婚姻无效。像认错人那样的场合或情形，其并无婚姻意思乃是明确的、清晰的，但是仅单纯具有婚姻效果之一部，亦即只提出婚姻（结婚）申请的，是否存在婚姻意思即成为问题。譬如，A、B 约定结婚，6 年间持续存在肉体关系。B 产下 A 之子 C，A 希望（盼望）与 D 女结婚，而求解消与 B 的关系。B 由于想要以 C（成）为婚生子而恳求（恳请）A，A 于是答应于结婚后再离婚，遂提出与 B 的婚姻申请。此种场合，A、B 间有无婚姻意思？确实，如果以因提出婚姻申请而成为法律上的夫妇这样的意思作为婚姻意思的话，A、B 间即有婚姻意思存在。如此，若有打算为法律上的婚姻的意思（实施婚姻申报的意思）的合致，则足矣。这就是所谓的形式的意思说。就该说而言，当事人希望或想要婚姻的法效果的哪部分，以及当事人是否实际过婚姻生活，不会成为问题。与该说相对应的，是从重视作为夫妇的实体的立场，而认为婚姻意思乃是指"想要或希望真正于社会观念上被认为是夫妇关系的设定的效果意思"。此说即是学理倡导的实质的意思说。根据该说，A、B 即变成并无婚姻意思。不过，实质的意思说所称的"社会观念上的夫妇"这一关系，其具体指向的是什么，乃是不明确、不清晰的。日本判例对于前述假装婚姻的情形，采用实质的意思说[1]，判定婚姻无效。但是，日本判例对于假装离婚、收养等其他身份行为做出了不同的判决。对于假装离婚（譬如为了继续领取生活保护，而提出与有收入的配偶者的离婚申请的情形），采取形式的意思说，使离婚有效[2]。还有，对于脱法目的的收养（譬如第二次世界大战之前，如果是法定推定家督继承人，则不被征兵，因此为避免被征兵而与没儿子的人缔结收养关系的情形），采取实质的意思说而判定收养无效。[3]但是，因成年

---

1　参见日本最判 1969 年 10 月 31 日民集 23 卷 10 号第 1894 页。
2　参见日本最判 1982 年 3 月 26 日判时 1041 号第 66 页。
3　参见日本大判 1906 年 11 月 27 日刑录 12 辑第 1288 页。

收养具有多种目的，所以并非希求养育未成年子女的纯粹亲子关系的收养也被判定为有效（尽管这样的情形是偶发性的，但是，具有情交关系的男女间的收养、以继承税的节税为目的的收养也根据情况而被判定为有效[1]）。日本判例的如是状况，乃大抵是依理念上成为各身份行为之前提的实体与具体事案（个案）的差异（偏差），对于各身份行为预定的法效果与当事人所期望（希求）的效果之差，考虑目的的违法性等，而综合性地做出的判断（判决）。

于学说上，过往尽管存在实质的意思说与形式的意思说两种学说的对立，然在今日则呈现多样化，判例同样存在根据身份行为而变更或改变判断基准的说法。譬如，像继承、婚生性的赋予那样，实现婚姻确定的法律效果即有婚姻意思的"法律定型说"；像婚姻、收养那样的创设的身份行为，只要有达到其效果中的基本部分的积极意思即足矣（也就是说有这样的积极的意思是必要的），而离婚、解除收养等解消的身份行为则只要有消极意思（形式的意思）即足矣的"法的意思说"等。

这里还有必要提及婚姻意思的存在时期。婚姻意思必须于婚姻申报书做成之时存在，同时也应解为须于婚姻申报被受理时存在。由此，婚姻申报书做成时虽有婚姻意思，但于婚姻申报前改变主意的场合或情形，婚姻即变为无效。另外，做出婚姻申报的当事人一方改变主意的场合或情形，户籍事务担当者因不能受理由另一方所为婚姻申报，所以得做出婚姻申报不受理的提议（处理）（《户籍法》第 27 条之 2 第 3、4、5 款）。发生问题的是：其一，婚姻申报书做成后一方死亡或意识不清的场合或情形；其二，于一方不知情的期间，婚姻申报被受理，其后做出对之予以认可的言行的场合或情形。无论何种情形，都不应当认可受理时存在婚姻意思，即其本来都应当是当然无效的。但自社会妥当性来看，也存在有效的场合或情形。

于上述其一的场合或情形，以邮政或由民间事业者依关于信书送达的法律规

---

1  参见日本最判 1971 年 10 月 22 日民集 25 卷 7 号第 985 页，日本最判 2017 年 1 月 31 日民集 71 卷 1 号第 48 页。

定的信书便（送达他人书信）发送婚姻申报书后一方死亡的，死亡时视为存在婚姻申报，婚姻申报被受理（《户籍法》第 47 条）。这是由来于为战时出征军人的特别法的解决办法。另外，并非由邮政或信书便发送婚姻申报书，而系委托他人申报的，受理时当事人一方变成意识不清，不久后死亡的场合又会怎样呢？日本判例判示，当事人间存在非正式婚姻的场合，或者存在继续性的性关系的场合，只要没有丧失改变主意等婚姻意思的特别（格外）情事，由于婚姻申报书的受理，婚姻即作有效处理或对待[1]。

于上述其二的场合或情形，在事实上作为夫妇而生活期间，一方随便（任意）地提出婚姻申报，他方知道后不说自己的不满或意见而继续生活的，对此，日本判例判示，作为夫妇的实质的生活关系存在，配偶另一方知悉申报的事实且对之予以追认时，婚姻溯及至其当初有效[2]。[3]

（二）婚姻的形式要件

《日本民法》第 739 条、第 742 条第 2 项规定，当事人应向市区町村公务所提出婚姻申报，即其采取申报婚主义。《日本民法》第 739 条第 1 款规定，婚姻因申报而发生效力，唯日本通说认为，自关于婚姻的合意本身要求申报的民法（规定）的旨趣看，应将申报解为婚姻成立的要件，是为"成立要件说"。与此相对，自救济非正式婚姻等目的看，婚姻依当事人的合意而成立，也存在认为申报是效力发生要件的主张或见解，可称为"效力要件说"。婚姻申报，由当事人双方及成年的证人二人以上，以口头或署名的书面而为之（《日本民法》第 739 条第 2 款、《户籍法》第 37 条），由户籍事务担当者确认并无法令违反的情事后予以受

---

1  参见日本最判 1969 年 4 月 3 日民集 23 卷 4 号第 709 页，日本最判 1970 年 4 月 21 日判时 596 号第 43 页。

2  参见日本最判 1972 年 7 月 25 日民集 26 卷 6 号第 1263 页。

3  值得注意的是，我国台湾地区学者戴东雄于论及结婚的实质要件时指出：①结婚须两造合意；②结婚须达法定结婚年龄；③结婚须非禁婚亲；④结婚须非重婚；⑤结婚须相奸人；⑥结婚须非被欺诈；⑦结婚须非被胁迫。其还认为固有法的结婚的特别要件乃有：①结婚须非逃亡的妇女；②结婚须非丧偶；③结婚须非居丧期间；④结婚须非祖父母、父母被囚禁；⑤结婚须不违背身份的限制。对此，参见戴东雄：《亲属法论文集》（再版），三民书局 1993 年版，第 25—45 页。

理，婚姻成立（日本大审院判决 1941 年 7 月 29 日民集 20 卷 1019 页）。于进行口头申报的场合，当事人的出面与陈述是必须的、必要的（《户籍法》第 37 条）。与此相对，以书面申报的场合，原则上虽然须自己署名，但即使是代替署名，其外观上若不明晰（清晰），因户籍事务担当者无实质的审查权，乃不能拒绝受理。一旦受理，即使代替署名也变成有效（《日本民法》第 742 条第 2 项）。另外，婚姻申报书除由当事人提交外，委托第三人或邮政送达也被认可。如此，自确认婚姻意思的合致这一点看，以书面申报乃是不充分的。因此，根据 2007 年《户籍法》修改后的规定，向市役所、町村公务所申报的人，需确认是否为本人（《户籍法》第 27 条之 2 第 1 款），不能确认是本人申报的场合或情形，应由市町村长将受理申报之事通知本人（《户籍法》第 27 条之 2 第 2 款）。另外，《日本民法》第 741 条规定：“在外国之日本人间欲结婚时，得向驻其国之日本大使、公使或领事申报。于此情形，准用前两条之规定。”[1] 还有，依所在国的法律所定的方式而结婚也是可以的（《日本法律适用通则法》第 24 条）。

（三）婚姻的障碍

于日本法上，婚姻的障碍包括：①婚姻适龄；②重婚的禁止；③近亲婚的禁止。

1. 婚姻适龄。《日本民法》第 731 条规定，可以结婚的年龄，无论男女，皆为 18 岁。以往，民法设定男 18 岁、女 16 岁这一下限，达到适婚年龄的未成年人结婚时，必须获得父母的同意。（旧《日本民法》第 737 条第 1 款规定：“未成年子女结婚，应得父母之同意。”[2]）这是为了社会的安定化而限制作为社会的基础的结婚（婚姻）。规定男女不同的结婚（婚姻）基准，系虑及其肉体的、精神的成熟所做的年龄限制。但是，年龄差并无合理的理由，所以 1996 年的民法修改要纲即做出了使男女都为 18 岁的提案。2018 年，成年年龄下调为 18 岁的

---

1  参见王融擎编译：《日本民法：条文与判例》（下册），中国法制出版社 2018 年版，第 694 页。

2  参见王融擎编译：《日本民法：条文与判例》（下册），中国法制出版社 2018 年版，第 692 页。

同时，女性的适婚年龄也提到 18 岁，父母对于结婚（婚姻）的同意规定也被剔除。

2. 重婚的禁止。《日本民法》第 732 条规定："有配偶者，不得重复结婚。"[1]
因国而异，实行一夫多妻制的国家尽管也有，但于日本乃是采取一夫一妻制。有配偶的人即使重叠经营非正式婚姻关系的，因非正式婚姻关系不能于户籍上予以表现，所以它并不是这里所说的重婚，而是成为重婚的非正式婚姻的问题。一般而言，重婚系由户籍事务担当者于受理之际予以阻止、控制，故此，婚姻二重成立的情形是稀少的。户籍事务担当者因过误受理场合以外，重婚成为问题的情况是：①协议离婚后再婚，但离婚变成无效或撤销的场合；②获得失踪宣告（《日本民法》第 30 条）而再婚，然失踪配偶者仍生存，失踪宣告被撤销（《日本民法》第 32 条）的场合；③获得死亡认定（《户籍法》第 89 条）而再婚，然前配偶者仍生存的场合等。违反重婚的禁止规定而结婚（婚姻）的女性，其分娩的场合，依婚生推定规定（《日本民法》第 772 条）不能确定子女的父亲时，由法院确定父亲（《日本民法》第 773 条）。另外，根据《日本刑法》第 184 条的规定，重婚者可能成为 2 年以下的惩役的对象。

这里有必要提及失踪宣告的撤销对于婚姻的影响。即使失踪宣告被撤销，于宣告后撤销前所实施的善意行为的效力也无变化（即仍为有效）。此为《日本民法》总则编的规定（第 32 条第 1 款后句）。对于婚姻，其是否也适用？日本通说认为，适用《日本民法》第 32 条第 1 款后句，失踪者生存的，后婚的当事人皆系善意的情形，前婚才不复活，一方或双方恶意的情形，前婚复活，再婚者构成重婚。与此不同，1996 年的民法修改要纲做出如下提案：不适用《日本民法》第 32 条第 1 款后句，无论善意、恶意，前婚皆不复活，而仅使后婚有效。

另外，还有必要涉及被废止的再婚禁止期间。按照旧《日本民法》第 733 条的规定，以往女性于前婚解消或撤销后若不经过 6 个月，是不能再婚的。这是为

---

1　参见王融擎编译：《日本民法：条文与判例》（下册），中国法制出版社 2018 年版，第 689 页。

避免因早期的再婚而出生的子女的父性（旧《日本民法》第 772 条）推定重复 [1]。关于父性推定，旧《日本民法》第 772 条规定，自婚姻成立 200 日后，或婚姻解消、撤销之日起 300 日以内出生的子女，推定为系在婚姻中怀胎的子女。假定没有再婚禁止期间，前婚的夫的子女推定与后婚的夫的子女推定，相重（复）的期间在 100 日以内。若要避免父性推定的重复，则再婚禁止期间 100 日即足矣。由此，1996 年的民法修改要纲即做出了将再婚禁止期间缩短为 100 日的提案。其后，2015 年 12 月 16 日，日本最高法院大法庭判决（民集 69 卷 8 号第 2427 页）做出判示：①《日本民法》第 733 条第 1 款中设计的 100 日的再婚禁止期间并不违反《日本宪法》第 14 条第 1 款及第 24 条第 2 款的规定；②超过 100 日的部分不能说是为了回避父性推定重复的必要期间，最晚于该事件中，自前婚解除之日到经过 100 日的时间点为止，已经达到了违宪状态。受此影响，日本 2016 年即做出了将再婚禁止期间缩短为 100 日间的修改。

但是，再婚禁止期间的存在，变成了仅仅是对女性婚姻自由的限制。另外，由于有再婚姻禁止期间，对于实务中因事实婚而出生的子女，前婚的夫的婚生推定有时有效，因此有人认为应当废止再婚禁止期间。由于 2022 年的法修改，婚生推定规定被修改，即使因再婚而使婚生推定变得重复（重叠）的情形，子女也被推定为与出生最接近的婚姻中的夫的子女，再婚禁止期间即被废止（修改法自 2024 年 4 月 1 日起施行）。

3. 近亲婚的禁止。于比较法（日本法）上，立基于优生学与社会伦理的视角，于存在一定的亲族关系的人之间，结婚（婚姻）是被禁止的。具体而言，其包括：①直系血亲或三亲等内的旁系血亲间，是不能结婚的（《日本民法》第 734 条第 1 款第 1 句）。但是，像过往的婿养子制度（养亲的女儿与养子的婚姻是与养子收养同时为之这一明治民法上的制度；旧《日本民法》第 839 条等），养子女与养方的旁系血亲（养亲的兄弟姐妹，自养子女的角度看是伯父、叔父、姑

---

[1]　参见日本最判 1995 年 12 月 5 日判时 1563 号第 81 页。

母）、养亲的子女（自养子女的角度看是兄弟姐妹）、养亲的孙（自养子女的角度看是甥、侄女、外甥女等）之间，结婚（婚姻）是允许的（《日本民法》第734条第1款但书）。另外，因特别养子女收养，养子女与自己的亲父母及其血族的亲族关系终了（结束、终止，《日本民法》第817条之9）以后，结婚（婚姻）的禁止也是继续存续的（《日本民法》第734条第2款）。②即使直系姻亲之间，也不能结婚（《日本民法》第735条）。由于离婚，以及依夫妇一方死亡后生存配偶者终止姻亲关系的意思表示，姻亲关系终止（结束）（《日本民法》第728条）以后，也是同样的。还有，因特别养子女收养，养子女与自己的亲父母及其血族的亲族关系终止，姻亲关系因此终止（《日本民法》第817条之9）以后，也是禁止结婚（婚姻）的。③《日本民法》第736条规定："养子女、其配偶或养子女之直系卑亲属、其配偶，与养父母或其直系尊亲属间，亲属关系依第七百二十九条之规定终止后，亦不得结婚。"[1]第729条规定："养子女及其配偶以及养子女之直系卑亲属及其配偶，与养父母及其血亲间之亲属关系，因解除收养而终止。"[2]也就是说，该条（即《日本民法》第729条）规定的亲族关系终止后，同样不能结婚（婚姻）。还有，如①的场合所言及的，《日本民法》第734条第1款但书规定，"养子女与收养方之旁系血亲间"[3]是可以结婚（婚姻）的。

4. 成年被监护人的婚姻。成年被监护人要结婚，若有理解婚姻的意味的能力（意思能力），则无须获得其成年监护人的同意（《日本民法》第738条）。此盖因对于像婚姻那样的引起身份变动的行为，乃应尊重本人的意思。

---

1　参见王融擎编译：《日本民法：条文与判例》（下册），中国法制出版社2018年版，第692页。

2　参见王融擎编译：《日本民法：条文与判例》（下册），中国法制出版社2018年版，第685页。

3　参见王融擎编译：《日本民法：条文与判例》（下册），中国法制出版社2018年版，第691页。

## 二、我国的结婚要件

### （一）结婚须具备的要件

我国婚姻家庭法的学理乃至立法规定通常认为，结婚须具备如下三个条件[1]：①结婚须男女双方完全自愿；②结婚须达到法定婚龄；③结婚须符合一夫一妻制。[2]《民法典》第 1046 条规定："结婚应当男女双方完全自愿，禁止任何一方对另一方加以强迫，禁止任何组织或者个人加以干涉。"第 1041 条第 2 款规定："实行婚姻自由、一夫一妻、男女平等的婚姻制度"。第 1042 条第 1 款规定："禁止包办、买卖婚姻和其他干涉婚姻自由的行为。禁止借婚姻索取财物。"这些规定中均蕴含了结婚须男女双方完全自愿的原则。据此原则，禁止任何一方对另一方加以强迫而结婚或成立婚姻关系，其同时也意味着禁止任何单位、任何组织或者任何个人对当事人之间的结婚（婚姻）加以干涉。另外，其也意味着禁止包办、买卖婚姻及实施其他干涉婚姻自由的行为。还有，借婚姻索取财物的行为也不允许。

进言之，结婚须男女双方完全自愿，乃包括如下三层涵义：①结婚是男女双方自愿，而不是一厢情愿；②结婚须男女双方本人自愿，而不是父母或第三人的"自愿"；③结婚是男女双方完全自愿，而不是勉强同意。另外，还应注意的是，

---

1　参见杨怀英主编：《中国婚姻法论》，重庆出版社 1989 年版，第 189—193 页（陈苇执笔）。

2　须提及的是，在罗马法上，缔结合法婚姻需要具备如下前提条件：①男女双方必须具有通婚权（conubium），也就是说，他们是罗马市民或者享有与罗马市民通婚的资格，并且是自由人；②男女双方均达到适婚年龄，优士丁尼将其确定为男 14 岁、女 12 岁；③男女双方有明确的合意；④如果缔结婚姻的任何一方是"家子"，则需要得到他们处于其权力下的尊亲的同意。对此，参见黄风：《罗马私法导论》，中国政法大学出版社 2003 年版，第 134—135 页。另外，史凤仪著《中国古代婚姻与家庭》（湖北人民出版社 1987 年版）第 81 页谓，中国古代婚姻关系的成立，必须经过订婚与结婚两道程序，不经订婚便不能结婚，所以把订婚与结婚两道程序合并称为成婚。婚姻是亲属关系的源泉，是组成家庭的基础，古今中外任何社会都要求成婚具备一定条件。有的是道德规范的要求，有的是法律规范的要求。另外，中国古代关于婚姻的禁忌中，①干分嫁娶是指干犯辈行和亲属关系名分的婚姻，包括同姓不婚、宗亲不婚、尊卑不婚、中表不婚、其他亲属不婚。②非类嫁娶系指根据礼法不应匹配的婚姻，有良贱不婚、士庶不婚、官民不婚、僧道不婚、奸逃不婚。③违时嫁娶系指近亲属死亡，在礼制规定守丧的期间内实行嫁娶。另遇帝王之丧或父母被囚期间，有时法令也禁止嫁娶。具体而言，居尊亲丧不得嫁娶，居配偶丧不得嫁娶，值帝王丧不得嫁娶，直系尊亲属被囚期间不嫁娶。对此，参见史凤仪：《中国古代婚姻与家庭》，湖北人民出版社 1987 年版，第 94—108 页。

结婚须男女双方完全自愿，其表明法律把结婚决定权完全交给当事人本人。唯这并不排除第三人（包括父母）出于关心而对当事人的婚姻提供参考意见，或当事人就其婚事征求父母、亲友等的意见。法律禁止的只是包办或非法干涉当事人婚姻自由的行为，故此，要注意划清善意帮助与非法干涉的界限。[1]

结婚的男女双方完全自愿，是我国社会主义婚姻制度的重要特征，也是我国社会主义婚姻制度的显著特色，它体现的是民法领域的对等原则、平等原则、自由原则及自愿原则。此外，这一原则也是男女双方于婚后过圆满生活的必然要求。若男女双方的婚姻并不是建立在完全自愿的基础之上，则即使结婚而成立婚姻关系，双方婚后的生活及其他各方面也可能会有不好的结局。由此之故，男女双方完全自愿乃应当是我国婚姻（结婚）制度的一项重要的、必要的原则。也只有实行这一原则，夫妻婚后才可能"互相忠实，互相尊重，互相关爱"，且家庭成员才能"互相帮助，维护平等、和睦、文明的婚姻家庭关系"（《民法典》第1043条第2款）。还有，也只有实行男女双方完全自愿原则，家庭才可能"树立优良家风，弘扬家庭美德，重视家庭文明建设"（《民法典》第1043条第1款）。

《民法典》第1047条规定："结婚年龄，男不得早于二十二周岁，女不得早于二十周岁。"此为我国《民法典》规定的男女结婚而成立婚姻关系的法定年龄。这一法定年龄的确定既是基于对男女生理成熟的考量，又是基于对男女精神能力等方面的考量。法定结婚年龄较成年年龄（《民法典》第17条第1句、第18条第2款规定，18周岁以上的自然人为成年人，16周岁以上的未成年人以自己的劳动收入为主要生活来源的，视为完全民事行为能力人）为高，说明结婚或成立婚姻关系乃须有更高的精神能力乃至生理成熟上的考量。《民法典》关于法定结婚年龄的规定，乃系强行规定，不达此法定结婚年龄而结婚者，应系无效［《民法典》第1051条第3项］。也就是说，男女双方或一方未达法定婚龄的，不得结婚，而只有双方达到或高于法定婚龄的，才允许结婚[2]。

---

1　参见胡平主编：《婚姻家庭继承法论》，重庆大学出版社2000年版，第129页（陈莘执笔）。
2　参见胡平主编：《婚姻家庭继承法论》，重庆大学出版社2000年版，第129页（陈莘执笔）。

《民法典》第 1041 条第 2 款规定："实行婚姻自由、一夫一妻、男女平等的婚姻制度。"此条规定中的"一夫一妻",即是我国婚姻制度中的一夫一妻制。实行一夫一妻制,即意味着禁止重婚等变相的一夫多妻或一妻多夫。对此,我国《民法典》第 1042 条第 2 款规定："禁止重婚。禁止有配偶者与他人同居。"也就是说,要求结婚的男女,须是无配偶的人。无配偶包括三种情况:一是未婚,二是丧偶,三是离婚。只有双方都是无配偶的人,才能结婚。[1] 重婚于我国刑法上构成犯罪,于民事上系无效的婚姻 [《民法典》第 1051 条第 1 项]。

**(二) 结婚的禁止条件**

按照我国以往的婚姻家庭法的规定,结婚的禁止条件乃有两种 [2]:一是禁止有一定血亲关系的人结婚,二是禁止患有某些疾病的人结婚。唯根据我国《民法典》的规定,结婚的禁止条件包括 [3]:①禁止直系血亲和三代以内旁系血亲结婚 [4];②禁止有配偶者结婚。[5] 由《民法典》规定的结婚的禁止条件可以明了,其剔除

---

1　参见胡平主编:《婚姻家庭继承法论》,重庆大学出版社 2000 年版,第 131 页(陈苇执笔)。

2　参见杨怀英主编:《中国婚姻法论》,重庆出版社 1989 年版,第 194 页(陈苇执笔)。

3　参见谭启平主编:《中国民法学》(第三版),法律出版社 2021 年版,第 668 页(朱凡执笔)。

4　根据我国台湾地区学者戴东雄的论述,古代罗马法已承认亲属的禁婚范围。血亲较姻亲的禁婚范围广。如违反禁婚规定而结婚,则该婚姻无效,当事人以相奸罪(incestum)受刑罚制裁。依罗马法,直系血亲间不论亲等远近,均不得结婚。至于旁系血亲的禁婚,古老的罗马法以六亲等内为限,古典时期只禁到三亲等内。罗马皇帝狄奥多西(Theodosius)一世又禁止旁系血亲四亲等(consobrini)以内结婚,即堂、表兄弟姊妹均不得结婚。至优士丁尼皇帝时期又只限制三亲等内的旁系血亲结婚。寺院法的禁婚亲颇为广泛,限制七亲等内的旁系血亲结婚。现代各国家和地区虽保留禁婚亲的规定,但有关旁系血亲的禁婚均加以放宽,有的只限制到三亲等,有的只限制到二亲等,禁止四亲等内结婚的已很少。唯多数立法例虽不禁止表兄弟姊妹结婚,但同时也不禁止堂兄弟姊妹结婚。对此,参见戴东雄:《亲属法论文集》(再版),三民书局 1993 年版,第 54—55 页。

5　在罗马法中,如下情形是缔结合法婚姻的法定障碍:①直系亲属之间,无论是近亲还是远亲,均不能发生婚姻;②兄弟与姐妹之间,无论是同父母所生,还是出自父母一方,均禁止结婚,并且也不得娶兄弟或姐妹的女儿或孙女为妻;③具有某种姻亲关系的人之间也不能结婚;④收养关系存续期间,基于收养而产生的兄弟姐妹关系对婚姻构成障碍,养父母与被收养者之间更不允许结婚,即使收养关系已经解除也系如此;⑤精神病患者不能结婚,但在结婚后患精神病的,不影响婚姻的效力;⑥相互之间有过通奸关系的男女不得缔结合法婚姻;⑦监护人或保佐人不能娶被监护或者被保佐的成年女性为妻,此一禁止也扩及监护人或者保佐人的儿子;⑧担任某些特定职务的人不得娶特定地区的女性为妻;⑨元老院议员及其儿子不得娶被解放的女奴为妻,前者的女儿也不能嫁给被解放自由人。社会地位较显赫的男性不能娶下层的人所不允许娶的女性。对此,参见黄风:《罗马私法导论》,中国政法大学出版社 2003 年版,第 135—136 页。

了禁止患有某些疾病的人结婚的规定。此为《民法典》规定的一项重要改革，它是为适应新的社会实际情况而做的调整。

在我国的社会生活中，有些男女双方由于感情深厚，或出于其他因由，即使明知对方患有疾病（甚至重大疾病），也愿意与之成立婚姻关系，甚至以此婚姻关系的成立作为人生的一大夙愿。《民法典》基于我国现实社会存在的此等情况，遂于第 1053 条规定："一方患有重大疾病的，应当在结婚登记前如实告知另一方；不如实告知的，另一方可以向人民法院请求撤销婚姻。请求撤销婚姻的，应当自知道或者应当知道撤销事由之日起一年内提出。"据此规定，即使是患有重大疾病的情形，也是可以结婚而成立婚姻关系的。只不过，此种情形（即患有重大疾病），当事人于结婚登记前应如实告知另一方，不如实告知的，另一方可以向人民法院请求撤销婚姻。请求撤销婚姻，应当自享有撤销权的人知道或者应当知道撤销事由之日起一年内提出。此一年的期间，应为民法上的除斥期间。至于《民法典》规定的另一禁止结婚的条件，即禁止有配偶者结婚，乃是贯彻一夫一妻制的必然结果，也是禁止重婚的必然要求。

# 第三节　结婚的程序（结婚的形式要件）

## 一、概要

结婚的程序，也称结婚的形式要件，系指法律规定的缔结婚姻所必须采用的方式。通常情况下，符合结婚实质要件的当事人，只有履行法定的结婚程序，其婚姻关系才被国家和社会承认，并发生相应的法律效力。[1]

对于婚姻成立的程序，我国各时代的规定不同，主要有仪式制、登记制及登记与仪式结合制。我国古代的礼和法对结婚程序均采聘娶婚制，数千年来一

---

[1]　参见巫昌祯主编：《婚姻与继承法学》，中国政法大学出版社 1997 年版，第 123 页（田岚执笔）。

直通行以前述"六礼"为程序的聘娶婚。[1] 于比较婚姻家庭法上，也只有履行法律规定的结婚形式，婚姻方得成立，否则不发生婚姻的效力。而根据各国家和地区的规定，结婚的形式要件主要有登记制、仪式制和登记与仪式相结合的制度。[2]

具体而言，其他国家和地区立法例为强调身份变动的公示性，由此期以保护结婚当事人及利害关系人的权益，对于婚姻的形式要件，无不采公权监督的法律婚主义。唯各国家和地区受其历史传统与社会背景的影响，采取的法律婚也有差异，大体上可分为两种，一为兼采申报与登记主义，一为兼采仪式与登记主义。日本与韩国现行民法系兼采申报与登记主义，即结婚当事人须将其结婚申报于国家户籍机关以为婚姻的登记，方能成立夫妻关系。欧陆各国现行民法兼采仪式与登记主义者居多，美国各州也不乏采此制者。此制对婚姻的成立极为慎重，结婚的程序通常分为公告、仪式及登记三阶段。瑞士民法上婚姻的成立极为复杂，故此，与其说它规定的是结婚的形式要件，不如说是程序；结婚的成立分为公告、仪式与登记。德国婚姻法上的结婚程序较瑞士民法的规定简单，但仍须履行公告、仪式及登记的程序，婚姻方能成立。英国法上结婚的形式要件，一如欧陆法复杂，其内容大别为预备、行为仪式的举行及登记程序。前者类似欧陆法的公告行为。[3]

我国 1950 年《婚姻法》与 1980 年《婚姻法》对于结婚的程序，皆采登记制，明定结婚登记是婚姻成立的法定程序，且于 1955 年 6 月、1980 年 11 月及 1986 年 3 月先后颁布了三部《婚姻登记办法》。1994 年 2 月 1 日起施行新的《婚姻登记管理条例》，废止 1986 年的《婚姻登记办法》[4]。2003 年 8 月 8 日公布并自同年 10 月 1 日起施行《婚姻登记条例》。[5]

---

1　参见杨怀英主编：《中国婚姻法论》，重庆出版社 1989 年版，第 202—203 页（陈苇执笔）。
2　参见李志敏主编：《比较家庭法》，北京大学出版社 1988 年版，第 78 页（任国钧执笔）。
3　参见戴东雄：《亲属法论文集》（再版），三民书局 1993 年版，第 69—75 页。
4　参见胡平主编：《婚姻家庭继承法论》，重庆大学出版社 2000 年版，第 137 页（陈苇执笔）。
5　参见杨怀英主编：《中国婚姻法论》，重庆出版社 1989 年版，第 205 页（陈苇执笔）。

## 二、《民法典》规定的结婚的程序（结婚的形式要件）——结婚登记

《民法典》第1049条规定："要求结婚的男女双方应当亲自到婚姻登记机关申请结婚登记。符合本法规定的，予以登记，发给结婚证。完成结婚登记，即确立婚姻关系。未办理结婚登记的，应当补办登记。"是为《民法典》规定的结婚的形式要件，即结婚登记程序。据此规定可知，履行结婚登记乃是婚姻关系成立的必要要件。实务中轻视结婚登记，只重视举行婚礼的观念是错误的。尽管我国民间盛行举行结婚仪式的习俗，然必须明确，婚礼不能代替结婚登记，若只举行婚礼而不办理结婚登记，是不能成立合法有效的婚姻关系的。[1]至于具体如何履行登记程序，则可依《民法典》第1049条、《婚姻登记条例》第5条至第7条以及《婚姻登记工作规范》的规定办理。[2]

值得提及的是，结婚登记既然是我国婚姻关系成立的必要形式要件，实务中未履行或缺少这一要件时应当如何予以处理，即成问题。为此，2021年1月1日起施行的《最高人民法院关于适用〈中华人民共和国民法典〉婚姻家庭编的解释（一）》第6条规定："男女双方依据民法典第一千零四十九条规定补办结婚登记的，婚姻关系的效力从双方均符合民法典所规定的结婚的实质要件时起算。"第7条规定："未依据民法典第一千零四十九条规定办理结婚登记而以夫妻名义共同生活的男女，提起诉讼要求离婚的，应当区别对待：（一）1994年2月1日民政部《婚姻登记管理条例》公布实施以前，男女双方已经符合结婚实质要件的，按事实婚姻处理。（二）1994年2月1日民政部《婚姻登记管理条例》公布实施以后，男女双方符合结婚实质要件的，人民法院应当告知其补办结婚登记。未补办结婚登记的，依据本解释第三条规定处理。"第8条规定："未依

---

1 参见胡平主编：《婚姻家庭继承法论》，重庆大学出版社2000年版，第138页（陈苇执笔）。同时，该书第137页还指出结婚登记具有三方面的意义：一是保障社会主义婚姻制度的实施；二是保护婚姻当事人的合法权益；三是及时防止和处理违法的婚姻行为。

2 参见谭启平主编：《中国民法学》（第三版），法律出版社2021年版，第671—672页（朱凡执笔）。

据民法典第一千零四十九条规定办理结婚登记而以夫妻名义共同生活的男女，一方死亡，另一方以配偶身份主张享有继承权的，依据本解释第七条的原则处理。"

### 三、结婚登记的效力 [1]

《民法典》第 1049 条第 3 句规定："完成结婚登记，即确立婚姻关系"。此规定表明，完成结婚登记是夫妻（婚姻）关系成立或确立的标志。也就是说，完成结婚登记，男女双方即确立夫妻关系身份，此后是否举行婚礼、举办婚姻仪式，乃至于是否同居，皆不影响其婚姻（夫妻）关系的成立。自结婚登记之日起，夫妻关系成立，当事人之间具有配偶身份，夫妻人身权利与财产权利受法律保护。并且，已经确立的婚姻关系非经法律程序不得任意解除，若登记结婚后一方反悔，要求解除夫妻关系的，则须按离婚程序办理。

另外，《婚姻登记条例》（2003 年通过并施行）第 17 条规定："结婚证、离婚证遗失或者损毁的，当事人可以持户口簿、身份证向原办理婚姻登记的机关或者一方当事人常住户口所在地的婚姻登记机关申请补领。婚姻登记机关对当事人的婚姻登记档案进行查证，确认属实的，应当为当事人补发结婚证、离婚证。"

# 第四节　婚约

## 一、比较法（尤其是日本法）上婚约的考量 [2]

于日本法上，所谓婚约（promise of marriage [3]），指男女间所为的将来结婚的

---

1　参见谭启平主编：《中国民法学》（第三版），法律出版社 2021 年版，第 672 页（朱凡执笔）。

2　本部分参考、依据［日］高桥朋子、床谷文雄、棚村政行：《民法 7 亲族・继承》，有斐阁 2023 年版，第 116—118 页（高桥朋子执笔）。

3　参见李志敏主编：《比较家庭法》，北京大学出版社 1988 年版，第 62 页（任国钧执笔）。

合意。日本判例认为，其应以"诚心诚意于将来成为夫妇这样的预期之下"而订立为必要[1]。即使是未成年人，若其具有意思能力，也可为婚约。订立婚约时，不必满足婚姻的要件，然像近亲婚那样于原本不允许成立婚姻关系的人之间订立的婚约，乃是无效的。成为问题的是，与有配偶者之间的婚约。由于这须以离婚为前提，日本判例乃以其违反公序良俗为由认定其无效[2]。但是，也可看到这样的主张或观点：如果婚姻已经处于事实上的离婚状态，则认可婚约（的效力）并无不可。婚约通常伴随有彩礼、戒指的交换等，即使这变成证明婚约成立的事实，也不能认为是婚约成立、效力发生的要件[3]。

一经订立婚约，即旨在使将来婚姻得以成立，故此，双方负有诚实努力的义务。但是，婚约一方不遵守该义务时，乃是不能强制履行的。此盖因即使强制性地使并无结婚（婚姻）意思的人结婚，也不能达到或实现婚姻本来的目的。然因婚约系有效的，故可以请求以债务不履行为原因的损害赔偿。

还有必要涉及日本法上的婚约的不当废弃。婚约是当事人的合意，得因一方当事人解消婚约的意思表示或者使婚姻的成立不可能的事情发生而解消。一方当事人解消婚约的意思表示并非依正当理由的场合，他方当事人可以请求赔偿因婚姻解消而生的精神的、财产的损害。对婚约废弃是否依正当理由的判断，应解为较离婚原因更为缓和。于日本判例上，因婚约废弃而认可损害赔偿请求的，乃存在以与婚约者以外的异性结婚作为其原因的实例[4]，以民族差别为理由的实例[5]，以部落差别为理由的实例[6]，以及以宗教差异为理由的实例[7]等。于第三人实施

---

1　日本大判 1931 年 2 月 20 日新闻 3240 号第 4 页（诚心诚意判决）。

2　参见日本大判 1900 年 5 月 28 日民录 26 辑第 773 页。

3　参见日本大判 1899 年 6 月 11 日民录 25 辑第 1010 页，前揭日本大判 1931 年 2 月 20 日新闻 3240 号第 4 页，日本最判 1963 年 9 月 5 日民集 17 卷 8 号第 942 页。

4　参见日本最判 1963 年 12 月 20 日民集 17 卷 12 号第 1708 页。

5　参见日本大阪地判 1983 年 3 月 8 日判夕 494 号第 167 页。

6　参见日本大阪地判 1983 年 3 月 28 日判时 1084 号第 99 页。

7　参见日本京都地判 1970 年 1 月 28 日判时 615 号第 56 页。

不当的干涉而致婚约废弃的场合，第三人负损害赔偿责任 [1]。

不当废弃婚约的人负有赔偿对方所生的精神损害与财产损害的义务。精神损害的算定，是具体问题具体处理，从数十万日元到数百万日元不等。关于财产损害的裁判例，认可为彩礼花去的费用、媒人的礼金、从工作单位退职的逸失利益等。关于因嫁妆处分造成的损失，判断存在分歧。至于损害赔偿请求权的法性质，有债务不履行说（《日本民法》第415条）与侵权行为责任说（《日本民法》第709条）两说。日本通说与判例系采前者，即债务不履行说 [2]。不过，于最近的下级审中，采取侵权行为责任说的变多了。

还有必要提及的是，外国古代也有无婚约即无婚姻之说。资本主义国家的法律（含上述日本的情形），乃系视婚约为结婚契约的预约。[3] 于古代各国，订立婚约之权通常属于男女双方的家长，而不属于本人。近代则以双方当事人的合意为条件。[4] 自历史上来看，早期的婚约具有相当强大的法律效力。根据罗马法，婚约女和婚约男有于相当期间内结婚的义务。另外，依照寺院法（教会法），对违反婚约者得给予教规的处罚，且有关于结婚诉权的规定。于近现代，如前述日本的情形，婚约得依双方的合意或法定理由而解除，且对婚约不得请求强制执行。无故违约或依法解约时，许多国家和地区的法律中多有关于损害

---

[1] 日本德岛地判1982年6月21日判时1065号第170页判示：认可第三人与婚约废弃者的共同侵权行为。

[2] 参见前揭日本最判1963年12月20日民集17卷12号第1708页。

[3] 对于婚约的法性质，主要有两种主张，一是契约说，二是非契约说。按此非契约说，订婚不是法律行为，而是事实行为。也就是说，订婚只是一种事实，并不具有契约的性质，这种事实是按照法律的规定而发生一定效力的。因此，违反婚约的责任，也就是无正当理由而不履行者应承担侵权行为的责任。对此，参见杨大文主编：《亲属法》，法律出版社1997年版，第76—77页（杨大文执笔）；巫昌祯主编：《婚姻与继承法学》，中国政法大学出版社1997年版，第127页（田岚执笔）。

[4] 于比较婚姻家庭法上，婚约一般为不要式行为，故法律一般不规定婚约成立的形式要件，口头的要约与承诺、书面协议、交换订婚戒指、举办订婚仪式或宴会、于报上登订婚启示等，均得为婚约的成立。对此，参见李志敏主编：《比较家庭法》，北京大学出版社1988年版，第63页（任国钧执笔）。

赔偿 [1] 的规定。[2]

另外，还有必要提及《奥地利普通民法典》第一编"人法"第二章"婚姻法"对婚约的定义及解除婚约的法律效果的明文规定。其中，该法典第 45 条明文规定"婚约的定义"："婚约或同意结婚的预先允诺，无论在何种情形下或以何种条件作出或接受，均不产生缔结婚姻的法律义务，双方当事人约定以给付作为解除婚约或撤回结婚承诺之条件者，亦不产生应为约定给付的法律义务。"[3] 第 46 条规定"解除婚约的法律效果"："婚约之一方，仅在他方无合理原因解除婚约时，始得请求他方赔偿因解除婚约而发生的实际损害；赔偿请求人就其实际损害，应负举证责任。"[4]

我国台湾地区的学理认为，婚约乃是男女以将来结婚为目的所订立的契约，属于亲属法上所规定的契约，但不等于身份契约，盖身份契约为发生身份上效力

---

[1] 损害赔偿包括财产的损害赔偿与非财产的损害赔偿（精神的损害赔偿）。财产的损害赔偿，是指解约方对因订婚或筹办结婚所支付的费用与所欠债务及在财产与职业上给他方造成的损害，向他方负赔偿责任。关于损害赔偿的权利人，有两种主张：一是仅限定在受损害的未婚配偶为权利人，其他第三人不得享有此权利；二是除未婚配偶外，其父母或为其父母行事的第三人因准备婚事而受损害的，也应为损害赔偿的权利人。至于非财产的损害赔偿，亦称精神上的损害赔偿，指清白的女方在婚约期间与男约当事人发生同居或性关系，当男方无重大事由而解约，或女方因男方过错构成解约事由而解约时，女方得请求赔偿相当的金额。还有，订婚时当事人交换的纪念品或互赠的礼物，于婚约解除时，得依不当得利规则，请求他方返还。此赠与是指订婚时的赠与还是指婚约期间的一切给与，抑或包括订婚前的赠与？依瑞士法的解释，不以订婚时的交换物为限，订婚前的期待订婚的赠与和订婚后以结婚为目的的赠与（或解释为订婚后的赠与均带有结婚目的），均得请求返还赠与物。美国的判例认为，订婚前和订婚时的赠与物可请求返还，而婚约后的赠与难以确认。对于第三人的赠与是否适用返还？瑞士、（联邦）德国解释为，婚约人的父母（也有人解释为包括祖父母、兄弟姐妹等）为期待未婚配偶结婚所为的赠与，应准用返还，而第三人于未婚配偶婚前所赠与的结婚礼物，不适用请求返还权，但可按一般不当得利的规定处理。美国判例允许第三人于婚姻不成立时请求返还所赠与的礼物。请求权人是否须为无过错？（联邦）德国解释，婚约人无重大正当事由而解约，或自己有过错而造成他方的解约，皆丧失赠与物的返还请求权。瑞士法则不以过错为赠与物返还的标准，如双方当事人未为抛弃，除因一方死亡而使婚约消灭外，无论双方有无其他过错，皆有返还请求权。解约当事人享有的损害赔偿与赠与物的返还请求权有时效的限制，有的规定为 2 年，自婚约解除之日起算；有的规定为 1 年，此 1 年，墨西哥法律规定，自婚约破裂的第 3 日起计算。对此，参见李志敏主编：《比较家庭法》，北京大学出版社 1988 年版，第 63—65 页（任国钧执笔）。

[2] 参见法学教材编辑部《婚姻法教程》编写组（杨大文主编）：《婚姻法教程》，法律出版社 1982 年版，第 136—137 页。

[3] 参见戴永盛译：《奥地利普通民法典》，中国政法大学出版社 2016 年版，第 13 页。

[4] 参见戴永盛译：《奥地利普通民法典》，中国政法大学出版社 2016 年版，第 13 页。

的契约，而婚约并不生任何身份关系。身份契约基于要式性原则，于民法上所定的身份契约，例如结婚、两愿离婚、收养、合意终止收养，均须具备一定的方式，而婚约乃不要式行为，因此其非属纯粹的身份契约。婚约订定后，当事人间并不发生债权债务关系，故其也非债权契约。[1]

## 二、我国学理与实务中的婚约

在我国，按照婚姻家庭法学者的主张或观点，所谓婚约，是指男女双方以结婚为目的而对婚姻关系所做的事先约定，亦称婚姻的预约。[2]订立婚约的行为称为订婚或定婚，婚约成立后，男女双方即产生未婚夫妻身份。我国古代的婚约渊源于"六礼"。婚约系由"纳征"演变而来。"六礼"把订婚、结婚合为一体，婚约是结婚的必经程序之一。[3]于我国现今，订婚并不是结婚的必经程序，故《民法典》中并无关于婚约的规定。男女双方是否结婚，乃完全以他们在登记时所表示的意愿为根据。当然，《民法典》不规定婚约并不意味着禁止当事人订立婚约，只是这种婚约并无于法律上的拘束力，只有在双方自愿的基础上才能履行。一方要求解除婚约时，可以通知对方解除，而无须征得对方的同意，更不用经过调解或诉讼程序 [4]。[5]

---

1　参见林秀雄：《亲属法讲义》（第三版），元照出版有限公司 2013 年版，第 39—40 页。

2　参见李志敏主编：《比较家庭法》，北京大学出版社 1988 年版，第 62 页（任国钧执笔）。

3　参见杨怀英主编：《中国婚姻法论》，重庆出版社 1989 年版，第 211 页（陈苇执笔）。

4　亦即，婚约经双方同意即可自行解除。一方要求解除的，只需向对方做出意思表示即可解除，无须征得对方的同意。婚约的解除无须经过诉讼程序。对此，参见陈苇主编：《婚姻家庭继承法学》，法律出版社 2002 年版，第 110 页（张华贵执笔）。

5　参见法学教材编辑部《婚姻法教程》编写组（杨大文主编）：《婚姻法教程》，法律出版社 1982 年版，第 136—137 页。亦即，婚约成立后，尽管当事人一般不能反悔，负有成婚的义务，但是，如果有一定的原因存在，仍可解除婚约。学理认为，我国婚姻法（含如今的《民法典》）不规定婚约，主要是为了保障婚姻自由。盖因男女当事人在恋爱过程中，感情可能发生变化，应允许当事人有选择配偶的自由。不赋予婚约以法律约束力，有利于当事人自主地处理自己的婚姻。另外，婚约常与包办婚姻、买卖婚姻、干涉婚姻自由以及借婚姻索取财物等违法行为相联系。出于这些方面的因由，我国婚姻法未规定婚约。对此，参见杨怀英主编：《中国婚姻法论》，重庆出版社 1989 年版，第 213—214 页（陈苇执笔）。

值得提及的是，对现役军人的婚约，于 1980 年《婚姻法》颁行前，是根据保护军婚的精神予以保护的。1980 年《婚姻法》颁行后，原则上已不再保护现役军人的婚约。唯对于正在前线保卫国家安全，抵御外来侵略的现役军人的婚约，如女方悔约，应尽量调解说服女方珍惜与军人的感情和婚约关系，然是否解除婚约，仍应尊重当事人的意愿，由当事人决定。[1]

还有，我国学理通常认为，父母、家长等代为订立的婚约概属无效，当事人无须受其约束。若父母、家长等代为订婚后，男女当事人经过交往和了解，双方同意结婚，这只能解释为已符合结婚必须男女完全自愿的规定，绝不意味着对他人代为订立的婚约的承认。[2]

### 三、对因婚约解除或恋爱终止引起的财物纠纷的处理 [3]

我国学理与实务通常认为，对因婚约解除或恋爱终止引起的财物纠纷应区别不同情况而做如下处理：①对于借婚约买卖婚姻的财物，原则上判决收缴国库；②对于以恋爱订婚为名，行诈骗钱财之实的，除构成诈骗罪的应依法追究刑事责任外，无论哪一方提出解约，原则上都应将诈骗所得财物全部归还给受害人；③对于以谈恋爱为名，以赠送财物为手段，玩弄异性的人，其所交付给对方的财物，应按赠与物对待，不予退还；④对于以结婚为目的的赠与物，价值较高的，应酌情返还，对于婚约期间的一般赠与物，受赠人无返还义务。

另外，如前述，在我国，法律既不禁止订婚，也不提倡订婚，婚约没有法律约束力，解除婚约无须通过任何法律手续。双方要求解除婚约，即可自行解除，一方要求解除婚约，只要通知他方即可。[4]

---

1　参见杨怀英主编：《中国婚姻法论》，重庆出版社 1989 年版，第 215 页（陈苇执笔）。

2　参见杨大文主编：《亲属法》，法律出版社 1997 年版，第 80 页（杨大文执笔）。

3　参见巫昌祯主编：《婚姻与继承法学》，中国政法大学出版社 1997 年版，第 129 页（田岚执笔）。

4　参见巫昌祯主编：《婚姻与继承法学》，中国政法大学出版社 1997 年版，第 129 页（田岚执笔）。

## 第五节　彩礼

### 一、比较法（日本法）上彩礼的考量 [1]

在日本，若婚约成立，作为其象征（证明），为祈祷婚姻的成立，存在赠与金钱和东西的惯行，这就是彩礼，或称为定礼。关于彩礼或定礼的法性质，存在诸种学说，然通说解为：它是以婚姻的不成立为解除条件的赠与。与此不同，也有日本判例判示：它是为确证婚约的成立，而且在婚姻成立的场合或情形，是为增加当事人、双方亲族的情谊而做出的一种赠与 [2]。在婚约解消的场合或情形，因目的不达，彩礼得作为不当得利 [3] 而产生返还义务。另外，对导致婚约解消负有责任的人请求返还彩礼的，应解为依诚实信用原则系不允许。

### 二、我国实务中的彩礼及其纠纷处理

在我国实务中，也存在男女双方于恋爱或婚约中给予彩礼的现象。于当事人的婚姻不成立或婚姻成立却离婚时，其往往成为问题，也就是于当事人之间发生纠纷。为此，2021 年 1 月 1 日起施行的《最高人民法院关于适用〈中华人民共和国民法典〉婚姻家庭编的解释（一）》第 5 条规定："当事人请求返还按照习俗给付的彩礼的，如果查明属于以下情形，人民法院应当予以支持：（一）双方未办理结婚登记手续；（二）双方办理结婚登记手续但确未共同生活；（三）婚前给付并导致给付人生活困难。适用前款第二项、第三项的规定，应当以双方离婚为条件。"此条规定，系为目前我国司法实务中处理彩礼纠纷的重要依据与基本遵

---

1　本部分参考、依据［日］高桥朋子、床谷文雄、棚村政行：《民法 7 亲族·继承》，有斐阁 2023 年版，第 118 页（高桥朋子执笔）。

2　参见日本大判 1917 年 2 月 28 日民录 23 辑第 292 页，日本最判 1964 年 9 月 4 日民集 18 卷 7 号第 1394 页。

3　参见日本大判 1917 年 2 月 28 日民录 23 辑第 292 页。

循，于此谨予特别提及。

值得提及的是，我国最高人民法院对因彩礼而生的纠纷予以积极关注，发布涉彩礼纠纷典型案例，由此推进移风易俗。另外，新近发布的《最高人民法院关于审理涉彩礼纠纷案件适用法律问题的规定》，是与社会协调处理彩礼纠纷的恰当措施或恰当办法的结果。其中第 1 条规定适用范围："以婚姻为目的依据习俗给付彩礼后，因要求返还产生的纠纷，适用本规定。"第 2 条规定禁止以彩礼为名借婚姻索取财物："禁止借婚姻索取财物。一方以彩礼为名借婚姻索取财物，另一方要求返还的，人民法院应予支持。"第 3 条对"彩礼"进行界定："人民法院在审理涉彩礼纠纷案件中，可以根据一方给付财物的目的，综合考虑双方当地习俗、给付的时间和方式、财物价值、给付人及接收人等事实，认定彩礼范围。下列情形给付的财物，不属于彩礼：（一）一方在节日、生日等有特殊纪念意义时点给付的价值不大的礼物、礼金；（二）一方为表达或者增进感情的日常消费性支出；（三）其他价值不大的财物。"第 4 条规定涉彩礼返还纠纷案件中当事人的主体资格："婚约财产纠纷中，婚约一方及其实际给付彩礼的父母可以作为共同原告；婚约另一方及其实际接收彩礼的父母可以作为共同被告。离婚纠纷中，一方提出返还彩礼诉讼请求的，当事人仍为夫妻双方。"第 5 条规定已办理结婚登记并共同生活时彩礼返还的条件："双方已办理结婚登记且共同生活，离婚时一方请求返还按照习俗给付的彩礼的，人民法院一般不予支持。但是，如果共同生活时间较短且彩礼数额过高的，人民法院可以根据彩礼实际使用及嫁妆情况，综合考虑彩礼数额、共同生活及孕育情况、双方过错等事实，结合当地习俗，确定是否返还以及返还的具体比例。人民法院认定彩礼数额是否过高，应当综合考虑彩礼给付方所在地居民人均可支配收入、给付方家庭经济情况以及当地习俗等因素。"第 6 条规定未办理结婚登记但共同生活时彩礼返还的条件："双方未办理结婚登记但已共同生活，一方请求返还按照习俗给付的彩礼的，人民法院应当根据彩礼实际使用及嫁妆情况，综合考虑共同生活及孕育情况、双方过错等事实，结合当地习俗，确定是否返还以及返还的具体比例。"第 7 条为附则。

值得提及的是，自总体上看，最高人民法院对于审理涉彩礼纠纷案件的上述规定，应系值得肯定，唯稍嫌简略，对于其他一些事项还可做出更翔实、清晰的厘定，由此指导审判实务中的涉彩礼纠纷案件。另外，实务与民间所谓"应使婚姻归于爱情，彩礼归于礼"的认识或主张，也是具有正面价值与积极意义的。还有，前述日本学理，尤其是日本法院判决的立场或见解（判示主张），也具有积极的参考、借镜价值。自比较实务的视角看，日本法院的判示意见对于我国法院处理涉彩礼纠纷也具有有益的价值与启示。

## 第六节　事实婚姻与非婚同居关系

### 一、罗马法的婚姻外的男女关系 [1]

在古代罗马，婚姻外的男女关系主要有姘度婚与共栖关系。[2] 姘度婚，亦称姘婚，系男女永续的结合，而为一种非正式婚姻。[3] 也就是说，于正式婚姻之外，罗马法尚有姘合之制。姘合者，即男女以同居为目的的结合也。姘合使女子的地位低微，故姘合的女子以下级女子居多。[4] 简言之，姘合即男女以同居为目的的结合，缺少婚姻意图（affectio maritalis）。[5] 由于罗马的正式婚姻限制很严，不是享有结婚权的人就不能通婚，加以男需婚礼，女需嫁资，故因社会地位不同、官职

---

1　参见郑玉波编译：《罗马法要义》（第五版），汉林出版社1985年版，第110—111页。

2　陈朝璧著《罗马法原理》（法律出版社2006年版）第372页指出，罗马法所谓非正式婚姻，共有三种：一是"万民法上之婚姻"（matrimonium sine connubio），指非罗马市民间的婚姻而言；二是"奴隶婚姻"（contubernium）；三是姘度婚（concubinatus），指劣等身份的女子与男子姘居而共同生活者。

3　黄风著《罗马私法导论》（中国政法大学出版社2003年版）第145页指出，姘合是指一个男人和一个女人之间较为稳定的但不构成合法婚姻的结合。它通常发生在男女双方因社会地位悬殊而不能依法结婚的情形。于罗马法中，姘合关系于法律上得到认可，并不因为有姘合关系而构成通奸罪。

4　参见丘汉平著，朱俊勘校：《罗马法》，中国方正出版社2004年版，第101页。

5　参见江平、米健：《罗马法基础》（修订本），中国政法大学出版社1991年版，第111页。

关系、贫富悬殊，当事人确有感情而不能结婚的，遂不得不采姘合的方式。[1] 也就是说，此种非正式婚姻，大多由于社会地位不等的男女禁止结婚而起。例如，解放自由女本不得与自由人结婚，若不得已而结合，即属此所谓的姘度婚，而不产生正式婚姻的效力。此种结合，既为不得已的结果，社会上乃不能不予以默认。奥古斯都帝对于男女的苟合，曾规定以淫荡罪（stuprum）予以处罚，但此姘合的男女则为例外。唯此种结合既仅止于一种事实关系，当事人间即不生何种权利义务的问题，而父子间也不生法律关系，仅母子间发生扶养义务及继承权而已。不过，后因基督教的影响，此种结合也可视为准婚姻，法律上也以"社会差别的婚姻"（coniugium inacquale）称之，至此遂不仅为事实上的一种男女关系，也可以准用婚姻的各种规定也。例如，重婚的禁止、婚姻适龄以及近亲间禁止结婚的规定，皆在准用之列。又，姘度婚所生之子，可因准正而成为婚生子。也就是说，产生于姘合的子女不属于婚生子，而被称为亲生子（liberinaturales），但他们可以通过相应的认领程序而取得婚生子的地位。[2] 至于共栖关系（contubernium），乃奴隶相互间，或奴隶与自由人间的男女结合关系。也就是说，指婚姻当事人双方或其一方为奴隶者，又称"奴隶婚姻"。[3] 此种关系于法律上不生任何效果，仅为一种事实关系而已，然所生之子，若因父母被解放而为自由人，则亲子间可发生血族关系。

## 二、比较法（日本法）上的非正式婚姻 [4]

于西欧，迄今尽管于法律上并不太给予非正式婚姻以保护，但是，最近 20 年间，（非正式结婚的）男女同居飞跃性地增加，而结婚（婚姻）的数量（件数）

---

1　参见法学教材编辑部《罗马法》编写组：《罗马法》，群众出版社 1983 年版，第 111 页（周枏执笔）。

2　参见黄风：《罗马私法导论》，中国政法大学出版社 2003 年版，第 146 页。

3　参见陈朝璧：《罗马法原理》，法律出版社 2006 年版，第 372 页。

4　本部分参考、依据 [日] 高桥朋子、床谷文雄、棚村政行：《民法 7 亲族·继承》，有斐阁 2023 年版，第 118—126 页（高桥朋子执笔）。

减少。与此不同，在日本，尽管结婚的意向（志向）根深蒂固、不易动摇，但于日本判例、学说上，乃是认可或承认对于非正式婚姻的优厚保护的。这是为什么呢？

（一）比较实务（日本）的非正式婚姻[1]问题

如前述，根据《日本民法》的规定，结婚（婚姻）采取由申报而成立的申报婚主义，这个制度是由明治民法导入的。但是，于当时，申报婚主义并未浸透于国民中，依自以往以来的结婚惯行的人们并不少。另外，自明治民法规定的"家"制度的制约（男 30 岁、女 25 岁之前，婚姻须得户主、父母同意，户主或推定家督继承人彼此之间被禁止结婚）看，不认可法律上的婚姻的人们也是有的。不久，日本判例将非正式婚姻这样的关系看作婚姻预约，其不当废弃的场合或情形，无正当理由而拒绝婚姻的人有损害赔偿责任[2]。其后，对于不当废弃以外的情形，日本判例扩大保护的范围。作为对一方当事人的债权人给予保护的前提[3]，以及关于当事人一方被杀害场合的损害赔偿请求[4]，日本大审院赋予非正式婚姻与（正式）婚姻相同的效果。而于学说上，系将非正式婚姻作为准婚姻关系予以处理或把握，此即通说所谓"准婚理论"。第二次世界大战结束后，日本最高法院也采用"准婚理论"[5]。与这些动向并行，还存在一个围绕非正式婚姻的动向，亦即，由于日本资本主义的发达，工厂劳动者、矿山劳动者增加，他们中结成非正式婚姻关系的人多，所以认可非正式婚姻关系者于劳动灾害发生时的遗族补偿的必要性即产生。"准婚理论"对这方面产生了影响。

1. 关于日本实务乃至日本法的非正式婚姻的成立要件。依日本学理的解释，

---

1　须指出的是，"非正式婚姻"，日文汉字为"内缘"，本书译为"非正式婚姻"，乃系依据大越美惠子、高桥美和子编《易解汉字读音手册——为中国人的汉字的读法手册》（株式会社スリーエーネットワーク1997 年 12 月 20 日初版第 1 刷发行）第 150 页对"内缘"一词的中文释义，谨此说明。唯华夏主编《简明日汉法律辞典》（人民法院出版社 2003 年版）第 186 页将"内缘"的中文意思释义为"事实婚姻，姘居（与登记的法律婚相对）"。这种释义也无不当。于此谨予特别释明。

2　参见日本大连判 1915 年 1 月 26 日民录 21 辑第 49 页。

3　参见日本东京控判 1932 年 3 月 29 日新闻 3409 号第 17 页。

4　参见日本大判 1932 年 10 月 6 日民集 11 卷第 2023 页。

5　参见日本最判 1958 年 4 月 11 日民集 12 卷 5 号第 789 页。

在日本，所谓非正式婚姻，乃系指虽然并未提出婚姻申报（申请），然过社会观念上认可的夫妇共同生活的关系。其要成立，须具备：①有欲使非正式婚姻成立的合意；②须有非正式婚姻的事实存在（在日本存在这样的判决：虽然是分别居住，但于精神上、日常生活上相互协力、合作而有共同生活形态的，也是非正式婚姻[1]）。当事人之间存在婚姻障碍的情形，应否认可非正式婚姻的成立，是存在争议的。婚姻适龄、再婚禁止期间等障碍，通常不会对非正式婚姻产生影响，但关于禁止近亲婚、禁止重婚，存在观点分歧。另外，关于同性夫妇、情侣，其作为准用婚姻的关系，有认可其存在得受侵权行为法保护的利益的下级审判决[2]。与此同时，也有于同性间不存在类似事实上婚姻关系情形，不认可犯罪被害人给付金领取权的判决[3]。

2. 关于非正式婚姻的效果。《日本民法》依"准婚理论"而认可或承认非正式婚姻，赋予其婚姻的多样效果中相当的部分[4]。这样使法律上的婚姻的效果只不过（变成）是：①姻亲关系的发生（《日本民法》第725条）；②夫妇同一姓氏（《日本民法》第750条）；③婚生推定（《日本民法》第772条）；④继承权（《日本民法》第890条）等。

3. 关于不当废弃（废除）的救济。如前述，于明治民法下，由于申报婚主义未浸透于国民之中及"家"制度的制约，没有提出婚姻申报的男女的关系破裂时，日本大审院对于是否认可损害赔偿请求，当初并无统一的态度。于举行习惯（或习俗）上的仪式，过夫妇一样的生活后，男方单方废弃（非正式婚姻）关系的事例中，一方面存在认可损害赔偿请求的判决[5]，另一方面也存在男性不产生任何责任的判决[6]。其后，日本大审院将无正当理由而拒绝婚姻的人得负损害赔

---

1　参见日本大阪地判 1991 年 8 月 29 日家月 44 卷 12 号第 95 页。

2　参见日本东京高判 2020 年 3 月 4 日判时 2473 号第 47 页。

3　参见日本名古屋高判 2022 年 8 月 26 日判夕 1506 号第 48 页。

4　认可日常家事代理权，日本东京地判 1971 年 5 月 31 日判时 643 号第 68 页；认可扶养义务，日本大审院判决 1922 年 6 月 3 日民集 1 卷第 280 页。

5　日本大判 1911 年 1 月 26 日民录 17 辑第 16 页。数个月间的非正式婚姻的男女同居的事例。

6　参见日本大判 1911 年 3 月 25 日民录 17 辑第 169 页。数年间的非正式婚姻的男女同居的事例。

偿责任的见解稳定下来[1]。而且，于不得不使非正式婚姻解消的场合，日本判例判示，并非废弃者的对方也负损害赔偿责任[2]。还有，第三人的不当干涉使非正式婚姻破裂的场合，判决也认可第三人得负损害赔偿责任[3]。另外，意图回避婚姻的一对男女 16 年间持续存在作为"特别的他人"的关系，二人的小孩也诞生，二人也一起工作、旅行，但并不过共同的生活，依事前的商定（约定），女方不为小孩的养育，男性突然一方面（单方面）解消关系而与其他女性结婚的，日本最高法院判决，其不能评价为得肯认慰谢料请求权发生的侵权行为[4]。关于以不当废弃为原因的损害赔偿请求权的法性质，日本当初的判例应当是以婚姻预约的不履行为理由[5]，然其后乃既以婚姻预约的不履行为理由，也依"准婚理论"而以侵权行为为理由[6]。

4. 关于非正式婚姻破裂（失败）的（法律）效果。依当事人的合意或一方的意思而使非正式婚姻解消时，得类推适用离婚之际的财产分给的规定（《日本民法》第 768 条），此点由学说与裁判（判决）例所确立（或确定）。另外，伴随非正式婚姻解消的财产分给的审判程序中，分给义务者死亡的场合，财产分给义务得成为继承的对象[7]。对有责任者提出的财产分给请求，基于诚实信用原则，存在仅就清算要素（因素）对之予以认可的审判例。另外，可以利用福利保健年金（养老金）的分割制度。

非正式婚姻者一方死亡的场合，非正式婚姻解消，但是否得认可生存的非正式婚姻者对死亡的非正式婚姻者的遗产有类似于继承权的权利？另外，其还可以继续居住于以往所居住的住宅中吗？对于类推适用离婚之际的财产分给制度，是

---

1　参见日本大连判 1915 年 1 月 26 日民录 21 辑第 49 页，日本大判 1919 年 3 月 21 日民录 25 辑第 492 页。

2　参见日本最判 1952 年 10 月 21 日民集 6 卷 9 号第 849 页。

3　参见日本最判 1963 年 2 月 1 日民集 17 卷 1 号第 160 页。

4　参见日本最判 2004 年 11 月 18 日判时 1881 号 83 页。

5　参见前揭日本大连判 1915 年 1 月 26 日民录 21 辑第 49 页。

6　参见日本最判 1958 年 4 月 11 日民集 12 卷 5 号第 789 页。

7　参见日本大阪高决 2011 年 11 月 15 日家月 65 卷 4 号第 40 页。

否给予生存的非正式婚姻者以他方的遗产，日本学说与裁判例长期存在积极与消极两种学说。其后，日本最高法院以生存的非正式婚姻者对继承人不具有包含清算要素、扶养要素在内的财产分给请求权为由，对此予以否定 [1]。其理由是，财产分给的类推适用虽然适用于保护准婚性法律关系，但在继承的财产承继结构中带来了不同性质的契机，是法律所不预定的。这样就使得如何保护专门从事家事劳动的非正式婚姻者的问题原原本本地残留下来。还有，死亡的非正式婚姻者无继承人的场合，生存的非正式婚姻者作为特别关系者得请求财产分给（《日本民法》第 958 条之 3）。

5. 关于生存的非正式婚姻者的居住权。关于住宅，须区分自己的房子与租房两种情形而考量。在自己的房子场合，继承人要求（或请求）生存的非正式婚姻者腾出、让出时，对继承人而言，若无迫切的必要，则构成权利的滥用 [2]，由此保护非正式婚姻者的居住权。另外，房子是非正式婚姻的夫妇（情侣）共有的情形，为居住或共同事业而共同使用不动产时，于二者间，应推认存在或成立生存的非正式婚姻者得单独使用的合意。还有，关于因该使用所得利益，生存的非正式婚姻者对于其他的共有者（继承人）不负不当得利返还义务 [3]。另外，死亡的非正式婚姻者无继承人的场合，生存的非正式婚姻者作为特别关系者得请求财产分给（《日本民法》第 958 条之 3） [4]。至于租房的场合，若继承人不存在，则生存的非正式婚姻者得承继租房权（《日本借地借家法》第 36 条）。继承人存在时，日本判例确立：生存的非正式婚姻者援用（援引）继承人承继的租赁权，对于房东的让出、腾出房子的请求，得主张居住的权利 [5]。继承人请求让出、腾出房子

---

1　参见日本最决 2000 年 3 月 10 日民集 54 卷 3 号 1040 页。

2　参见日本最判 1964 年 10 月 13 日民集 18 卷 8 号第 1578 页。

3　参见日本最决 1998 年 2 月 26 日民集 52 卷 1 号第 255 页。

4　《日本民法》第 958 条之 3 规定："前条之情形，认为相当时，家庭法院依与被继承人共谋生计者、努力疗养看护被继承人者及其他与被继承人有特别关系者之请求，得将清算后剩余之全部或部分继承财产给予此等人。前款之请求，应于第九百五十八条之期间届满后三个月以内作出。"对此，参见王融擎编译：《日本民法：条文与判例》（下册），中国法制出版社 2018 年版，第 871 页。

5　参见日本最判 1967 年 2 月 21 日民集 21 卷 1 号第 155 页。

的场合，相关的判例却不存在。在学说上，如下见解也是可以见到的，即认为关于所有房屋（住房）的判例也适用于租房场合，继承人若无居住的迫切需要，则视为权利的滥用，由此得以保护非正式婚姻者的居住权。另外，非正式婚姻者并不与继承人共同成为租赁人，所以不负担支付租金的债务。

6. 关于特别法对生存的非正式婚姻者的保护。在日本，于其社会法、劳动法领域，认可非正式婚姻者作为遗族而与法律婚的配偶者有同等的受给（领取）资格。另外，非正式婚姻于近亲之间存在的场合，应该是怎样的关系，日本判例有不同的结论。厚生年金保险的被保险人与存在直系姻亲关系的人有非正式婚姻关系的场合，日本最高法院判示，其并不是《厚生年金保险法》第 3 条第 2 项所称的"未进行婚姻的申报，但事实上有婚姻关系者"，否定非正式婚姻者的遗族的年金受给（领取）资格 [1]。

7. 关于重婚的非正式婚姻。非正式婚姻者与别的人为法律婚的场合，称为重婚的非正式婚姻。若将非正式婚姻看作准婚，重婚的非正式婚姻则类似于重婚关系，给予其保护可能会在与采取一夫一妇制的婚姻制度的关系上发生问题。为此，有认为重婚的非正式婚姻因违反公序良俗而无效的学说，也有认为其满足一定要件而有效的相对无效说、有效说等诸说的存在。还有，于最近，对法律上的配偶者的经济性给付、音讯继续（接续）的场合，关于扶养，按照需要保护的程度等，得对法律婚与非正式婚姻分配权利的分配性保护说等也被提倡。另外，日本判例对于重婚的非正式婚姻者给予怎样的地位，也有区分如下问题而予考察的必要。

第一，关于以重婚的非正式婚姻的不当废弃为原因的损害赔偿：日本判例当初认为，由于重婚的非正式婚姻违反公序良俗，非正式婚姻者不得请求因存在于自己的不法原因而生的损害赔偿 [2]。其后，日本下级审判决一面考虑非正式婚姻者的责任，一面认可对精神损害的慰谢料，以及婚姻形骸化场合对非正式婚姻应给予相应的法律保护，于是慰谢料请求等被认可的判决（被）做出了。而且，也

---

1    参见日本最判 1985 年 2 月 14 日讼月 31 卷 9 号第 2204 页。
2    参见日本大判 1940 年 7 月 6 日民集 19 卷 1142 页。

有认可向因不当干涉而使重婚的非正式婚姻关系遭受失败的第三人请求慰谢料的下级审判决。

第二，关于重婚的非正式婚姻解消之际是否认可财产分给：在婚姻形骸化，非正式婚姻于社会观念上被视为夫妇的实态时，也有认可财产分给的下级审判决。

第三，重婚的非正式婚姻者因事故死亡的场合，日本下级审裁判例认可生存的非正式婚姻者对加害者有损害赔偿请求权。

第四，关于遗族年金等社会保障法上的遗族给付：死亡的非正式婚姻者有法律上的配偶者的场合，生存的配偶者与非正式婚姻者的任何一个可否作为遗族而受给付？日本最高法院判示，明文上，作为受给（领取）权者的"配偶者"包含非正式婚姻者，但婚姻关系形骸化且其状态固定化的场合，法律上的配偶者并不是法律所定的作为遗族的"配偶者"[1]。与此不同，并未做明文规定的《养老金法》系将作为受给（领取）权者的"配偶者"（第72条第1款）限定为有法律上的婚姻关系的人[2]。

综上所述，日本判例认为，婚姻关系破裂（失败）且形骸化的场合，重婚的非正式婚姻具有类似婚姻的效果。另外，在日本，学说认为，是原原本本地委诸判例而解决非正式婚姻问题，还是像法国的 Pacs 那样，透过立法之道而解决，仍有疑问。

### 三、美国法上的普通法婚姻与家庭伴侣制度 [3]

美国法对于亲密关系的规范，传统上以婚姻制度为主。婚姻关系以外的亲密行为，非但不受鼓励，还可能受到法律的惩罚。不过，除正式的婚姻关系外，美

---

1　参见日本最判1983年4月14日民集37卷5号第270页，日本最判2005年4月21日判时1895号第50页。

2　参见日本最判1995年3月24日判时1525号第55页。

3　本部分依据、参考李立如："同居法制的发展——美国法的经验与启示"，载陈棋炎先生九十晋五冥寿纪念文集编辑小组主编：《家族法新课题——陈棋炎先生九十晋五冥寿纪念文集》，元照出版有限公司2017年版，第125—177页。

国尚有所谓普通法婚姻（common law marriage）制度，以规范事实上的夫妻关系。普通法婚姻与同居（cohabitation）的概念常有混淆，但其实两者并不相同。普通法婚姻的成立不是双方有同居事实即可，而是必须在当事人间确实存有一个婚姻契约，虽然并未依法完成结婚的手续，但两人对内对外都必须以夫妻的意思与立场经营共同生活。普通法婚姻契约一旦受到州法的肯认，就具有正式全面的法律效力。也就是说，在州法的肯认之下，普通法婚姻的当事人将受到该州所有关于婚姻权利义务（包括离婚）的法制规范与保障。各州对于普通法婚姻的具体要求不尽相同，不过一般而言，普通法婚姻需要具备以下要件：①双方必须皆无配偶，并符合各州所规定的最低年龄的限制。②双方必须合意缔结婚姻，也就是必须有婚姻契约的存在，此合意无须以书面为之，有法院肯认双方只要有默示同意即可。若是双方仅仅以未来将会缔结婚姻为前提而同居，则并不符合此要求。③双方必须有同居的事实，亦即双方经营共同生活。④双方对外必须以夫妻自居，以夫妻的身份与姿态面对家族、朋友与社会大众。具体而言，双方必须透过某些行为，例如使用同一个姓氏，或在租约或其他文件上表示为夫妻，以表明并使得社会大众认定其为夫妻。在19世纪的美国，大多数的州均肯认普通法婚姻，此应与当时的社会经济发展阶段直接相关。不过，从19世纪晚期开始，由于美国社会发展与法制的逐渐成熟，对于婚姻的态度与要求转为严谨，普通法婚姻制度就有式微之势，开始有州法改变对于普通法婚姻的肯定态度。时序进入20世纪之后，有更多的州加入废除普通法婚姻的阵营，不再对普通法婚姻赋予法律效力。目前，全美仅有9个州还肯认普通法婚姻，而有少数州法仅于有限或特殊的情形才例外承认普通法婚姻的法律效力。造成普通法婚姻制度没落的原因不止一端。总之，从19世纪末20世纪初以来，美国社会逐渐强调婚姻家庭制度的公益性，不仅对于婚姻关系成立的形式与实质要件规范日益严格，婚姻制度在法制上的地位也愈显重要。在此背景下，普通法婚姻制度就在州法的舞台上逐渐凋零。普通法婚姻制度式微之后，美国不仅几乎没有所谓"同居法制"的存在，在法院实务上也未赋予"同居关系"任何特别的法律地位，直到1976年加利福尼亚州最高法院做成马文案（Marvin v. Marvin）判决，才似乎有了转机。马文案判决公布之后，立刻受到各界瞩目，法院对同居关系的见解被认为深具突破性与前瞻性。马文案之后，美国法院以契约法原则规范同居关系的模式已然确立。关于同居伴侣间发生的财产分配等争执，法院必须先确认双方是否存在契约关系，而后才能依照契约法原则进行裁判。换句话说，美国法院并不将同居关系认定为身份关系，当事人间所成立的契约也非身份（或以亲密关系为基础的）契约。因此，在法院眼中，同居关系与商业组织或合伙关系并没有实质上的区别。2002 年，美国法协会（A-merican Law Institute，ALI）经过 12 年的讨论研究之后发布《家庭解消之法律原则：分析与述议》（Principles of the Law of Family Dissolution：Analysis and Recommendations）。该文件第六章对"家庭伴侣"（domestic partnership）予以明文规定，使法院对于同性或异性同居伴侣间发生的财产争议，能适用具体明确的判断标准，以解决现行法律对于同居关系中经济弱势者保障不足的问题。

美国法协会所提出的"身份法规范模式"的确引发了各界对于同居制度规范内容的讨论。不过，对于同居制度立法的发展而言，近年来在美国各地风起云涌的同性婚姻平权运动所带来的影响可能更为重大。佛蒙特州是美国各州中最早立法保障所谓民事结合关系（civil unions）者。受到佛蒙特州民事结合制度的影响，康涅狄格州（2005 年）、新泽西州（2007 年）和新罕布什尔州（2008 年）等也相继以立法规范保障民事结合关系。还有必要提及家庭伴侣制度。为赋予家庭伴侣更完整的法律保障，加利福尼亚州议会于 2003 年制定《家庭伴侣权利与责任法》（California Domestic Partner Rights and Responsibilities Act），并于 2005 年生效，依法登记为家庭伴侣者享有及负担州法下与已婚配偶相同的权利与义务。受到加利福尼亚州家庭伴侣法制的影响，华盛顿州、缅因州、新泽西州等也纷纷立法保障同居伴侣的权益。在采行家庭伴侣制度的数州中，或有如加利福尼亚州，于同性婚姻合法后，继续将家庭伴侣制度视为与婚姻相异而并行的制度；或有如华盛顿州，变更家庭伴侣制度的适用对象，即华盛顿州于 2012 年经由公民投票使同性婚姻合法后，既有的家庭伴侣规定沿用至 2014 年 6 月 30 日。

## 四、我国的事实婚姻与非婚同居关系的学理、立法及实务处理

### （一）概要

事实婚姻泛指不具有结婚的形式要件的婚姻。此种婚姻从古至今各国家和地区都存在，但名称及对事实婚姻的法律态度不尽相同。譬如前述罗马法的时效婚、英美法系普通法婚姻、寺院法（教会法）的事实婚（同居婚）、日本的非正式婚姻、古巴的非正式婚、苏联的事实婚以及德国的同居婚等，大体皆可归入事实婚姻之列。事实婚姻的一个基本特征是不具有法定形式要件，但须符合婚姻的实质要件。对于缺乏实质要件的事实婚姻，各国家和地区大抵都以无效婚或可撤销婚对待。对事实婚姻的态度有不承认主义、承认主义及相对承认主义 [1]三类。承认主义又包括依法当然承认与依法有条件的承认两种，其有效化的条件包括：一是补办法定手续，使事实婚姻合法化；二是凡符合法律规定的同居年限的即可有效化；三是须符合法律规定的单身与稳定条件，并经法院确认后，使之合法化。有条件的承认，逐渐为更多国家和地区所接受。至于非婚同居的现象，晚近以来有增多的趋势。这种同居与事实婚姻不同，不构成婚姻，然却日益取得官方的认可。[2]

在我国，大抵以 2020 年《民法典》的颁布与 2021 年 1 月 1 日起施行的《最高人民法院关于适用〈中华人民共和国民法典〉婚姻家庭编的解释（一）》为界或分水岭，学理、立法（含司法解释）及实务对事实婚姻与（非法、非婚）同居关系的处理或把握存有差异或不同，故此，以下分别予以分析和考察。

---

1　此所谓相对承认主义，即法律为事实婚姻设定某些有效条件，一旦具备，事实婚姻即转化为合法婚姻。有关条件主要有三种：一是达到法定同居年限，二是经法院确认，三是补办法定手续。对此，参见巫昌祯主编：《婚姻与继承法学》，中国政法大学出版社 1997 年版，第 131—132 页（田岚执笔）。

2　李志敏主编：《比较家庭法》，北京大学出版社 1988 年版，第 91—95 页（任国钧执笔）；巫昌祯主编：《婚姻与继承法学》，中国政法大学出版社 1997 年版，第 131—132 页（田岚执笔）。

（二）过往的婚姻家庭法学理、立法乃至实务对于事实婚姻关系与非法同居关系的理解与把握 [1]

我国既往婚姻家庭法学理系将未办结婚登记而以夫妻名义同居生活的男女两性结合，分为事实婚姻关系与非法同居关系两种，并认为事实婚姻具有如下四个特征 [2]：①欠缺结婚的法定形式要件；②男女双方均无配偶；③具有目的性和公开性；④符合法定条件。事实婚姻的效力，既往曾是我国法学界争论较大的一个重要问题，有主张承认、不承认及有条件的承认三种观点。而且，既往对于以夫妻名义同居生活的男女的"离婚"纠纷，也采取绝对不承认主义与相对承认主义。[3] 至于非法同居关系，其系指双方或一方有配偶的男女未办结婚登记且不以夫妻名义公开共同生活，或无配偶的男女未办结婚登记而以夫妻名义共同生活，但不符合事实婚姻法定条件的两性结合，[4] 其具有如下特征 [5]：①欠缺结婚的法定形式要件；②男女不以夫妻名义同居，或虽以夫妻名义同居但不符合事实婚姻的法定条件；③共同生活具有"公开性"。没有配偶的男女以恋爱、试婚等名义公开共同生活的非婚同居关系不属于法律禁止的非法同居关系。

对事实婚姻关系与非法同居关系的处理，以往系认为二者都具有违法性。具体而言，对于事实婚姻关系的处理包括：①事实婚姻关系具有婚姻的效力。②审理事实婚姻关系的离婚案件应当先进行调解，经调解和好或撤诉的，确认婚姻关

---

1　本部分参考、依据胡平主编：《婚姻家庭继承法论》，重庆大学出版社 2000 年版，第 142—148 页（陈苇执笔）。

2　参见陈苇主编：《婚姻家庭继承法学》，法律出版社 2002 年版，第 143 页（张华贵执笔）。值得提及的是，法学教材编辑部《婚姻法教程》编写组（杨大文主编）《婚姻法教程》（法律出版社 1982 年版）第 146 页谓："在我国，事实婚姻系指没有配偶的男女，未进行结婚登记而以夫妻关系同居生活的。事实婚姻没有履行法定的结婚程序，因而也是一种违法婚姻，一般不承认其法律效力。对于那些男女双方完全符合结婚条件，只是没有履行登记手续的，可责令其补行登记，以维护法律的严肃性。"

3　参见巫昌祯主编：《婚姻与继承法学》，中国政法大学出版社 1997 年版，第 132—133 页（田岚执笔）。

4　参见陈苇主编：《婚姻家庭继承法学》，法律出版社 2002 年版，第 145 页（张华贵执笔）。

5　参见陈苇主编：《婚姻家庭继承法学》，法律出版社 2002 年版，第 145 页（张华贵执笔）。

系有效，发给调解书或裁定书；经调解不能和好的，应调解或判决准予离婚。③事实婚姻关系双方离婚时，子女的抚养、财产的分割及对生活困难一方的经济帮助等问题，适用原《婚姻法》的有关规定，注意照顾妇女和儿童的利益。[1] 对非法同居关系的处理则包括：①经查确属非法同居关系的，应一律判决予以解除；②离婚后，双方未再婚，未履行复婚登记手续，又以夫妻名义同居生活，一方起诉"离婚"的，一般应解除其非法同居关系；③人民法院审理非法同居关系案件，若涉及非婚生子女抚养和财产分割问题，应一并予以解决。具体分割财产时，应照顾妇女、儿童的利益，考虑财产的实际情况和双方的过错程度，妥善分割。解除非法同居关系时，双方所生的子女为非婚生子女，由哪方抚养，双方协商，协商不成时，应根据子女的利益和双方的具体情况判决。解除非法同居关系时，同居生活期间双方所得的收入和购置的财产，按一般共有财产处理。该期间双方各自继承和受赠的财产，一般应按个人财产对待。同居生活前，一方自愿赠送给对方的财物，一般不予返还；一方向另一方索取的财物，可酌情返还。同居期间为共同生产、生活而形成的债权、债务，可按共同债权、债务处理。一方在共同生活期间患有严重疾病未治愈的，分割财产时，应予适当照顾，或者由另一方给予一次性的经济帮助。同居生活期间一方死亡，另一方要求继承死者遗产的，如认定为事实婚姻关系，可以配偶身份按继承法的有关规定处理；如认定为非法同居关系，而又符合原《继承法》第 14 条规定的，可根据相互扶养的具体情况，作为法定继承人以外的人分得适当的遗产。[2]

---

1　陈苇主编《婚姻家庭继承法学》（法律出版社 2002 年版）第 148—149 页（张华贵执笔）认为，对于事实婚姻关系的处理原则包括：①事实婚姻关系具有违法性；②事实婚姻关系具有婚姻的效力；③审理事实婚姻关系的离婚案件，应当先进行调解；④事实婚姻关系双方离婚时，子女的抚养、财产的分割及对生活困难一方的经济帮助等问题，适用原《婚姻法》的有关规定，注意照顾妇女和儿童的利益；⑤补救措施。

2　关于对非法同居关系的处理，也请参见陈苇主编：《婚姻家庭继承法学》，法律出版社 2002 年版，第 150—151 页（张华贵执笔）。其所述内容，与以上所述大体相同，敬请参见。

（三）我国现今学理、立法与实务中的事实婚姻与非婚同居关系及其处理 [1]

我国现今的婚姻家庭法学理认为，事实婚姻与非婚同居关系 [2] 皆为未办结婚登记的男女两性的结合。《民法典》未明确规定事实婚姻与非婚同居关系，唯2021年1月1日起施行的《最高人民法院关于适用〈中华人民共和国民法典〉婚姻家庭编的解释（一）》第7条规定："未依据民法典第一千零四十九条规定办理结婚登记而以夫妻名义共同生活的男女，提起诉讼要求离婚的，应当区别对待：（一）1994年2月1日民政部《婚姻登记管理条例》公布实施以前，男女双方已经符合结婚实质要件的，按事实婚姻处理。（二）1994年2月1日民政部《婚姻登记管理条例》公布实施以后，男女双方符合结婚实质要件的，人民法院应当告知其补办结婚登记。未补办结婚登记的，依据本解释第三条规定处理。"据此规定可知，该司法解释乃将未办结婚登记而以夫妻名义共同生活的男女区分为事实婚姻与同居关系。

事实婚姻的概念有广、狭二义。[3] 广义的事实婚姻是指未办结婚登记的男女以夫妻名义同居生活，群众也认为是夫妻关系的两性结合，其包括仅欠缺结婚法定形式要件（单一违法）的事实婚姻，以及欠缺结婚的法定形式要件和实质要件（双重违法）的事实包办与买卖婚姻、事实早婚、事实近亲婚、事实重婚、事实疾病婚等违法婚姻。[4] 广义的事实婚姻的成立并不要求当事人必须为没有配偶的男女。[5] 狭义的事实婚姻则仅指1994年2月1日《婚姻登记管理条例》施行前，没

---

[1] 本部分依据、参考谭启平主编：《中国民法学》（第三版），法律出版社2021年版，第677—679页（朱凡执笔）。

[2] 既往的婚姻家庭法学理系区分为"事实婚姻、非法同居及同居关系"而展开论述或研究。对此，参见陈苇主编：《婚姻家庭继承法学》，法律出版社2002年版，第142页。

[3] 对于事实婚姻，我国20世纪80年代末出版的婚姻法著作将其界定为，没有配偶的男女未履行结婚的法定程序便以夫妻名义共同生活的婚姻，并认为其具有两个特征：一是欠缺法定形式要件，这一点是事实婚姻区别于法律婚的主要特征；二是具有目的性和公开性，这一点是事实婚姻区别于其他一切违法两性关系的特征。对此，参见杨怀英主编：《中国婚姻法论》，重庆出版社1989年版，第215—216页（陈苇执笔）。

[4] 参见陈苇主编：《婚姻家庭继承法学》，法律出版社2002年版，第142—143页（张华贵执笔）。

[5] 参见王利明主编：《民法学精论》（下册），中国检察出版社2022年版，第1671页（王叶刚执笔）。

有配偶的男女双方已经符合结婚（法定）条件，未办结婚登记而以夫妻名义同居生活，群众也认为是夫妻关系的两性结合，[1]或者说按照立法者的观点，是指没有配偶的男女，未进行结婚登记，便以夫妻关系同居生活，公众一般也认为其属于夫妻关系的两性结合。[2]狭义的事实婚姻是被人民法院有条件承认的事实婚姻，具有与法律婚基本相同的法律效力。[3]也就是说，对狭义的事实婚姻而言，即便当事人未办结婚登记，也可以产生结婚的效力。[4]狭义的事实婚姻的要件包括：①时间要件，即事实婚姻关系的男女双方于 1994 年 2 月 1 日之前已经符合结婚的实质要件。②存在男女双方公开同居生活的事实。就事实婚姻而言，当事人必须存在同居生活的事实，否则无法认定当事人之间成立事实婚姻。此种同居生活的期间可长可短，并没有严格的时间限制，但当事人必须是公开同居生活，为一定范围内的人们所知悉。[5]③双方以夫妻名义同居生活，即一般情形下，同居男女双方以夫妻相称，而且为一定范围内的社会公众所知悉。如果男女双方并未以夫妻名义同居生活，而只是以男女朋友的名义同居生活，则不构成事实婚姻。[6]④未办结婚登记。

我国司法实践对事实婚姻的处理包括：①有条件地承认事实婚姻，即根据

---

1　参见陈苇主编：《婚姻家庭继承法学》，法律出版社 2002 年版，第 142—143 页（张华贵执笔）。巫昌祯主编《婚姻与继承学》（中国政法大学出版社 1997 年版）第 131 页（田岚执笔）谓："没有配偶的男女，未经结婚登记，而于 1994 年 1 月 31 日前公开以夫妻名义同居生活，群众亦认为其是夫妻关系的，被有条件地确认为事实婚姻。"

2　参见黄薇主编：《中华人民共和国民法典婚姻家庭编解读》，中国法制出版社 2020 年版，第 45 页。转引自王利明主编：《民法学精论》（下册），中国检察出版社 2022 年版，第 1671 页（王叶刚执笔）。

3　在我国，于 20 世纪 80 年代末期出版的婚姻法著作指出，当时事实婚姻属违法婚姻的范畴。而且，1984 年 8 月 30 日《最高人民法院关于贯彻执行民事政策法律若干问题的意见》也明确规定，"未按婚姻法规定办理结婚登记手续，即以夫妻名义同居生活，是违法的"。对此，参见杨怀英主编：《中国婚姻法论》，重庆出版社 1989 年版，第 217 页及该页注释 1（陈苇执笔）。

4　参见王利明主编：《民法学精论》（下册），中国检察出版社 2022 年版，第 1671 页（王叶刚执笔）。

5　参见王利明主编：《民法学精论》（下册），中国检察出版社 2022 年版，第 1671 页（王叶刚执笔）。

6　参见王利明主编：《民法学精论》（下册），中国检察出版社 2022 年版，第 1671 页（王叶刚执笔）。

《最高人民法院关于适用〈中华人民共和国民法典〉婚姻家庭编的解释（一）》第 7 条的规定，1994 年 2 月 1 日《婚姻登记管理条例》公布实施以前，未办结婚登记而以夫妻名义同居的男女双方已经符合结婚实质要件的，按事实婚姻处理。②补办结婚登记的补救措施，即根据《民法典》第 1049 条、《最高人民法院关于适用〈中华人民共和国民法典〉婚姻家庭编的解释（一）》第 3 条、第 7 条的规定，1994 年 2 月 1 日以后，未办结婚登记而以夫妻名义同居的男女双方符合结婚实质要件的，人民法院应当告知其在案件受理前补办结婚登记。补办结婚登记的，产生追溯的效力，婚姻关系的效力自双方均符合《民法典》所规定的结婚的实质要件时算起。③对事实婚姻离婚案件的处理具体包括，人民法院应当先进行调解；经调解不能和好的，应调解或判决准予离婚；事实婚姻关系离婚时，有关未成年子女的抚养、共同财产的分割以及离婚救济制度的适用等，应按《民法典》婚姻家庭编"离婚"一章（《民法典》第五编第四章）的规定处理。[1]

非婚同居[2]，是指双方当事人未办结婚登记，自愿、稳定长期共同生活的形

---

　　[1]　在我国，于 20 世纪 80 年代末期出版的婚姻法著作指出，处理事实婚姻案件的主要精神是：①事实婚姻是违法的，应对当事人进行严肃的批评教育，指出其行为的违法性和危害性，促使当事人增强法制观念。当事人符合结婚实质要件的，责令其补办结婚登记。②对起诉离婚的，若双方符合结婚实质要件，可按原《婚姻法》有关规定的精神进行调解，如经过调解和好撤诉的，应令其到有关部门补办结婚登记手续；调解无效的，应解除同居关系。双方或一方不符合结婚实质要件的，应解除同居关系。事实婚姻关系双方解除同居关系时，对于家庭财产的分割，以及对所生子女的抚养问题，按原《婚姻法》的有关规定处理，对女方和子女的利益给予照顾。至于此类事实婚姻夫妻间的扶养、继承，以及对生活困难一方的经济帮助等，则不能按原《婚姻法》的规定处理，因为他们彼此之间不享有合法夫妻的权利。对此，参见杨怀英主编：《中国婚姻法论》，重庆出版社 1989 年版，第 221—222 页（陈苇执笔）。将这些论述与如今的论述或观点相比较，可见时代和社会情事发生了重大的变迁，对于事实婚姻的处理态度或方法也随之发生了变化。此真可谓是"时易世移，变化宜矣"，或所谓的"法随时转"。也只有"法随时转"，"则治"也。

　　[2]　黄风著《罗马私法导论》（中国政法大学出版社 2003 年版）第 146 页谓：同居（contubernium），是指男女奴隶之间或者在主人与奴隶之间建立的稳定的共同生活关系，由于罗马法不承认奴隶享有结婚的权利，这种关系只能被称为同居。在相当长的时期中，同居是不受法律保护的，只是在后来的帝国立法当中才出现了某些规定，要求在分配和转让奴隶时尽量避免肢解已存在的同居关系。

式。[1]未办结婚登记是非婚同居与婚姻关系最主要的区别。除狭义的事实婚姻外，其他以夫妻名义公开同居生活但未办结婚登记的男女同居关系，皆属于非婚同居关系。按是否具有违法性，非婚同居关系可以分为两类：①双方当事人均无配偶的同居关系，例如恋爱同居关系、婚前同居关系等，不具有违法性。此种同居关系，我国 21 世纪初出版的婚姻家庭法著作大体上径称为"同居关系"，由此使其与"非法同居关系"相区别。[2]②双方或任一方当事人有配偶的同居，其皆为法律所禁止的违法行为，即非法同居关系。[3]另外，按是否以夫妻名义同居生活，非婚同居关系可以分为以夫妻名义的非婚同居关系与不以夫妻名义的非婚同居关系。

---

1　我国台湾地区出版的有关婚姻家庭法著述认为，同居是基于自己意愿所建立的一种不具法律拘束力，但类似婚姻关系的生活体，因此当事人随时不具任何理由就可以解消该生活体，而无义务违反可言，当然当事人间也无任何权利义务关系存在。同居与婚姻关系在概念上的差别，显现于同居在客观上并无法律上的拘束力，而当事人在主观上也清楚知道，自己所建立的是无法律拘束力的共同生活体。不论当事人有无发生夫妻身份关系的意思，只要男女明知欠缺结婚登记的形式要件，而以类似夫妻生活般共同生活在一起，就是同居，或称事实上夫妻。随着社会对于个人人格自由的重视与保护强度增加，婚姻及家庭制度也逐渐丧失伦理拘束力，而不再被强调具有高度的伦理地位，因此同居生活违反公序良俗的道德非难性也就逐渐式微。在法律的解释上，也放宽对同居的限制，而赋予同居一定的法律效果。但最重要的是不能使同居人内部有权利及义务关系，例如同居人间不互负扶养义务，也无剩余财产分配请求权可言。但在不加诸同居人内部权利义务关系，即在不影响同居本质的前提下，不排除同居关系可以对外界第三人发生效力。另外，同居人的扶养费用支出可以列入所得税法的扣除事项。由于同居是一个不具权利义务关系的生活体，无内部补偿关系，无赡养费请求权，于同居生活中或是解消后，同居人间都无财产上的请求可言。因此，同居人间若要求获得法律上的保障，则必须借助契约的约定，而同居人间的契约的约定只要不被认定违反公序良俗，基于私法自治原则，自为许可。总之，在个人自由主义盛行背景下，一夫一妻的婚姻及家庭制度逐渐丧失伦理的优势及唯一独占的伦理地位，相形之下，不受法律拘束的同居关系逐渐增多。同居的本质就是不具法律拘束力，于同居生活期间及解消后，同居人间也就无法律上的身份或财产请求可言。同居人间应基于私法自治，约定同居生活契约，用以规范彼此的人身及财产关系。对此，参见刘昭辰："民法上的同居制度——对大法官释字第 647 号解释有关'事实上夫妻关系'的回应"，载戴东雄教授八秩华诞祝寿论文集编辑委员会：《戴东雄教授八秩华诞祝寿论文集：身分法之回顾与前瞻》，元照出版有限公司 2017 年版，第 67—93 页。

2　参见陈苇主编：《婚姻家庭继承法学》，法律出版社 2002 年版，第 150—152 页（张华贵执笔）。

3　我国 21 世纪初出版的婚姻家庭法著作指出，非法同居关系并无法律效力，并谓："我国任何一部法律和有关司法解释从来没有承认过非法同居关系有法律效力，只有对事实婚姻关系，我国才是有限制地承认其具有婚姻的效力。"对此，参见陈苇主编：《婚姻家庭继承法学》，法律出版社 2002 年版，第 150 页（张华贵执笔）。

对非婚同居关系的处理包括：①当事人提起诉讼仅请求解除同居关系的，人民法院不予受理；已经受理的，裁定驳回起诉。②当事人因同居期间财产分割或者子女抚养纠纷提起诉讼的，人民法院应当受理。双方所生子女由哪一方抚养，由双方协商，协商不成时，应根据子女的利益与双方的具体情况判决。非婚同居期间所生育的子女是当事人双方的非婚生子女。同居生活期间双方所得的财产与购置的财物，根据双方协议处理，协议不成的，由人民法院根据财产具体情况妥善分割，但不能适用婚姻财产制度。

概言之，根据《最高人民法院关于适用〈中华人民共和国民法典〉婚姻家庭编的解释（一）》第 7 条第 2 项 "1994 年 2 月 1 日民政部《婚姻登记管理条例》公布实施以后，男女双方符合结婚实质要件的，人民法院应当告知其补办结婚登记。未补办结婚登记的，依据本解释第三条[1]规定处理" 的规定，1994 年 2 月 1 日民政部《婚姻登记管理条例》公布实施后，如果男女双方以夫妻名义同居生活，则即便当事人符合结婚的实质要件，也应补办结婚登记，否则虽然成立事实婚姻，但无法产生结婚的效力，而只能按照同居关系解决当事人之间的纠纷。于当事人补办结婚登记的情形，婚姻关系的效力从双方均符合所规定的结婚的实质要件时算起。[2]进言之，如果当事人没有办理结婚登记，则即便当事人已经符合婚姻法所规定的结婚的实质要件，也不能产生法定的夫妻权利义务关系。[3]

---

[1]　《最高人民法院关于适用〈中华人民共和国民法典〉婚姻家庭编的解释（一）》第 3 条规定："当事人提起诉讼仅请求解除同居关系的，人民法院不予受理；已经受理的，裁定驳回起诉。当事人因同居期间财产分割或者子女抚养纠纷提起诉讼的，人民法院应当受理。"

[2]　《最高人民法院关于适用〈中华人民共和国民法典〉婚姻家庭编的解释（一）》第 6 条规定："男女双方依据民法典第一千零四十九条规定补办结婚登记的，婚姻关系的效力从双方均符合民法典所规定的结婚的实质要件时起算。"

[3]　参见王利明主编：《民法学精论》（下册），中国检察出版社 2022 年版，第 1671 页（王叶刚执笔）。

## 第七节　女方成为男方家庭的成员与男方成为女方家庭的成员

《民法典》第 1050 条规定："登记结婚后，按照男女双方约定，女方可以成为男方家庭的成员，男方可以成为女方家庭的成员。"实务中，通常或主要的情形是女方成为男方家庭的成员，且不致发生问题。特殊或较少见的情形乃是男方成为女方家庭的成员。我国婚姻家庭法的学理认为，《民法典》的以上规定（我国原《婚姻法》也有规定）体现了婚姻家庭关系中的男女平等原则，其旨趣就是鼓励和提倡男方到女方家落户，是对传统的男娶女嫁、"妇从夫居"的婚姻居住方式或存在形态的一种改变，体现了男女双方平等地享有选择住所的权利。实务中，对于男方到女方家落户是否迁移户口，应根据国家户籍管理的规定办理；是否分配包产地等，也应依有关法律法规的规定办理。男方到女方家落户后，男方对自己父母的赡养义务仍然存在。[1]

## 第八节　婚姻的无效与撤销

### 一、比较法（日本法）上婚姻的无效与撤销 [2]

于比较法（日本法）的学理上，系分别对婚姻的无效与撤销予以考量。如下先考量日本法的婚姻的无效，其后考量婚姻的撤销。

按照《日本民法》第 742 条第 1 项的规定，由于认错人及其他事由，当事人间无结婚意思时，婚姻无效。[3]另外，没有进行婚姻申报时，婚姻也（变成）是

---

1　参见杨怀英主编：《中国婚姻法论》，重庆出版社 1989 年版，第 222—223 页（陈苇执笔）。

2　本部分依据、参考［日］高桥朋子、床谷文雄、棚村政行：《民法 7 亲族·继承》，有斐阁 2023 年版，第 53—56 页（高桥朋子执笔）。

3　参见王融擎编译：《日本民法：条文与判例》（下册），中国法制出版社 2018 年版，第 694 页。

无效的（《日本民法》第 742 条第 2 项），亦即日本通说系解为以婚姻申报为婚姻成立要件，是为"成立要件说"。

第一，关于婚姻无效之诉讼、审判。无效的婚姻，即使并无无效确认判决、审判，也是当然无效的，利害关系人可以作为其他诉讼的前提问题而主张婚姻无效。此为日本学理通说的立场，称为"当然无效说"。与此不同，还有所谓"形成无效说"，即认为若无宣布婚姻无效的判决、审判，则无论何人皆不能主张婚姻无效。

第二，关于婚姻的撤销。在日本，违反婚姻成立要件之一部（婚姻适龄、重婚的禁止及近亲婚的禁止）的婚姻（《日本民法》第 744 条第 1 款），以及因欺诈、强迫的婚姻（《日本民法》第 747 条），若婚姻申报被受理，则大体上是有效的，但此种情形是认可经由诉讼、审判而予撤销的。前者之撤销是基于公益的见地（观点），后者之撤销是基于私益的见地（观点）。为此，原则上，前者的撤销权人，除当事人（违反禁止重婚规定的婚姻，前婚的配偶者也是撤销权人；《日本民法》第 744 条第 2 款）以外，也包括其亲族或检察官（但是，检察官于当事人一方死亡后不得请求；《日本民法》第 744 条第 1 款但书）。与此不同，后者的撤销权人限于因欺诈、强迫而结婚（婚姻）的本人。

第三，关于违反婚姻适龄规定的场合或情形。《日本民法》第 745 条第 1 款规定，不适龄者达到适龄时，不得请求撤销婚姻。但是，本人不追认时，于达到适龄后 3 个月内，得请求撤销婚姻（《日本民法》第 745 条第 2 款）。关于重婚，日本判例认为，后婚因离婚而被解消时，若无特别的情事，乃不得请求撤销后婚 [1]。在因欺诈、强迫而结婚的场合，当事人发现欺诈或者免于强迫后经过 3 个月，或者为追认时，撤销权消灭（《日本民法》第 747 条第 2 款）。

第四，婚姻撤销的效果，仅面向将来发生，而不得溯及既往（《日本民法》第 748 条第 1 款）。但是，当事人死亡后婚姻被撤销时，应解释为于死亡时因撤销而解消。婚姻撤销的效果不得溯及既往，是由于重视（注重）、尊重由婚姻（一

---

1　参见日本最判 1982 年 9 月 28 日民集 36 卷 8 号第 1642 页。

旦）有效而产生的生活事实。因此，由婚姻所生的子女即成为婚生子。于直系姻亲间，婚姻撤销后，婚姻禁止的规定也及于之（也就是说，得予适用）（《日本民法》第 735 条）[1]。

但是，关于财产关系，日本法则规定了不同的效果。具体而言，婚姻当时不知道有撤销原因的当事人，因婚姻所得的财产，须于现受利益限度内返还（《日本民法》第 748 条第 2 款）。另外，婚姻当时，就撤销原因的存在有恶意的当事人，须返还因婚姻所得的全部利益。而且，对方系善意时，必须为损害赔偿（《日本民法》第 748 条第 3 款）[2]。婚姻的撤销原则上没有溯及效果，所以应当认为其与离婚类似，准用离婚的规定［姻亲关系的终止、子女监护人的决定、复氏（回复原来的姓氏，如离婚、解除收养等情况）[3]、财产分给、祭祀财产的承继、子女姓氏及亲权者的决定］（《日本民法》第 749 条）。

第五，撤销的意涵与意义。有瑕疵的意思表示或法律行为的效力，表意者及其他的特定人使之消灭，谓为撤销。得撤销的行为，于撤销前有效，若被撤销，则自始无效。值得注意的是，《日本民法》中虽用"撤销"的概念和用语，但也有与前述效果不同的"撤销"。譬如，撤销的效果不溯及既往，（意思表示或法律行为）于撤销以前发生效力，不涉及变动的撤销（婚姻的撤销）（《日本民法》第 748 条等）。此外，于权利义务未发生时，也有表意者任意性地使意思表示的效果面向将来而丧失意义上的撤销。在日本，2004 年经由法律修改而使用"撤回"［继承的承认、放弃（抛弃）的撤回（《日本民法》第 919 条第 1 款），遗嘱的撤回（《日本民法》第 1022 条）等］。

---

1　《日本民法》第 735 条规定："直系姻亲间，不得结婚。婚亲关系依第七百二十八条或第八百一十七条之九之规定终止后，亦同。"对此，参见王融擎编译：《日本民法：条文与判例》（下册），中国法制出版社 2018 年版，第 691 页。

2　《日本民法》第 748 条规定："婚姻之撤销，仅向将来生其效力。婚姻当时不知有其撤销原因之当事人，因婚姻而取得财产时，应于现实所受利益之限度内，作出其返还。婚姻当时已知有其撤销原因之当事人，应返还因婚姻所得之全部利益。于此情形，相对人为善意时，对之负损害赔偿责任。"参见王融擎编译：《日本民法：条文与判例》（下册），中国法制出版社 2018 年版，第 698 页。

3　参见华夏主编：《简明日汉法律辞典》，人民法院出版社 2003 年版，第 209 页。

## 二、我国学理、立法与实务中的婚姻的无效与撤销

如前述，由于时代与社会生活、情事的变迁，在我国，如今于学理、立法（含司法解释）乃至实务中，婚姻的无效与撤销皆与以往存在较大的不同或差异。譬如，根据原《婚姻法》的规定，所谓"疾病婚"（指当事人一方或者双方患有法律规定禁止结婚或暂缓结婚的疾病而缔结的婚姻），就属于无效婚姻的一种类型。[1] 而如今，《民法典》第 1053 条规定："一方患有重大疾病的，应当在结婚登记前如实告知另一方；不如实告知的，另一方可以向人民法院请求撤销婚姻。请求撤销婚姻的，应当自知道或者应当知道撤销事由之日起一年内提出。"此种规定的严格性，已较将"疾病婚"规定为婚姻无效的一种情形轻了许多，且也更符合社会生活的实际情况。并且，如今的《民法典》第 1051 条乃明确将婚姻无效的情形限定为三种，即重婚、有禁止结婚的亲属关系及未到法定婚龄，[2] 把"疾病婚"明确排除在外。这样的规定就减少了社会生活中婚姻无效的情形，而尽可能地将婚姻这一最有力地体现当事人意思自治的行为委诸当事人的自由意思而定，国家（立法）不设过多的障碍与进行过多的干预。而且，《最高人民法院关于适用〈中华人民共和国民法典〉婚姻家庭编的解释（一）》第 17 条进一步明确规

---

[1] 参见胡平主编：《婚姻家庭继承法论》，重庆大学出版社 2000 年版，第 151 页（陈苇执笔）。

[2] 《最高人民法院关于适用〈中华人民共和国民法典〉婚姻家庭编的解释（一）》第 9 条规定："有权依据民法典第一千零五十一条规定向人民法院就已办理结婚登记的婚姻请求确认婚姻无效的主体，包括婚姻当事人及利害关系人。其中，利害关系人包括：（一）以重婚为由的，为当事人的近亲属及基层组织；（二）以未到法定婚龄为由的，为未到法定婚龄者的近亲属；（三）以有禁止结婚的亲属关系为由的，为当事人的近亲属。"第 10 条规定："当事人依据民法典第一千零五十一条规定向人民法院请求确认婚姻无效，法定的无效婚姻情形在提起诉讼时已经消失的，人民法院不予支持。"第 11 条规定："人民法院受理请求确认婚姻无效案件后，原告申请撤诉的，不予准许。对婚姻效力的审理不适用调解，应当依法作出判决。涉及财产分割和子女抚养的，可以调解。调解达成协议的，另行制作调解书；未达成调解协议的，应当一并作出判决。"第 14 条规定："夫妻一方或者双方死亡后，生存一方或者利害关系人依据民法典第一千零五十一条的规定请求确认婚姻无效的，人民法院应当受理。"第 15 条规定："利害关系人依据民法典第一千零五十一条的规定，请求人民法院确认婚姻无效的，利害关系人为原告，婚姻关系当事人双方为被告。夫妻一方死亡的，生存一方为被告。"第 16 条规定："人民法院审理重婚导致的无效婚姻案件时，涉及财产处理的，应当准许合法婚姻当事人作为有独立请求权的第三人参加诉讼。"

定："当事人以民法典第一千零五十一条规定的三种无效婚姻以外的情形请求确认婚姻无效的，人民法院应当判决驳回当事人的诉讼请求。当事人以结婚登记程序存在瑕疵为由提起民事诉讼，主张撤销结婚登记的，告知其可以依法申请行政复议或者提起行政诉讼。"

关于婚姻的撤销，《民法典》第 1052 条规定："因胁迫结婚的，受胁迫的一方可以向人民法院请求撤销婚姻。请求撤销婚姻的，应当自胁迫行为终止之日起一年内提出。被非法限制人身自由的当事人请求撤销婚姻的，应当自恢复人身自由之日起一年内提出。"[1]此条系规定因胁迫结婚的婚姻的撤销。《最高人民法院关于适用〈中华人民共和国民法典〉婚姻家庭编的解释（一）》第 18 条进一步作出解释："行为人以给另一方当事人或者其近亲属的生命、身体、健康、名誉、财产等方面造成损害为要挟，迫使另一方当事人违背真实意愿结婚的，可以认定为民法典第一千零五十二条所称的'胁迫'。因受胁迫而请求撤销婚姻的，只能是受胁迫一方的婚姻关系当事人本人。"另外，如前述，《民法典》第 1053 条规定，患有重大疾病的一方应当在结婚登记前如实告知另一方，不如实告知的，另一方可以向人民法院请求撤销婚姻。

至于无效的或被撤销的婚姻的效力，《民法典》第 1054 条规定："无效的或者被撤销的婚姻自始没有法律约束力，当事人不具有夫妻的权利和义务。同居期间所得的财产，由当事人协议处理；协议不成的，由人民法院根据照顾无过错方的原则判决。对重婚导致的无效婚姻的财产处理，不得侵害合法婚姻当事人的财产权益。当事人所生的子女，适用本法关于父母子女的规定。婚姻无效或者被撤销的，无过错方有权请求损害赔偿。"此条关于婚姻无效或被撤销的法律效力的规定，符合法理、学理乃至社会生活的实际情况，应值肯定。另外，对于本条规定的"自始没有法律约束力"，《最高人民法院关于适用〈中华人民共和国民法

---

[1]　《最高人民法院关于适用〈中华人民共和国民法典〉婚姻家庭编的解释（一）》第 19 条规定："民法典第一千零五十二条规定的'一年'，不适用诉讼时效中止、中断或者延长的规定。受胁迫或者被非法限制人身自由的当事人请求撤销婚姻的，不适用民法典第一百五十二条第二款的规定。"

典〉婚姻家庭编的解释（一）》第 20 条进一步作出解释而规定，其系指无效婚姻或者可撤销婚姻在依法被确认无效或者被撤销时，才确定该婚姻自始不受法律保护。另外，该司法解释第 21 条还规定："人民法院根据当事人的请求，依法确认婚姻无效或者撤销婚姻的，应当收缴双方的结婚证书并将生效的判决书寄送当地婚姻登记管理机关。"婚姻被确认无效或者被撤销的，当事人同居期间所得的财产，除有证据证明为当事人一方所有的以外，乃按共同共有处理（第 22 条）。

第四章

# 婚姻（结婚）的效力

## 第一节　婚姻（结婚）的效力概要与罗马法的婚姻的效力

按照婚姻家庭法的学理、法理乃至对婚姻家庭立法的解释，所谓婚姻的效力，乃系指结婚或婚姻的成立所导致的法律后果，于婚姻家庭法中，也就是指结婚或婚姻的成立于家庭、亲属关系上的法律后果。这又可分为不及于第三人的效力与得及于第三人的效力。前者系直接效力，其仅涉及结婚或婚姻的成立对当事人本人所产生的法律后果；后者则还包括结婚或婚姻的成立对当事人双方以外的第三人的法律后果，譬如姻亲关系的发生、非婚生子女的准正等。[1]

我国《民法典》第五编第三章"家庭关系"的第一节系规定"夫妻关系"，第二节规定"父母子女关系和其他近亲属关系"。这些规定，大体即系对结婚或婚姻成立的效力的规定。于比较法上，《法国民法典》第一卷"人"第五编"婚姻"的第五章规定"婚姻产生的义务"，第六章规定"夫妻相互的权利与义务"。[2]《德国民法典》于第四编"亲属"第一章"民法之婚姻"的第五节规定"结婚之普通效力"（第1353条至第1362条）、第六节规定"夫妻财产制"（第1363条至

---

1　参见李志敏主编：《比较家庭法》，北京大学出版社1988年版，第97页（陶毅执笔）。

2　参见罗结珍译：《法国民法典》，中国法制出版社1999年版。

第 1563 条）。[1]《瑞士民法典》于第二编"亲属法"第五章规定"婚姻的普通效力"，自第 159 条至第 180 条（其中，第 180 条自 2001 年 1 月 1 日起失效），于第六章规定"夫妻财产法"，[2] 其所规定的内容堪称翔实、完善，不啻为一部重要的大的民法典对于结婚或婚姻成立的效力的规定。《奥地利普通民法典》于第一编"人法"的第二章"婚姻"中分别规定"婚姻在人身关系方面的法律效力"（自第 89 条至第 93 条 c）与"婚姻的其他效力"（自第 94 条至第 136 条，其中第 101 条至第 136 条已废止）。[3]《日本民法》也设有关于婚姻的效力及夫妇财产制的规定，对此，后面拟设专题予以分析和考量。于英美法国家，其情形较为复杂，除判例法外，有关夫妻权利与义务的条文分别规定于若干单行法中，譬如英国的婚姻程序及财产法、美国的统一互惠扶养执行法等。苏联和东欧国家的婚姻家庭法则以专章规定"夫妻的权利和义务"或直接启用"婚姻效力"的概念。[4]

　　这里还有必要提及罗马法的婚姻的效力。其大体包括婚姻及于人格的效力与婚姻及于财产的效力，以及夫妻财产制（后文将予涉及，此不赘述）。具体而言，婚姻及于人格的效力，乃区分严格婚与自由婚而有不同。就前者而言，妻结婚后即须服从新家长权，若妻原为自权人，则因服从新家长权的结果而招致人格的小减等，此时与夫家发生新宗族关系，且与子女立于同样地位，而不似近代法上夫妻人格的平等。但自由婚则不然，妻虽应与夫同居，然其原来的宗族关系仍不丧失，且与夫立于平等地位，乃与近代法的情形相同。至于婚姻及于财产的效力，其也因婚姻之为严格婚抑或自由婚而有所不同。就严格婚而言，妻于婚前所有或婚后所得的财产，悉归家长所有。自由婚则不然。因自由婚采取夫妻平等主义，关于财产，自也采取分离主义，即妻的原有财产或婚后所得的财产，仍归其本人

---

　　1　参见台湾大学法律学院、财团法人台大法学基金会：《德国民法》（下），元照出版有限公司2016 年版。

　　2　参见戴永盛译：《瑞士民法典》，中国政法大学出版社 2016 年版，第 62—85 页。

　　3　参见戴永盛译：《奥地利普通民法典》，中国政法大学出版社 2016 年版，第 13—17 页。

　　4　参见李志敏主编：《比较家庭法》，北京大学出版社 1988 年版，第 97—98 页（陶毅执笔）。

所有，不过有必要时得委托其夫管理。优帝法更规定夫对妻应负扶养义务。[1]

对于上述罗马法的婚姻的效力，有罗马法学者乃从有夫权婚姻与无夫权婚姻的不同视角展开分析。也就是说，有夫权婚姻对于女方发生极不利的效果：已嫁的女子，完全与母家脱离法律上的亲属关系，而成为夫家的"家子"，依夫家的姓而祭祀夫家的祖先，以夫家的亲属为其亲属。出嫁前为自权人者，自有其独立的财产，然既至夫家，其"商贸权"即为夫权所吸收，故其所有财产均应归夫所有，此后并不得为本人的计算而取得其他财产。出嫁的子女，对于其夫，只有"女儿之地位"（filia loco）。准此，则对其本人所出的子女，也仅有姊弟姊妹的地位。总之，夫之于妻，其权力极高，与"家父"之于子女同。至于无夫权婚姻，略式结婚的女子不因出嫁而稍变更其身份，其父的权利与夫的权利发生冲突时，以前者居先，而后者次之。夫虐待其妻时，妻父更得请求官厅发给"解放卑亲属之令状"（interdictum de liberis decendis），令夫婿交还其女。[2]

另外，还有罗马法著述提及，于市民法中的有夫权婚姻，妻对他人的侵权行为，当由丈夫负责；丈夫不愿负责时，可将妻交与受害人（noxal surrender）。妻子有品行不端情况时，如饮酒、与人通奸等，丈夫可处罚之。妻子的权利主要在于财产继承。而在万民法中的无夫权婚姻，妻子并不因出嫁而改变其原有的身份，不因出嫁处于夫的掌握之中，总之，万民法婚姻中夫妻地位相对平等，因此就发生夫妻间权利义务的问题。万民法中夫妻间权利义务的规定为后世资产阶级各国民法广泛采用。[3]

另外，法学教材编辑部《罗马法》编写组所著《罗马法》（群众出版社 1983 年版）第 112—114 页（周枏执笔）也指出，"罗马法中的婚姻关系，因有夫权婚姻和无夫权婚姻而不同"，并对罗马法的夫妻人身关系自有夫权婚姻与无夫权婚姻的视角作出分析与说明。

---

1　参见郑玉波编译：《罗马法要义》（第五版），汉林出版社 1985 年版，第 107—108 页。
2　参见陈朝璧：《罗马法原理》，法律出版社 2006 年版，第 383—385 页。
3　参见江平、米健：《罗马法基础》（修订本），中国政法大学出版社 1991 年版，第 112—113 页。

最后，还有罗马法著述指出，在罗马法上，合法婚姻的缔结将导致一系列法律后果，譬如合法婚姻使丈夫取得某些有关妻子的权利，使妻子享受丈夫所拥有的社会等级待遇；夫妻负有相互尊敬（reverentia）的义务，因此，配偶不得在未经执法官批准的情况下相互提起诉讼，更不得相互提出刑事指控和可能导致一方"不名誉"的诉讼，不得被要求提供对另一方不利的证言，在债务承担问题上，配偶相互享有所谓"能力限度照顾"（beneficium competentiae）；夫妻之间应当相互忠诚，罗马法惩罚通奸（adulterium）行为；一旦缔结了婚姻，夫妻间的赠与即无效；合法婚姻使夫妻双方相互承担扶养义务，也使配偶获得相应的继承权等。[1]

## 第二节　比较法（日本法）的婚姻（结婚）的效力
### ——婚姻的一般效果 [2]

于日本法上，对于缔结婚姻的男女，法律给予（或赋予）各种各样的效果，由此使婚姻与（非正式结婚的）男女同居以及事实上的夫妇关系相区别。如下考察、分析婚姻的一般效果，其具体又包括夫妇的姓氏，同居、协力与扶助义务，贞操义务，夫妇间的契约撤销权。

《日本民法》第四编"亲族"的第二章第二节规定"婚姻效力"，第三节规定"夫妇财产制"。也就是说，第三节处理和规定构成婚姻共同生活的基础的财产关系，而第二节处理和规定婚姻的身份效果及附随于身份而与财产关系有关的效果。所谓婚姻的身份效果，指夫妇同姓，于一个屋檐下居住，必须协力、帮助（扶助）、合作，且不能有不贞行为等。另外，所谓附随于身份而与财产关系有关的效果，指未成年人因过婚姻生活而（变成）作为成年人对待，以及夫妇间的契约无论何时皆可以撤销等。

---

1　参见黄风：《罗马私法导论》，中国政法大学出版社 2003 年版，第 138—139 页。
2　参见［日］高桥朋子、床谷文雄、棚村政行：《民法 7 亲族·继承》，有斐阁 2023 年版，第 56—61 页（高桥朋子执笔）。

关于夫妇的姓氏。《日本民法》第 750 条规定："夫妻，按婚姻之际所约定者，称夫或妻之姓氏。"[1] 夫妇一方死亡时，婚姻之际改了姓氏的生存配偶，可以回复到婚姻前的姓氏（《日本民法》第 751 条第 1 款）。离婚时原则上也须回复到婚姻前的姓氏（《日本民法》第 767 条第 1 款）。另外，夫妇同姓虽然是作为婚姻的效果而被规定，但婚姻申报时因若不记入称哪一方的姓氏 [《户籍法》第 74 条第 1 项] 即不会被受理，所以也可看到将之作为婚姻的要件的见解或学说。

关于同居、协力与扶助义务。夫妇应同居、相互协力及扶助（《日本民法》第 752 条）[2]。同居、协力与扶助义务，构成夫妇关系的身份效果的中心（重心），违反它的夫妇的约定不得被主张效力。协力义务意味着精神的事实的援助（日常生活的维持、子女的保育等），扶助义务意味着经济的援助。同居义务指于夫妇二人协议决定的场所与住宅，作为夫妇应同居。像家庭中分居那样的只不过（仅仅）是场所的同居，并不是此处所说的作为夫妇的同居。协议未有谈妥（达成），夫妇的一方无正当事由而不同居时，他方得请求同居的审判。但是，即使同居的审判被下达，因同居义务不能任意（随意）履行，也是不能达到目的的。因此，其性质上是不允许强制执行的 [3]。无正当事由而拒绝同居的场合，作为恶意遗弃（《日本民法》第 770 条第 1 款第 2 项）而成为离婚的原因，对方的扶助义务不能被免除，也就是仍然要承担（扶助的）责任。还有，由于夫妇关系破裂（失败）而别居的场合，法院做出同居的审判反倒（会）使夫妇关系恶化的，有不能下达同居审判的倾向。若有正当的事由，一段时间的别居是被认可的。例如，因生病而住院，或因职业上的理由而有一段时间的别居等，即属之。学说认为别居尽管有正当事由，然夫妇一方提出同居的请求，乃不应认为系请求权的滥用。不过，日本没有关于别居的规定。夫妇关系处于强烈（激烈）对立状态时，设立冷却期间进行别居也是可以的。另外，于日本，作为关于同居的一种处分方

---

1　参见王融擎编译：《日本民法：条文与判例》（下册），中国法制出版社 2018 年版，第 699 页。

2　参见王融擎编译：《日本民法：条文与判例》（下册），中国法制出版社 2018 年版，第 701 页。

3　参见日本大判 1930 年 9 月 30 日民集 9 卷第 926 页。

式而命令别居的审判例也是可以见到的。

关于贞操义务。于日本，对于贞操义务虽然并无规定，但不贞行为得成为离婚原因（《日本民法》第770条第1款第1项）。因为重婚被禁止（《日本民法》第732条）等，所以解为夫妇相互负有贞操义务。不贞行为，是违反作为夫妇的贞操义务的行为，系指配偶者以自己的自由意思而与配偶者以外的人的性的交涉。

第三者C与夫妇的一方A有肉体关系，夫妇的另一方B就其遭受的精神痛苦，可否请求C给予损害赔偿？对此，日本判例认为，C知道A已婚而有故意或过失的情形，无论是诱惑A还是因自然的爱情，C都侵害了B的权利，有应当赔偿B精神上的痛苦的义务[1]。与此不同，日本学说则从夫妇间解决问题的意向出发，原则上否定C的责任；例外情形，譬如C利用不守贞节行为而侵害B的，仅以暴力、欺诈、强迫等违法手段而强制、半强制地实行不守贞节行为的场合或情形，才认可第三者的责任。日本学说的这种见解是有力的。受此学说影响，日本最高法院做出了如下限制性的判决：不守贞节行为发生时，A、B间的婚姻关系已经破裂的场合或情形，无特别的情事时，C不负侵权行为责任[2]。还有，日本最高法院认为，限于有特别的情事时（方负责任），即第三者与夫妇一方有不守贞节的行为以致该夫妇的婚姻关系破裂（失败）而离婚的场合或情形，使第三者负该夫妇以离婚为理由的侵权行为责任（离婚赔偿费）的是，其不仅有与夫妇一方间的不守贞节的行为，而且意图使该夫妇离婚，对其婚姻关系为不当的干涉等，以致该夫妇不得已而离婚[3]。

另外，夫妇的一方与第三者（非正式结婚的男女）同居的场合或情形，日本判例认为，夫妇的另一方对（非正式结婚的男女）同居对方的赔偿费请求权的消灭时效并不是自（非正式结婚的男女）同居终止时起算，而是自夫妇的另一方知道（非正式结婚的男女）同居关系存在时开始起算[4]。还有必要提及儿女的赔偿

---

1　参见日本最判1979年3月30日民集33卷2号第303页。

2　参见日本最判1996年3月26日民集50卷4号第993页。

3　参见日本最判2019年2月19日民集73卷2号第187页。

4　参见日本最判1994年1月20日判夕854号第98页。

请求。由于父离开妻子的身边而去与第三者（非正式结婚的男女）同居，未成年子女（变成）未由父注入亲情，未受监护教育，是否得向第三者请求赔偿费？日本最高法院判示，第三者无害意，未有积极阻止父对子女的监护等特别情事时，父未对子女注入亲情、未进行监护教育与第三者的（非正式结婚的男女）同居没有关系，子女遭受的不利益乃与第三者的行为之间并无因果关系 1，从而不得认可子女的赔偿请求。

关于夫妇间的契约撤销权。夫妇间订立了契约时，在婚姻中（即在婚姻关系存续期间），无论何时，夫妇一方皆可撤销契约（《日本民法》第 754 条）。何以会认可夫妇间这样的行为呢？在日本，夫妇间的契约撤销权的立法理由曾经是：第一，由于夫的威压，妻或者溺爱妻的夫难以以自由的意思而缔结契约；第二，若使夫妇间的契约具有法的拘束力而成为诉讼的对象，则会导致有害于家庭和平、安宁的结果。但是，于现行法之下，夫妇是平等的，并且夫妇间的诉讼一般不会被禁止，所以《日本民法》第 754 条存在理由的正当性即有了疑问。

《日本民法》第 754 条中的"契约"的种类并无限制，应解为包括一切契约。这一点较本条文由来的法国法（仅承认或认可夫妇间赠与的撤销与特定的夫妇间赠与的无效）适用范围更广阔。还有，撤销权的方式也无规定，且也不罹于消灭时效。契约履行前与履行后皆可撤销。一经撤销，契约即溯及至成立时而变成无效。但是，契约撤销权的行使，不得损害撤销权行使前取得权利的第三人的权利（《日本民法》第 754 条但书）2。此不问第三人系善意抑或恶意。

试看如下实例。夫 A 与妻 B，在夫 A 名下的建筑物中经营西服缝纫店，然夫妇关系不和，A 离家出走。其后，B 不在时，A 顺便到该西服缝纫店，写下"一切权利赠与 B"的书面，并放置（搁置）署名的离婚申报书。B 提出离婚申报后，向 A 请求西服缝纫店所在建筑物的名义书换（时），A 主张已经撤销赠与契约。A

---

1　参见日本最判 1979 年 3 月 30 日民集 33 卷 22 号第 303 页。

2　《日本民法》第 754 条规定："夫妻间订立之合同，夫妻一方于婚姻中得随时撤销之。但不得有害第三人之权利。"对此，参见王融擎编译：《日本民法：条文与判例》（下册），中国法制出版社 2018 年版，第 703 页。

的主张得否被认可？夫妇（关系）圆满的话，契约的撤销于当事人间是可以顺利、圆滑进行的，惟婚姻破裂（失败），为修复该关系而赠与，以及进行以离婚为前提的财产分给决定（商定、约定、协定）等场合，关于契约撤销的效力于裁判上出现争论。但是，婚姻破裂（失败）后，依据《日本民法》第 754 条所应当保护家庭的和平业已不存在，于此种状况下乃应当要求履行契约。日本判例认为，在与离婚不可分的关系上缔结的赠与契约，与基于财产分给请求权（《日本民法》第 768 条）的契约具相同的性质[1]。因此，婚姻濒临破裂（失败）场合缔结的契约不能撤销[2]。据此，上述实例中，A 的主张不能被认可。而且，就夫妇关系圆满时缔结的契约于婚姻破裂（失败）时可否撤销这一问题，日本判例也认为，《日本民法》第 754 条中所称"婚姻中"（婚姻关系存续期间）意即无论形式还是实质上，婚姻都是继续的，由此限制该条的适用[3]。1996 年的民法修改要纲建议删除（剔除）本条文。

## 第三节　我国学理、立法（含司法解释）与实务中的婚姻（结婚）的效力

### 一、概要

我国婚姻家庭法的学理认为，婚姻的效力系指基于男女双方缔结婚姻而产生的法律约束力。婚姻的效力始于男女双方结婚，终于配偶一方死亡或离婚，亦即婚姻效力随着婚姻关系的确立而发生，随着婚姻关系的消灭而终止。[4]另外，学理还认为，婚姻的效力有广义与狭义之分，广义的婚姻的效力系指结婚在婚姻家庭法（亲属法）以及其他相关部门法中所发生的效力，而狭义的婚姻的效力则专指

---

1　参见日本最判 1952 年 5 月 6 日民集 6 卷 5 号第 506 页。

2　参见日本最判 1958 年 3 月 6 日民集 12 卷 3 号第 414 页。

3　参见日本最判 1967 年 2 月 2 日民集 21 卷 1 号第 88 页。

4　参见杨怀英主编：《中国婚姻法论》，重庆出版社 1989 年版，第 227 页（郭振清执笔）。

基于结婚而在夫妻间发生的权利和义务。通常所称婚姻的效力，乃指狭义的婚姻的效力，本书亦采之。[1]

如前述，我国《民法典》第五编"婚姻家庭"，于其第三章规定"家庭关系"[2]，其中第一节规定"夫妻关系"。此夫妻关系为婚姻的效力的重要组成部分或内容，包括夫妻之间的人格关系与身份关系。另外，婚姻的效力还包括夫妻之间的财产关系，即所谓的夫妻财产制。对于这些方面，如下拟分别予以释明。

## 二、婚姻（结婚）的效力与夫妻关系（含夫妻于家庭中的法律地位）

如前述，男女一经结婚，即结成夫妻关系，此夫妻关系乃系婚姻的效力中最重要乃至最重大者。由是之故，我国《民法典》第五编"婚姻家庭"中乃设专节（第三章第一节）予以规定。

于婚姻家庭尤其是夫妻关系的演进长河中，男女两性的关系曾经历一个不断演进、发展的历程。学理认为，自个体婚制产生后，长期存在于原始社会的两性间朴素的平等关系被男性对女性的奴役所取代。奴隶制法是以压迫、歧视妇女为重要特征的；封建制下的夫妻关系乃与奴隶制社会一脉相承，男尊女卑、夫权至上仍是主要特征。[3]男女两性的社会地位决定了夫妻双方于家庭中的地位。至近代，关于夫妻关系的立法原则大抵可区分为两大类：①为古代和中世纪亲属立法

---

1　参见杨怀英主编：《中国婚姻法论》，重庆出版社 1989 年版，第 227—228 页（郭振清执笔）。

2　学理指明，家庭是社会的细胞，与社会的物质文明、精神文明密切相关，是社会关系的一面镜子。研究任何社会现象，都离不开家庭这个窗口。对此，参见史凤仪著《中国古代的家族与身分》（社会科学文献出版社 1999 年版）"前言"第 1 页。

3　我国台湾地区学者戴东雄指出，中华民族是以农立国的民族，农民必须靠天吃饭。于是人们普遍相信，在地面生物之上，尚有冥冥的自然力量在维持宇宙的秩序。自然力量为人类提供大地耕作，并促进农作物生长、成熟及收获，期以保护地上人类的生命。由此产生农民祭祀天神的天道思想。中国主流的儒家思想将天绝对支配地的理论，用于人类社会关系而提出三纲：君为臣之纲，父为子之纲，夫为妻之纲。夫为妻纲表示妻以夫为天，也就是妻的人格为夫所吸收，妻依附夫生活。因此中国古代法制均表现出重男轻女或重夫轻妻的不平等倾向。影响所及，妇女终身受监护，即未嫁从父，既嫁从夫，夫死从子。于是"女子无才便是德"成为传统社会对妇女从事社会活动的总评。对此，参见戴东雄：《亲属法论文集》（再版），三民书局 1993 年版，第 619—620 页。

所采用的"夫妻一体主义"（Coverture scheme），主张夫妻结为一体，人格互相吸收。②源于后期罗马法，为近现代立法所采用的"夫妻别体主义"（Separate existence scheme），主张夫妻于婚姻关系中各为独立主体，人格平等。此为夫妻关系演进的一个重大进步。[1]

《民法典》第 1055 条规定："夫妻在婚姻家庭中地位平等。"此为我国关于夫妻关系的原则性规定，《民法典》婚姻家庭编中关于夫妻间的权利和义务都是依照这一精神加以规定的。[2]它是我国社会主义夫妻关系的典型特征。对于《民法典》未做规定的事项乃至婚姻家庭事案，大体皆应按照夫妻于家庭中地位平等的精神予以处理和对待。[3]另外，于比较法上，值得提及的是，《奥地利普通民法典》第 89 条规定："除本章另有规定外，夫妻双方在人身关系方面，相互间享有平等的权利，承担平等的义务。"[4]

还有必要顺便涉及，在我国台湾地区出版的著述中，有学理提出家庭权这一概念及其大致内容，其认为家是每个人从小生长的地方，家到底如何形成，应具备什么功能，又应赋予哪些权利，应审慎对待。值此重视人权保障的 21 世纪，实有必要就符合当代价值的家庭权议题好好省思。现今认为家庭乃一种以婚姻、血缘、收养或同居等关系为基础而形成的共同生活单位。首先，家庭权与人性尊严有高度关联。家庭是人类社会最基本的单位，大多数人皆于家庭中出生、成长，并借由家庭内部成员组织、父母的教育、兄弟姊妹间的互动，慢慢成为社会的一分子。人类为群居的动物，无法离群索居，多数人皆渴望家庭带给其力量，因此

---

1　参见李志敏主编：《比较家庭法》，北京大学出版社 1988 年版，第 98—101 页（陶毅执笔）。

2　应注意的是，我国台湾地区学者戴东雄于论及中国传统婚姻中夫妻地位时指出：中国传统婚姻中，结婚涉及宗祧继承，因而分为两种形态，一为嫁娶婚，指以夫家生活为中心的夫妻关系；另一为招赘婚，指以妻家生活为中心的夫妻关系。中国传统婚姻以前者为常态，后者只于生女儿家有时采用。中国传统社会就夫妻关系采齐体主义，即夫妻伴合，此非平等主义，却是妻的人格为夫所吸收，妻唯夫马首是瞻。有鉴于此，夫妻生活表现不平等，夫为尊长，妻为卑幼，夫对妻有教令及惩戒权，而称为夫权。夫惩戒妻如不逾越适当范围，夫不受刑罚，即使逾越适当范围，致妻受伤或杀害，也较普通人犯罪减轻刑罚；反之，妻只要詈骂夫，即加以处罚，如致夫受伤或杀死，均较普通人犯罪加重刑罚。对此，参见戴东雄：《亲属法论文集》（再版），三民书局 1993 年版，第 624—625 页。

3　参见杨怀英主编：《中国婚姻法论》，重庆出版社 1989 年版，第 234 页（郭振清执笔）。

4　参见戴永盛译：《奥地利普通民法典》，中国政法大学出版社 2016 年版，第 13 页。

家庭内部的认同感以及归属感就特显重要。"家庭"恰好满足此人类天性中的欲望，是以家庭的组成、家庭成员间的共同生活皆为身为一个"人"的基本需求，保障家庭权的制度也是保护人性尊严的最低标准。其次，家庭权与人格自我形塑有密切关联。家是每个人温暖且安全的避风港，也是形塑个人人格的重要地方，因此，家庭的安定与和谐非常重要。家庭的和谐须以平等、不受歧视为基础，以传统一夫一妻组成的家庭为例，涉及男女在组成、维系经营婚姻上性别和谐的议题，以及与其他家庭成员间和谐互动的问题。平等原则中的平等有形式上的平等、保护主义的平等、矫正式的平等。另外，还有不受歧视原则。在谈家庭权保障时，家庭成员中未成年子女的权益绝对不可忽视。未成年子女的身心状态虽未成熟，但仍是具有独立人格的权利主体，应受到父母的保护与教养，以使其健全成长，是为子女权益保护原则。再次，家庭权的名称由权利所属的主体构成，属于一种综合性权利，盖任何一社会主体拥有的权利形态都是丰富多彩的，因而家庭权的内容也具有广泛性，依婚姻的进程，有组成或不组成家庭的权利、维系家庭的权利及解消家庭亲属关系的权利。最后，家庭权与人权有不可分割性及互相关联性。[1]

## 三、夫妻人格与身份（人身）关系

夫妻人格与身份关系，合称夫妻人身关系，包括：夫妻的姓名权[2]、夫妻的人身自由权、夫妻同居义务、夫妻住所决定权、夫妻的忠实与协助义务、夫妻选择职业的自由权、夫妻抚养教育子女的权利和义务、夫妻的代理权、夫妻的订约权、夫妻

---

[1] 参见李兆环："论家庭权——以两公约及 CEDAW 为中心"，载陈公棋炎先生九十晋五冥寿纪念文集编辑小组主编：《家族法新课题——陈公棋炎先生九十晋五冥寿纪念文集》，元照出版有限公司 2017 年版，第 77—124 页。

[2] 我国台湾地区学理的研究谓，姓名为表现个人人格的一种方式，其具有表意于他人的效用，且是判断个人的自己同一性（identity）的手段；姓名在法律上是表示权利义务主体的符号，在社会上则是作为个人抽象或具体存在的象征。姓名之于个人如此重要，故基于维护个人人格的完整性而成为法律所保护的客体。由于姓名与个人的人格权利之间关系密切，在讴歌个人自由权利的保障时，自当承认个人对其自身的姓名拥有完整的自己决定权。对此，参见吴煜宗："姓氏之立法原理"，载戴东雄教授八秩华诞祝寿论文集编辑委员会：《戴东雄教授八秩华诞祝寿论文集：身分法之回顾与前瞻》，元照出版有限公司 2017 年版，第 235 页。

的家务管理权、夫妻负担家庭生活费用的义务以及妻的生育权。[1] 如下分别予以论述。

### （一）夫妻的姓名权

夫妻的姓名权是夫妻各自作为独立的个体而享有的重要民事权利，也是夫妻于法律上地位平等的重要体现。于比较法上，关于夫妻的姓名权，其较为典型或值得着重提及的，有日本法上的夫妇同姓与我国法上的夫妻各自采用不同姓氏的做法。[2]《日本民法》第 750 条规定："夫妻，按婚姻之际所约定者，称夫或妻之姓氏。"[3] 是为日本法的夫妇同姓原则。[4] 于我国，则是夫妻双方于结婚（婚姻）后得自由启用各自的姓氏，无需改从夫一方或妻一方的姓氏。这也就是《民法典》第 1056 条规定："夫妻双方都有各自使用自己姓名的权利。"据此规定，夫妻各自使用自己的姓名乃是夫妻双方各自的自由权利。于比较法上，《德国民法典》第 1355 条第 1 项规定："夫妻应约定共同之家姓（婚姓）。夫妻以其所约定之家姓为其婚姓。未约定者，夫妻各以其结婚时所使用之姓氏，于婚姻关系存续中，得继续使用之。"[5]《瑞士民法典》第 160 条规定："夫妻双方各自保留其姓

---

1　参见李志敏主编：《比较家庭法》，北京大学出版社 1988 年版，第 101—109 页（陶毅执笔）；杨怀英主编：《中国婚姻法论》，重庆出版社 1989 年版，第 235—237 页（郭振清执笔）。

2　值得提及的是，我国台湾地区学理的研究指出，台湾地区女性因教育程度的上升与社会职场的投入，体悟冠姓在职场上、生活上所带来的困扰，且有足够的智识、地位与夫协议继续维持其本姓，因此妻不冠夫姓成为台湾地区社会的新习惯，而促成 1998 年的"民法"修正。1998 年的"民法"修正理由载：婚姻系夫妻二人共营生活，冠姓与否，对婚姻本身不生影响，妻冠夫姓不但有违男女平等原则，且现代社会职业妇女日增，妻冠夫姓在户籍登记及所使用资格证件、印章等方面均徒增麻烦，故夫妻以不冠姓为原则，且冠姓之一方得随时回复本姓。依修正后的"民法"第 1000 条的规定可以得知，夫妻称姓（冠姓）在台湾地区"法"上已从血缘集团的称呼逐渐转为个人的称呼；而事实上，台湾地区女性婚后已多不冠姓，女性自主观念日益提升，在家与夫处于平等地位而共同经营婚姻生活，在外亦发挥所长，实现自我并取得经济独立。女性不再是男性的附属品。另外，在我国台湾地区，除了妻不再冠夫姓，同姓不婚也不再是禁忌，足见台湾地区社会的姓氏个人化已逐步实现。对此，参见黄净愉："夫妻冠姓之意义——夫妻冠姓之法实证研究"，载戴东雄教授八秩华诞祝寿论文集编辑委员会：《戴东雄教授八秩华诞祝寿论文集：身分法之回顾与前瞻》，元照出版有限公司 2017 年版，第 38—39 页。

3　参见王融擎编译：《日本民法：条文与判例》（下册），中国法制出版社 2018 年版，第 699 页。

4　参见 [日] 高桥朋子、床谷文雄、棚村政行：《民法 7 亲族·继承》，有斐阁 2023 年版，第 27 页（高桥朋子执笔）。

5　参见台湾大学法律学院、财团法人台大法学基金会：《德国民法》（下），元照出版有限公司 2016 年版，第 38 页。

氏。但结婚当事人得向民事身份登记官声明，双方同意将未婚妻或未婚夫的婚前姓氏作为其共同的姓氏。结婚当事人各自保留其姓氏时，双方应就将来子女的姓氏作出决定。如有正当理由，民事身份登记官得免除结婚当事人的此项义务。"[1]另外，《奥地利普通民法典》第 93 条第 1 款规定："夫妻双方得约定使用共同的姓氏。未约定使用共同姓氏者，均得各自保留其原来的姓氏。"[2]并且，"夫妻一方的姓氏发生变更时，得重新约定其姓氏"（第 93a 条第 1 款）。[3]

（二）夫妻的人身自由权

《民法典》第 1057 条规定："夫妻双方都有参加生产、工作、学习和社会活动的自由，一方不得对另一方加以限制或者干涉。"依据学理的解释，这一规定对夫妻双方皆得适用，但主要是保护妇女参加社会活动的自由，禁止丈夫对妻子的社会活动横加干涉。[4]

（三）夫妻同居（cohabitation）义务

此系指男女双方以配偶身份共同生活的义务，其中，夫妻性生活是重要的，但非唯一的内容。[5]一般认为，同居是夫妻间的本质性义务，是婚姻关系得以维持的基本要件，唯允许在一定的条件下暂时或部分中止。[6]同居义务属于人身性质的义务，其可由夫妻双方自由、随意履行，但不得强制履行。同居义务的对应概念为夫妻一方的同居请求权，此同居请求权不能实现时，乃是不能申请法院予以强制执行的。实务中，夫妻一方或双方不履行同居义务，可成为离婚（也就是解除婚姻关系）的理由。于比较法上，《法国民法典》第 215 条第 1 款规定："夫妻双方相互负

---

1　参见戴永盛译：《瑞士民法典》，中国政法大学出版社 2016 年版，第 62 页。

2　参见戴永盛译：《奥地利普通民法典》，中国政法大学出版社 2016 年版，第 14 页。

3　参见戴永盛译：《奥地利普通民法典》，中国政法大学出版社 2016 年版，第 15 页。

4　参见杨怀英主编：《中国婚姻法论》，重庆出版社 1989 年版，第 236 页（郭振清执笔）。

5　我国台湾地区学者戴东雄谓，在夫妻同居义务上，依唐律规定，妻妾擅自离家出走或改嫁时，应受二年刑罚；反之，夫擅自离家逃亡，不受处罚。依清律规定，妻背夫逃亡，应杖一百；反之，夫背妻逃亡，不受处罚。又夫逃亡三年不归，妻方能告官，另行改嫁；反之，夫不受此限制，只要妻逃亡，夫不必告官，即可再娶。对此，参见戴东雄：《亲属法论文集》（再版），三民书局 1993 年版，第 625 页。

6　参见李志敏主编：《比较家庭法》，北京大学出版社 1988 年版，第 102 页（陶毅执笔）。

有在一起共同生活的义务。"[1]《德国民法典》第 1353 条规定："结婚以终身生活为
目的。夫妻互负婚姻共同生活之义务，并相互负责。配偶之一方请求履行共同生活
之义务时，其有滥用权利之情事或婚姻已破裂者，他方得拒绝之。"[2] 第 1359 条规
定："夫妻于履行婚姻共同生活之义务时，仅负与处理自己事务同一之注意。"[3]
另外，《瑞士民法典》第 159 条第 1、2 款规定："夫妻双方，经结婚仪式而结合为婚
姻共同体。夫妻双方互负协力维护婚姻共同体和睦与幸福的义务，并有共同履行照
护子女的义务。"[4] 此外，《奥地利普通民法典》第 90 条第 1 款规定："夫妻双方互负
婚姻共同体所固有的全部义务，特别是互负同居、忠实、尊重和帮助的义务。"[5]

（四）夫妻住所决定权

夫妻住所决定权，系指选定夫妻婚后住所的权利。此所称住所，乃系指婚姻
住所（Matrimonial domicile）或家庭住所（Family domicile），而非一般意义上的居
所（Abode）。于现今，由夫妻共同决定婚后的住所，应是夫妻于法律地位上平等
的重要体现。[6] 于比较法上，《法国民法典》第 215 条第 2 款规定："家庭住所应在
夫妻一致同意选定的处所。"[7]《德国民法典》第 1361 条之 2 规定："夫妻相互分
居或一方要求他方分居者，于考量他方配偶所必需之情形及避免产生过度不公平
时，夫妻之一方得请求他方将共同居住之住所，或住所之一部分，单独让其使
用。不公平之情事，包括对共同生活之子女有不利之情形。该住所之所有权、地
上权或土地用益权为夫妻一方单独所有或与第三人共有者，应予以特别考量。该
规定于住宅所有权、永久居住权及物上居住权，亦准用之。夫妻之一方，故意不

---

1　参见罗结珍译：《法国民法典》，中国法制出版社 1999 年版，第 73 页。

2　参见台湾大学法律学院、财团法人台大法学基金会：《德国民法》（下），元照出版有限公司
2016 年版，第 37 页。

3　参见台湾大学法律学院、财团法人台大法学基金会：《德国民法》（下），元照出版有限公司
2016 年版，第 41 页。

4　参见戴永盛译：《瑞士民法典》，中国政法大学出版社 2016 年版，第 62 页。

5　参见戴永盛译：《奥地利普通民法典》，中国政法大学出版社 2016 年版，第 13 页。

6　参见李志敏主编：《比较家庭法》，北京大学出版社 1988 年版，第 104 页（陶毅执笔）。

7　参见罗结珍译：《法国民法典》，中国法制出版社 1999 年版，第 73 页。

法对他方为身体、健康或自由之侵害或就其为不法之胁迫者，经他方之声请，应将该共同住宅交付他方单独使用为原则。其侵害不再继续及不再受不法胁迫时，不得请求交付住宅。但因行为之严重性，无法期待受侵害之配偶继续与行为人共同生活者，不在此限。夫妻之一方将共同住宅全部或一部交付他方时，于认为适当者，不得有所更动，以避免他方使用权行使困难或受到阻碍。合于公平情形者为限，其得向有使用权之一方请求相当之报酬。依第一千五百六十七条第一项规定分居之夫妻，其一方于离开原住宅之六个月后，未向他方为回复共同生活之意思表示者，推定将该住宅之使用权移转他方。"[1]另外，《瑞士民法典》第 162 条规定："夫妻双方共同决定其婚姻住房设定于何处。"[2]《奥地利普通民法典》第 92 条第 1 款规定："夫妻一方有正当理由请求搬迁共同住所者，他方应同意之，但他方不随同搬迁具有同等正当之理由者，不在此限。"[3]

（五）夫妻的忠实与协助义务

于比较法上，夫妻的忠实义务乃主要指贞操义务，即专一的夫妻性生活义务，[4]广义的意义上还包括不得恶意遗弃配偶他方以及不得为第三人的利益而牺牲、损害配偶他方的利益。协助（扶助、救助）义务指在婚姻共同生活中，夫妻基于身份关系而彼此协作、扶助及救助的义务。[5]对此，《民法典》第 1059 条明确规定：

---

1　参见台湾大学法律学院、财团法人台大法学基金会：《德国民法》（下），元照出版有限公司 2016 年版，第 45—46 页。另外，《德国民法典》第 1361 条之 1 对"分居时家庭用具之分配"做出规定如下："夫妻分居者，其中一方得向他方请求返还其个人所有之家庭用具。但该家庭用具为他方分居后家务所必需者，合于公平原则时，夫妻之一方有将该家庭用具交付他方使用之义务。夫妻共有之家庭用具，依公平原则分配之。夫妻于分配家庭用具时，意见不一致者，应由管辖法院决定之。管辖法院得就家庭用具之使用，酌定相当之补偿。夫妻未有特别约定者，家庭用具所有权之关系，不受影响。"对此，又请参见同书，第 44 页。

2　参见戴永盛译：《瑞士民法典》，中国政法大学出版社 2016 年版，第 62 页。

3　参见戴永盛译：《奥地利普通民法典》，中国政法大学出版社 2016 年版，第 14 页。

4　我国台湾地区学者戴东雄谓，在夫妻贞操义务上，旧律亦课以妻较夫为重之义务。夫不但娶妻，而且尚得纳妾，尤其纳妾的人数并不受限制；反之，妻不得有相同的权利。又夫的通奸系侵害相奸人的夫权，故男子与有夫之妇通奸，始构成法律上的通奸而受处罚；反之，妻与夫以外的任何男人通奸，均构成法律上的通奸，并且加重处罚。对此，参见戴东雄：《亲属法论文集》（再版），三民书局 1993 年版，第 625 页。

5　参见李志敏主编：《比较家庭法》，北京大学出版社 1988 年版，第 104—106 页（陶毅执笔）。

"夫妻有相互扶养的义务。需要扶养的一方，在另一方不履行扶养义务时，有要求其给付扶养费的权利。" 于比较法上，《法国民法典》第 212 条规定："夫妻双方应相互忠诚、相互帮助与救助。"[1]《德国民法典》第 1361 条规定："夫妻分居者，其一方依共同生活之程度与职业及财产之状况，得向他方请求适当之扶养。因身体或健康损害所生之费用，准用一千六百十条之一规定。对已提起离婚诉讼之分居配偶，其扶养范围包括诉讼系属后，因年老及随年龄减损之工作能力所生适当生活保险之费用。未就业之夫妻一方，依其个人之情况，尤在考量婚姻关系存续期间，视其以前之就业状况及夫妻双方之经济情形，可预期其再就业而能自己扶养者为限，始不得向他方请求扶养。限制或拒绝扶养显有不公平者，第一千五百七十九条第二款至第八款规定准用之。经常性之扶养，应以给付年金的方法支付。年金应按月预先支付。权利人于月中死亡者，义务人仍应支付该月全额之费用。第一千三百六十条之一第三项、第四项、第一千三百六十条之二及第一千六百零五条规定准用之。"[2]另外，《瑞士民法典》第 159 条第 3 款规定："夫妻双方互负忠实和扶助的义务。"[3]

（六）夫妻选择职业的自由权

此系指男女结婚后以独立身份，按本人意愿决定从事社会职业的权利。[4]于比较法上，《法国民法典》第 223 条规定："夫妻各方得自由从事职业，获得收益与工资，并且在分担婚姻所生负担后，得自由处分之。"[5]《德国民法典》第 1356 条第 2 项规定："夫妻双方均有就业之权。夫妻之一方选择就业时，应考量他方配偶及家庭之利益。"[6]另外，《瑞士民法典》第 167 条规定："夫妻一方，在选择和从事职业或营业时，应顾及他方和婚姻共同体的利益。"[7]

---

1　参见罗结珍译：《法国民法典》，中国法制出版社 1999 年版，第 72 页。

2　参见台湾大学法律学院、财团法人台大法学基金会：《德国民法》（下），元照出版有限公司 2016 年版，第 43—44 页。

3　参见戴永盛译：《瑞士民法典》，中国政法大学出版社 2016 年版，第 62 页。

4　参见李志敏主编：《比较家庭法》，北京大学出版社 1988 年版，第 106—107 页（陶毅执笔）。

5　参见罗结珍译：《法国民法典》，中国法制出版社 1999 年版，第 76 页。

6　参见台湾大学法律学院、财团法人台大法学基金会：《德国民法》（下），元照出版有限公司 2016 年版，第 39—40 页。

7　参见戴永盛译：《瑞士民法典》，中国政法大学出版社 2016 年版，第 64 页。

（七）夫妻抚养教育子女的权利和义务

此即夫妻双方作为父母，对子女加以供养、抚育、管教的权利和义务。[1] 对此，《民法典》第 1058 条乃做出明确规定："夫妻双方平等享有对未成年子女抚养、教育和保护的权利，共同承担对未成年子女抚养、教育和保护的义务。"于比较法上，《法国民法典》第 203 条规定："夫妻双方，仅以结婚之事实，即负有共同抚养、教育子女的义务。"[2] 第 213 条规定："夫妻双方应共同负责保证家庭道德与物质方面的事务管理，负责子女的教育并安排子女的未来。"[3]

（八）夫妻的代理权

按照学理的解释，婚姻家庭法中的代理权，乃系指家事（日常家务活动）的代理权，也就是因家庭事务而与第三人为一定法律行为时的代理权，被代理方须对代理方从事家事行为所产生的债务承担连带责任。[4] 对此，《民法典》第 1060 条规定："夫妻一方因家庭日常生活需要而实施的民事法律行为，对夫妻双方发生效力，但是夫妻一方与相对人另有约定的除外。夫妻之间对一方可以实施的民事法律行为范围的限制，不得对抗善意相对人。"于比较法上，《法国民法典》第 220 条规定："夫妻各方均有权单独订立旨在维持家庭日常生活与教育子女的合同。夫妻一方依此缔结的债务对另一方具有连带约束力。但是，视家庭生活状况，视所进行的活动是否有益以及缔结合同的第三人是善意还是恶意，对明显过分的开支，不发生此种连带责任。以分期付款方式进行的购买以及借贷，如未经夫妻双方同意，亦不发生连带责任；但如此种购买与借贷数量较少，属于家庭日常生活之必要，不在此限。"[5]《德国民法典》第 1357 条规定："夫妻之一方为适当家务所需之法律行为者，其效力及于他方。夫妻双方就适当家务所需法律行为均享有权利及负担义务。但按其情形，另有规定者，不在此限。夫妻之一方得授

---

1　参见李志敏主编：《比较家庭法》，北京大学出版社 1988 年版，第 107 页（陶毅执笔）。
2　参见罗结珍译：《法国民法典》，中国法制出版社 1999 年版，第 71 页。
3　参见罗结珍译：《法国民法典》，中国法制出版社 1999 年版，第 72—73 页。
4　参见李志敏主编：《比较家庭法》，北京大学出版社 1988 年版，第 107—108 页（陶毅执笔）。
5　参见罗结珍译：《法国民法典》，中国法制出版社 1999 年版，第 74 页。

权他方处理其效力及于自己之事务或限制或排除他方之代理权；但其限制或排除显无理由者，得经当事人之声请而由家事法院废止其代理权之限制或排除。代理权之限制或排除，合于第一千四百十二条规定者，始得对抗第三人。夫妻分居者，不适用第一项规定。"[1] 另外，《瑞士民法典》第 166 条规定："夫妻在共同生活期间，就家庭事务，任何一方均得代表婚姻共同体。对于其他家庭事务，夫妻一方仅在下列情形，始得代表婚姻共同体：1. 已取得他方或法院的授权；2. 所需处分的事务，涉及婚姻共同体的利益，且不容延缓，而他方因疾病、外出或类似原因而无法表示同意。夫妻一方，对其个人行为，应单独负其责任，但第三人有理由相信其行为未超越代表权者，他方应负连带责任。"[2] 第 174 条规定："夫妻一方，逾其婚姻共同体之代表权，或者无行使代表权之能力时，法院得依他方声请，剥夺其全部或部分代表权。声请剥夺代表权的夫妻一方，得通知第三人剥夺代表权，但须亲自为之。代表权的剥夺，仅在依法院的命令而为公告时，始对善意第三人发生效力。"[3] 此外，《奥地利普通民法典》第 96 条规定："没有收入但负责料理共同家务的夫妻一方，得基于共同家务管理上的需要，并在符合夫妻双方生活条件的范围内，代理他方缔结与日常生活有关的法律行为。夫妻他方已向第三人表示不愿被其配偶代理时，不适用此项原则。第三人无法依有关情事得知实施行为的夫妻一方系作为代理人而与自己缔结法律行为者，夫妻双方应负连带责任。"[4]

（九）夫妻的订约权

此即夫妻之间相互订立契约的权利。它虽多具有财产关系的内容，然就其基本特性而言，仍是夫妻人身关系的一种表现。于法理或学理上，通常也将夫妻的财产契约视为婚姻身份的"从契约"。[5] 另外，夫妻契约也不乏人身方面的内容，

---

1　参见台湾大学法律学院、财团法人台大法学基金会：《德国民法》（下），元照出版有限公司 2016 年版，第 40 页。

2　参见戴永盛译：《瑞士民法典》，中国政法大学出版社 2016 年版，第 63—64 页。

3　参见戴永盛译：《瑞士民法典》，中国政法大学出版社 2016 年版，第 65—66 页。

4　参见戴永盛译：《奥地利普通民法典》，中国政法大学出版社 2016 年版，第 16 页。

5　我国台湾地区学者戴东雄于论及中国妇女于传统社会中的法律地位（行为能力）时，指出：中国传统社会系建立于家族主义的基础之上，儒家所主张的齐家、治国、平天下的理论，深深影响中

譬如别居协议。[1]于比较法上,《瑞士民法典》第 168 条规定:"夫妻一方,得与他方或第三人缔结法律行为,但法律另有规定者,不在此限。"[2]

（十）夫妻的家务管理权

对此,《德国民法典》第 1356 条第 1 项规定:"夫妻应协议处理家务。夫妻之一方将家务交由他方处理者,由他方单独负责家务。"[3]还有,《瑞士民法典》第 163 条规定:"夫妻双方,应各尽所能,共同负责家庭的生计。关于夫妻各方对婚姻共同体应为之贡献,特别是关于金钱的支付、家务的料理、子女的照管,以及一方对他方职业或营业上的协助,由夫妻共同协议之。协议时,夫妻双方应考虑婚姻共同体的需要和各方的实际情况。"[4]另外,《奥地利普通民法典》第 95 条规定:"夫妻双方,应以其个人的实际情况,特别是职业上的工作强度,协力料理共同家务。夫妻一方,如不从事职业活动,应负责料理共同家务,而他方应依第 91 条的规定提供帮助。"[5]

（十一）夫妻负担家庭生活费用的义务

对此,《德国民法典》第 1360 条规定:"夫妻应以其劳动与财产互负对家庭生活为适当之扶养义务。家务由夫妻之一方承担者,其通常以操持家务,履行其应以劳动负担家庭生活之扶养义务。"[6]第 1360 条之 1 第 1、2 项规定:"负担适当之家庭生活费用,指依夫妻婚姻状况所必要之家务支出、夫妻双方个人需求及共

---

（接上页）国人的社会生活和国家秩序。在家族主义之下,人民生活表现团体的义务性,而缺少个人独立的人格观念。因此固有法没有近代权利能力与行为能力的制度。中国传统社会中,营同居共财的家庭组织以尊长一人充当家长,其余为家属卑幼。家长对外代表全家,履行公法上的义务,在内则统率家属,总摄家政。家长基于该地位,对家产有管理、使用与收益之权,其他家属卑幼无此权利。家长如具有直系尊亲属的身份,基于其强大的尊长权,甚至得处分家产,不受卑幼的告言。此表示一家之内,只有家长始有行为能力,其他家属不分男女性别,也不分年龄大小,均无该能力。于是家属卑幼擅自出卖或处分家产时,家长得主张无效;反之,家长所负的债务,家属有偿还的义务。此所以法谚说:"父债子还,子债父不管"。对此,参见戴东雄:《亲属法论文集》（再版）,三民书局 1993 年版,第 621—622 页。

1　参见李志敏主编:《比较家庭法》,北京大学出版社 1988 年版,第 108—109 页（陶毅执笔）。

2　参见戴永盛译:《瑞士民法典》,中国政法大学出版社 2016 年版,第 64 页。

3　参见台湾大学法律学院、财团法人台大法学基金会:《德国民法》（下）,元照出版有限公司 2016 年版,第 39 页。

4　参见戴永盛译:《瑞士民法典》,中国政法大学出版社 2016 年版,第 63 页。

5　参见戴永盛译:《奥地利普通民法典》,中国政法大学出版社 2016 年版,第 16 页。

6　参见台湾大学法律学院、财团法人台大法学基金会:《德国民法》（下）,元照出版有限公司 2016 年版,第 41 页。

同子女日常生活所必需之费用。家庭生活费用，应以夫妻共同婚姻生活所必要之方法提供之。夫妻应互负义务，就家庭生活费用必要之支出，于适当时间内，为事先之准备。"第 4 项规定："夫妻之一方无法负担涉及个人事务之诉讼费用者，他方有提供之义务，但以符合公平原则为限。夫妻一方为刑事诉讼之被告所需之辩护费用，亦同。"[1] 第 1360 条之 2 规定："夫妻之一方为扶养家庭所支出之费用，超过其应分担之金额者，有疑义时，应推定其无意向他方请求补偿。"[2] 另外，《奥地利普通民法典》第 94 条规定："（1）夫妻双方，应依各自的能力和双方为婚姻共同生活关系所达成的一致意见，共同负担与其生活条件相当的日常生活费用。（2）料理共同家务的夫妻一方，得因此认为已负担第 1 款意义上的日常生活费用，并因此有权请求他方给付生活费，数额应相当于其本可获得的收入。在共同生活关系被废止之情形，为原生活费请求权人的利益，前项原则仍适用之，但以生活费请求权的行使不构成权利滥用为限，在认定是否构成权利滥用时，应将导致共同生活关系被废止的原因作为特别重要的考虑因素。没有能力履行第 1 款规定的负担日常生活费用之义务的夫妻一方，亦享有生活费请求权。（3）享有生活费请求权的夫妻一方，得请求全部或部分的生活费，以金钱支付之；在正常的共同生活关系期间，亦同；但此种请求不合理者，不在此限；在认定是否合理时，应将满足日常所需的可能手段作为特别重要的考虑因素。生活费请求权，不得预先抛弃之。"[3]

（十二）妻的生育权

妻享有自由生育的权利。为此，2021 年 1 月 1 日起施行的《最高人民法院关于适用〈中华人民共和国民法典〉婚姻家庭编的解释（一）》第 23 条规定："夫以妻擅自终止妊娠侵犯其生育权为由请求损害赔偿的，人民法院不予支持；夫妻双方因是否生育发生纠纷，致使感情确已破裂，一方请求离婚的，人民法院经调解无效，应依照民法典第一千零七十九条第三款第五项的规定处理。"

---

1　参见台湾大学法律学院、财团法人台大法学基金会：《德国民法》（下），元照出版有限公司 2016 年版，第 42 页。

2　参见台湾大学法律学院、财团法人台大法学基金会：《德国民法》（下），元照出版有限公司 2016 年版，第 42 页。

3　参见戴永盛译：《奥地利普通民法典》，中国政法大学出版社 2016 年版，第 15—16 页。

## 四、夫妻财产关系——尤其是夫妻财产制

### （一）概要

按照学理的解释，夫妻财产制规律婚姻共同生活中夫妻彼此间的财产关系，即夫妻于结婚前原有的财产，及于婚姻中所获得的财产，在共同生活中应如何为经济上的统制。[1]夫妻的财产所有权、财产使用权（含物权与债权性的财产使用权，前者如居住权，后者如租赁权、借用权）以及夫妻间的财产继承权，是夫妻财产关系的主要内容。其中，关于夫妻间的财产继承权，日本于2018年修改其继承法后新设立配偶居住权制度，即夫妻一方去世后另一方取得居住权的制度。配偶居住权制度是保护丧偶一方（即生存配偶）在继承法上权益的重要制度之一。[2]另外，夫妻间的扶养义务，学理上也认为系夫妻财产关系的内容之一。[3]

夫妻的经济生活，采取何种财产制为宜，随民情风俗而异，有法定财产制与约定财产制的对立。罗马法所采的嫁资制（Dotalsystem），具有强行法的特性，不许夫妻自由以契约订定财产关系，仅在不违反嫁资制的本质精神的范围内，得订立嫁资契约（Dotalvertrag）或婚姻赠与。故此，罗马法上的嫁资制，可称为法定财产制的典型。反之，日耳曼法自中世纪以来，遵循一般契约自由的原则，"契约优先于普通法"（Ehegedinge bricht Landrecht），对夫妻所约定的财产内容不加任何干涉。大多数的国家和地区，为兼顾意思自治与交易安全，大体兼采罗马法的法定财产制与日耳曼法的约定财产制。[4]德国、瑞士、法国的民法典及我国台湾

---

1　参见戴东雄：《亲属法论文集》（再版），三民书局1993年版，第91页。

2　参见［日］矢泽久纯："新生的日本配偶居住权制度评析——兼与2020年中国《民法典》居住权制度相比较"，载（日本）《比较法杂志》第54卷第3号（通卷第195号，2020年），第105—106页。

3　参见杨怀英主编：《中国婚姻法论》，重庆出版社1989年版，第245页（郭振清执笔）。

4　根据我国台湾地区学者戴东雄的释明，罗马法采法定财产制，而日耳曼法采约定财产制，各有其历史的传统与时代的背景。罗马帝国系中央集权的统一国家，全国采用单一的法定财产制，标准一定，内容划一，容易促进交易的安全。古代瑞士的格拉鲁斯（Glarus）与阿彭策尔（Appenzell）邦，曾采绝对的法定财产制，而不承认以契约约定其内容。日耳曼民族因始终未产生强有力的统一政府，封建领主各据一方，而各自施行适合于该地方的夫妻财产制，故中央政府不得不承认契约自由的原则，而采取约定财产制。对此，参见戴东雄：《亲属法论文集》（再版），三民书局1993年版，第114页。

地区"民法"，均规定当事人得以契约订定夫妻财产制，唯当事人如无约定，则适用法定财产制。[1]

《民法典》第 1061 条规定："夫妻有相互继承遗产的权利。"是为夫妻之间的继承权的规定。另外，所谓夫妻之间的扶养义务中的"扶养"，乃系指夫妻双方在物质上互相扶助和生活上互相照顾的权利和义务关系。[2]关于夫妻财产关系，亦即所谓夫妻财产采取何种制度或形态，比较法上主要有夫妻共同财产制度或形态、夫妻分别财产制度或形态、夫妻婚前或婚后约定财产制度或形态。于学理上，也有婚姻家庭法著述根据不同的标准将夫妻财产制分为法定财产制[3]、约定财产制[4]，乃至统一财产制[5]、联合财产制[6]、分别财产制[7]以及共同

---

1　参见戴东雄：《亲属法论文集》（再版），三民书局 1993 年版，第 92 页及其以下。另外，也请参见戴东雄先生的该著作第 107 页以下对于夫妻财产制的有关研究与论述，其论述深刻、翔实，值得重视。

2　参见杨怀英主编：《中国婚姻法论》，重庆出版社 1989 年版，第 245 页（郭振清执笔）。

3　亦即，夫妻财产制的适用，由法律直接规定者，称为法定财产制。对此，参见戴东雄：《亲属法论文集》（再版），三民书局 1993 年版，第 114 页。

4　所谓约定财产制，即婚姻当事人以约定，约定相互间的纯粹夫妻财产关系，而排除法定财产制的适用。参见戴东雄：《亲属法论文集》（再版），三民书局 1993 年版，第 117 页。

5　所谓统一财产制，系基于财产合并的理论，妻的全部财产于结婚之后，于经济上与法律上均移转于夫。换言之，夫对于妻的财产，除妻的特有财产外，不但成为管理人，而且成为单独所有权人。此表示统一财产制，因结婚而使夫就妻的积极财产或消极财产，均全部包括的承继。夫的债权人，因而可对此全部财产为其债权的实现而强制执行。对此，参见戴东雄：《亲属法论文集》（再版），三民书局 1993 年版，第 167 页。

6　按照我国台湾地区学者戴东雄的释明，瑞士现行民法以联合财产制为通常法定财产制。此制源于法国北部的习惯区域。依当时的制度，配偶双方对其原有财产，及在婚姻存续期间所取得的一切财产，各自保有其所有权；双方所负的债务，也各以其所有的财产供作债务的担保，而互不相涉。唯夫对于夫妻的财产保有占有权、管理权及使用收益权，有时也有处分权。此制在德国旧民法中称为管理共同制（Verwaltungsgemeinschaft）。此制实以财产分离（所有权）、财产结合（管理权）与财产维持为其理论基础。对此，参见戴东雄：《亲属法论文集》（再版），三民书局 1993 年版，第 143 页。

7　按照我国台湾地区学者戴东雄的释明，分别财产制，非夫妻财产制的否定，而是夫妻财产结合的否定，即夫妻财产受婚姻影响最少的夫妻财产制。其特色在于：夫妻个人的财产，于婚姻之后，依然维持婚姻前的同一状态，故不因婚姻关系而引起任何财产上的共同。夫妻个人财产的所有权、占有权、管理权及使用收益权，也各归属于夫妻而各自独立。夫对于妻的财产无任何权利可言。唯配偶间若基于其他私法上的原因，例如基于物权法或债法而订立契约，则可成立财产的共同关系。对此，参见戴东雄：《亲属法论文集》（再版），三民书局 1993 年版，第 171—172 页。

财产制 [1]。此外还有所谓妆奁制。[2]另外，还有著述区分为通常法定财产制 [3] 与非常法定财产制 [4]，共同财产制、分别财产制、剩余共同财产制、联合财产制和统一财产制以及特有财产制与共同财产制。[5]

在比较实务上，即在日本，夫妇的经济的共同生活因结婚而得以开始。夫妇共同使用相互的财产、收入，同时也因节约等而协力、合作创造出新的财产。规律这样的财产关系的，即是夫妇财产制。应指出的是，夫妇财产制不仅规律夫妇间的财产关系，也规律与夫妇进行交易的第三人的关系。于日本，夫妇于婚姻前

---

[1] 我国台湾地区学者戴东雄依我国台湾地区"民法"第1031条的规定而谓：共同财产制，配偶双方在结婚前的全部财产与结婚后所取得的财产，除特有财产外，全部组成共同财产，而于婚姻解消之际，将此财产分配于配偶双方或其继承人。从沿革与各国家和地区规定观之，共同财产制依夫妻财产共同的范围，可分为通常共同财产制、动产共同财产制、所得共同财产制、有限共同财产制及继承共同财产制。共同财产制的特质，乃以道义的理想主义为基础，同时兼顾实际的经济生活。对此，参见戴东雄：《亲属法论文集》（再版），三民书局1993年版，第156—157页。

[2] 参见李志敏主编：《比较家庭法》，北京大学出版社1988年版，第109—117页〔陶毅执笔〕。

[3] 所谓通常法定财产制，系指当事人未有契约时，当然适用法律所规定的夫妻财产制。此为补充的制度，并无强制力。通常法定财产制乃法律选定一种财产制，以之为夫妻未以契约约定时的财产关系的依据。唯究以何种制度为通常法定财产制，各国家和地区有两大潮流：其一，婚姻成立后，夫妻财产仍分离独立；此再分为分别财产制、联合财产制（管理共同制）及净益共同制〔净益共同制的基本精神，有如所得共同财产制：在婚姻关系存续中夫妻所增加的财产由夫妻共有，盖该财产系双方在婚姻生活中，多方面分工合作，并同心协力所获得的成果。唯净益共同制避免了所得共同财产制的缺点，即共同财产管理的困扰与对外债务负担的复杂。在净益共同制之下并无夫妻公同共有的财产，却是夫妻财产自始分离，一如分别财产制的情形。唯为顾虑婚姻生活的共同体，净益共同制规定，在婚姻存续期间，配偶一方为满足婚姻共同生活的需要，就他方所取得的财产，有参与分配之权。换言之，在婚姻解消时，在婚姻关系存续期间财产没有增加或增加较少的一方配偶，对他方增加财产差额的半数，有债权的分配请求权。此系借净益财产的分配请求权，显示夫妻在婚姻共同生活中系合伙平等的关系，并确认管理家务不再专属于妻的任务，却需由夫妻约定出外工作与管理家务的任务。对此，参见戴东雄：《亲属法论文集》（再版），三民书局1993年版，第192页〕。其二，婚姻成立后，夫妻财产合并为一体，是为财产合并主义；此再分为统一财产制、通常共同财产制、动产及所得共同制，以及所得共同制。采何种夫妻财产制为法定财产制，端视各国家和地区的历史传统、民俗与经济环境来决定。对此，参见戴东雄：《亲属法论文集》（再版），三民书局1993年版，第115页。

[4] 所谓非常法定财产制，系指夫妻于婚姻存续期间，因其中一方的财产或财产行为发生破绽，致难以通常法定财产制或约定财产制维持夫妻的财产关系时，法律选定另一种财产制为非常法定财产制，以善后夫妻的财产关系。此具有强制执行的性质，不容当事人不遵行。大多数国家和地区，均以分别财产制为非常法定财产制。对此，参见戴东雄：《亲属法论文集》（再版），三民书局1993年版，第116页。

[5] 参见胡平主编：《婚姻家庭继承法论》，重庆大学出版社2000年版，第167—171页（陈莘执笔）。

可透过订立契约（夫妇财产契约）[1]而规定婚姻后的财产关系（《日本民法》第755 条）。若结婚（婚姻）后订立契约，依夫妇间的契约撤销权（《日本民法》第754 条），则得有被撤销之虞。于不缔结夫妇财产契约而结婚的场合，《日本民法》预备（规定）了法定财产制。[2]于日本的现实生活中，缔结夫妇财产契约者是极其少见的（2017 年至 2021 年的 5 年间，平均每年约 18 件），大体上所有的夫妇均服从法定财产制。[3]

**（二）我国学理、立法（含司法解释）及实务中的夫妻财产关系**

我国婚姻家庭法的学理认为，我国系采法定财产制（婚后所得共同制）与约定财产制相结合的夫妻财产制度。法定财产制仍实行婚后所得共同制，习惯上称之为夫妻共同财产制，系指在婚姻关系存续期间，夫妻双方或一方所得的财产，除法律规定或当事人另有约定的外，皆归夫妻共同所有，夫妻对共同所有的财产，平等地享有占有、使用、收益和处分的权利。[4]

《民法典》与最高人民法院司法解释对于夫妻共同财产有较为翔实的规定。这其中，《民法典》第 1062 条规定："夫妻在婚姻关系存续期间所得的下列财产，为夫妻的共同财产，归夫妻共同所有：（一）工资、奖金、劳务报酬；（二）生产、经营、投资的收益；（三）知识产权的收益；（四）继承或者受赠的财产，但

---

1　依照日本学理的解释，夫妇财产契约是就夫妇的财产的所有、管理、处分、债务负担、婚姻解消之际的财产清算等做出规定的契约。夫妇财产契约的内容，从契约自由的原则出发而自由地予以决定，但是不得违背家族法理念中的个人尊严与男女两性实质平等、公序良俗以及强行法规。另外，关于继承的指定，譬如继承份额、分割方法的指定（《日本民法》第 902、908 条）等，因得依遗嘱而为之，所以一般解为不认可得以夫妇财产契约而定之（也就是不认可得成为夫妇财产契约的内容）。对此，参见［日］高桥朋子、床谷文雄、棚村政行：《民法 7 亲族·继承》，有斐阁 2023 年版，第 62 页（高桥朋子执笔）。

2　《日本民法》关于法定夫妇财产制的规定，系由婚姻费用的负担（《日本民法》第 760 条）、日常家事债务（《日本民法》第 761 条）以及夫妇财产的归属（《日本民法》第 762 条）三个条文构成。对此，参见［日］高桥朋子、床谷文雄、棚村政行：《民法 7 亲族·继承》，有斐阁 2023 年版，第 63 页（高桥朋子执笔）。

3　参见［日］高桥朋子、床谷文雄、棚村政行：《民法 7 亲族·继承》，有斐阁 2023 年版，第 62 页（高桥朋子执笔）。

4　参见陈苇主编：《婚姻家庭继承法学》，法律出版社 2002 年版，第 190 页（陈苇执笔）。

是本法第一千零六十三条第三项规定的除外；（五）其他应当归共同所有的财产。夫妻对共同财产，有平等的处理权。"对于该条中的"知识产权的收益"，2021年1月1日起施行的《最高人民法院关于适用〈中华人民共和国民法典〉婚姻家庭编的解释（一）》第24条规定："民法典第一千零六十二条第一款第三项规定的'知识产权的收益'，是指婚姻关系存续期间，实际取得或者已经明确可以取得的财产性收益。"对于"其他应当归共同所有的财产"，该司法解释第25条规定："婚姻关系存续期间，下列财产属于民法典第一千零六十二条规定的'其他应当归共同所有的财产'：（一）一方以个人财产投资取得的收益；（二）男女双方实际取得或者应当取得的住房补贴、住房公积金；（三）男女双方实际取得或者应当取得的基本养老金、破产安置补偿费。"另外，该司法解释第26条还规定："夫妻一方个人财产在婚后产生的收益，除孳息和自然增值外，应认定为夫妻共同财产。"第27条规定："由一方婚前承租、婚后用共同财产购买的房屋，登记在一方名下的，应当认定为夫妻共同财产。"

对于属于夫妻一方的个人财产，《民法典》与司法解释也有规定或涉及。其中，《民法典》第1063条规定："下列财产为夫妻一方的个人财产：（一）一方的婚前财产；（二）一方因受到人身损害获得的赔偿或者补偿；（三）遗嘱或者赠与合同中确定只归一方的财产；（四）一方专用的生活用品；（五）其他应当归一方的财产。"《最高人民法院关于适用〈中华人民共和国民法典〉婚姻家庭编的解释（一）》第30条规定："军人的伤亡保险金、伤残补助金、医药生活补助费属于个人财产。"第31条规定："民法典第一千零六十三条规定为夫妻一方的个人财产，不因婚姻关系的延续而转化为夫妻共同财产。但当事人另有约定的除外。"《民法典》第1065条的规定尤具重要意义，其规定："男女双方可以约定婚姻关系存续期间所得的财产以及婚前财产归各自所有、共同所有或者部分各自所有、部分共同所有。约定应当采用书面形式。没有约定或者约定不明确的，适用本法第一千零六十二条、第一千零六十三条的规定。夫妻对婚姻关系存续期间所得的财产以及婚前财产的约定，对双方具有法律约束力。夫妻对婚姻关系存续期间所

得的财产约定归各自所有，夫或者妻一方对外所负的债务，相对人知道该约定
的，以夫或者妻一方的个人财产清偿。"

还有，《民法典》与《最高人民法院关于适用〈中华人民共和国民法典〉婚
姻家庭编的解释（一）》对于夫妻共同债务也有明文规定或予以涉及。这其中，
《民法典》第 1064 条规定："夫妻双方共同签名或者夫妻一方事后追认等共同意
思表示所负的债务，以及夫妻一方在婚姻关系存续期间以个人名义为家庭日常生
活需要所负的债务，属于夫妻共同债务。夫妻一方在婚姻关系存续期间以个人名
义超出家庭日常生活需要所负的债务，不属于夫妻共同债务；但是，债权人能够
证明该债务用于夫妻共同生活、共同生产经营或者基于夫妻双方共同意思表示的
除外。"《最高人民法院关于适用〈中华人民共和国民法典〉婚姻家庭编的解释
（一）》第 33 条规定："债权人就一方婚前所负个人债务向债务人的配偶主张权
利的，人民法院不予支持。但债权人能够证明所负债务用于婚后家庭共同生活的
除外。"第 34 条规定："夫妻一方与第三人串通，虚构债务，第三人主张该债务
为夫妻共同债务的，人民法院不予支持。夫妻一方在从事赌博、吸毒等违法犯罪
活动中所负债务，第三人主张该债务为夫妻共同债务的，人民法院不予支持。"
第 35 条规定："当事人的离婚协议或者人民法院生效判决、裁定、调解书已经对
夫妻财产分割问题作出处理的，债权人仍有权就夫妻共同债务向男女双方主张权
利。一方就夫妻共同债务承担清偿责任后，主张由另一方按照离婚协议或者人民
法院的法律文书承担相应债务的，人民法院应予支持。"第 36 条规定："夫或者
妻一方死亡的，生存一方应当对婚姻关系存续期间的夫妻共同债务承担清偿责
任。"这些规定于实务中处理夫妻财产纠纷或与此有关的纠纷，皆具有重要指导
意义，系现阶段处理此等纠纷的重要裁判规则与依循。

此外，对于与夫妻财产有关的赠与，《最高人民法院关于适用〈中华人民共
和国民法典〉婚姻家庭编的解释（一）》针对实务中的具体情况也做有明文规
定。其中，第 29 条规定："当事人结婚前，父母为双方购置房屋出资的，该出资
应当认定为对自己子女个人的赠与，但父母明确表示赠与双方的除外。当事人结

婚后，父母为双方购置房屋出资的，依照约定处理；没有约定或者约定不明确的，按照民法典第一千零六十二条第一款第四项规定的原则处理。"第 32 条规定："婚前或者婚姻关系存续期间，当事人约定将一方所有的房产赠与另一方或者共有，赠与方在赠与房产变更登记之前撤销赠与，另一方请求判令继续履行的，人民法院可以按照民法典第六百五十八条的规定处理。"

《最高人民法院关于适用〈中华人民共和国民法典〉婚姻家庭编的解释（一）》第 28 条还规定："一方未经另一方同意出售夫妻共同所有的房屋，第三人善意购买、支付合理对价并已办理不动产登记，另一方主张追回该房屋的，人民法院不予支持。夫妻一方擅自处分共同所有的房屋造成另一方损失，离婚时另一方请求赔偿损失的，人民法院应予支持。"至于夫妻关系存续期间，夫妻一方请求分割共同财产的，《民法典》第 1066 条规定："婚姻关系存续期间，有下列情形之一的，夫妻一方可以向人民法院请求分割共同财产：（一）一方有隐藏、转移、变卖、毁损、挥霍夫妻共同财产或者伪造夫妻共同债务等严重损害夫妻共同财产利益的行为；（二）一方负有法定扶养义务的人患重大疾病需要医治，另一方不同意支付相关医疗费用。"除此条规定的可以请求分割共同财产的情形外，于婚姻关系存续期间，夫妻一方请求分割共同财产的，人民法院不予支持（《最高人民法院关于适用〈中华人民共和国民法典〉婚姻家庭编的解释（一）》第 38 条）。

# 第五章

# 家庭关系（亲族关系）
## ——尤其是父母子女关系和其他近亲属关系

## 第一节　概要

### 一、本章的研究范围与亲族的涵义界定

《民法典》第五编第三章"家庭关系"，包括二节，即第一节"夫妻关系"，第二节"父母子女关系和其他近亲属关系"。基于《民法典》的如此体例安排，学理于讨论家庭关系时通常将夫妻关系、父母子女关系和其他近亲属关系一并予以研讨。考虑到本书体例上的安排与特色，家庭关系（亲族关系）之夫妻关系已于上一章（即第四章）讨论，故此，本章拟讨论家庭关系（亲族关系）的其他组成部分，即父母子女关系，以及其他近亲属关系。于此谨予释明。

于日本法上，依照其学理与《日本民法》第 725 条的解释与规定，所谓亲族，指六亲等内的血族、配偶者以及三亲等内的姻亲的总称。而所谓血族，指自然的或存在拟制的血缘关系的人，又包括自然血族与法定血族。自然血族，指像亲子、兄弟姊妹（姐妹）那样的本来存在血缘关系的人。法定血族，指像养亲子关系那样的本来不存在血缘关系，但依法律血缘关系被拟制的人。于法定血族

中，养子与养亲及与其血族之间，得产生与血族关系相同（同一）的亲族关系（《日本民法》第 727 条）。又，所谓姻亲，指配偶者的血族或血族的配偶者。两配偶者的血族间（例如夫的父母与妻的父母）、血族的配偶者间（例如兄的妻与弟的妻）并无姻亲关系。另外，值得提及的是，配偶者包含于亲族概念中的例子，于西欧是不能看到的。[1]

我国的婚姻家庭法著述通常径称"父母子女关系"、"其他家庭成员的关系"，[2]而不称所谓"亲族关系"。《民法典》颁布后，又依《民法典》的规定而多直接称为"家庭关系"。[3]父母子女关系，即亲子关系，指父母和子女之间的权利义务关系。父母和子女是血缘最近的直系亲属，其构成家庭关系的核心组成部分。[4]至于"其他家庭成员的关系"，则大抵包括"祖孙关系"与"兄弟姐妹关系"。[5]甚至有的婚姻家庭法著述直接以"祖孙关系和兄弟姐妹关系"为题展开讨论与分析。[6]本书依循《民法典》的规定，而拟以"父母子女关系"与"其他近亲属关系"为题（名称）展开分析与研讨。

## 二、亲等的涵义、亲族关系的法律效果与亲族关系的终止

所谓亲等，是表示亲族关系远近的单位，系以一辈数为单位（《日本民法》

---

[1]　参见［日］高桥朋子、床谷文雄、棚村政行：《民法 7 亲族·继承》，有斐阁 2023 年版，第 39—40 页（高桥朋子执笔）。

[2]　譬如胡平主编《婚姻家庭继承法论》（重庆大学出版社 2000 年版）就在第十一章直称"父母子女关系"（王洪执笔），于第十三章直称"其他家庭成员的关系"（王洪执笔）。

[3]　譬如王利明主编《民法学精论》（下册，中国检察出版社 2022 年版）第 1687 页以下即是在"家庭关系"的名称（题目）下讨论"夫妻关系"、"夫妻财产制"及"父母子女关系和其他近亲属关系"（王叶刚执笔）；谭启平主编《中国民法学》（第三版，法律出版社 2021 年版）第 680 页以下即是在"家庭关系"的名称（题目）下分析、讨论"夫妻关系"、"父母子女关系"及"其他近亲属关系"（朱凡执笔）。

[4]　参见胡平主编：《婚姻家庭继承法论》，重庆大学出版社 2000 年版，第 297 页（王洪执笔）。

[5]　参见胡平主编：《婚姻家庭继承法论》，重庆大学出版社 2000 年版，第 397—402 页（王洪执笔）。

[6]　参见陈苇主编：《婚姻家庭继承法学》，法律出版社 2002 年版，第八章的章名为"祖孙关系和兄弟姐妹关系"（王洪执笔），第 302 页。

第 726 条[1]）。[2]于《日本民法》上，对于由亲族关系所产生的法律效果，乃系就每个问题而分别予以规定（《日本民法》第 7 条、第 734—736 条、第 744 条、第 805 条、第 834 条、第 840 条、第 846 条、第 877 条、第 887 条及第 974 条等）。《日本民法》第 730 条规定，直系血亲与同居的亲族相互之间有扶助、合作的义务，但此义务系道德上的义务，而非法律上的义务。这一点是《日本民法》立法之际的政府委员所作的说明。[3]至于亲族关系的终止，主要包括因死亡、离婚、断绝养子关系、婚姻的撤销、收养子女（结亲、做亲、过继）的撤销而终止。血族关系中，自然血族关系因死亡而当然终止（也包含失踪宣告，《日本民法》第 31 条），法定血族关系因断绝养子关系、收养子女（结亲、做亲、过继）的撤销而终止。与配偶者的亲族关系，因死亡、婚姻的撤销及离婚而终止。姻亲关系，因离婚（《日本民法》第 728 条第 1 款）、婚姻的撤销而终止。夫妇一方死亡的场合或情形，姻亲关系并不当然终止，而是因生存配偶者为终止的意思表示（户籍上的申报，《户籍法》第 96 条）而终止（《日本民法》第 728 条第 2 款）。亲族关系终止，亲族关系的效果消灭，但一部的效果继续存续，这就是直系姻亲间的婚姻禁止（《日本民法》第 735 条）与养亲子关系者间的婚姻禁止（《日本民法》第 736 条）。[4]

---

1　《日本民法》第 726 条规定："亲等，计算亲属间之辈数而确定之。旁系亲属之亲等，自其或其配偶上溯至同一祖先，再自其祖先下数至另一人，依其间之辈数而确定之。"对此，参见王融擎编译：《日本民法：条文与判例》（下册），中国法制出版社 2018 年版，第 684 页。

2　参见［日］高桥朋子、床谷文雄、棚村政行：《民法 7 亲族·继承》，有斐阁 2023 年版，第 40 页（高桥朋子执笔）。另外，我国台湾地区学理谓，亲等乃区别亲属关系亲疏远近的标准。对此，参见林秀雄：《亲属法讲义》（第三版），元照出版有限公司 2013 年版，第 33 页。

3　参见［日］高桥朋子、床谷文雄、棚村政行：《民法 7 亲族·继承》，有斐阁 2023 年版，第 41 页（高桥朋子执笔）。

4　参见［日］高桥朋子、床谷文雄、棚村政行：《民法 7 亲族·继承》，有斐阁 2023 年版，第 41 页（高桥朋子执笔）。值得顺便提及的是，史凤仪著《中国古代婚姻与家庭》（湖北人民出版社 1987 年版）第 176—178 页于论及亲属关系的法律效力时提及亲属的先买权，其大意为：对不动产的买卖，古代各国法律都有亲属、近邻享有优先购买权的规定。近代有的国家的物权法里也有先买权的规定，但立法宗旨已经不是维护亲属关系。中国古代法律上的先买权着眼点在于维护宗族团结，其立法起于唐代。亲属先买权的立法，比较完备、明确的，还是从宋代开始。

## 第二节　父母子女关系

### 一、《民法典》与《最高人民法院关于适用〈中华人民共和国民法典〉婚姻家庭编的解释（一）》对父母与子女间的抚养、赡养与抚养费、赡养费的给付等的厘定

关于父母子女关系[1]，《民法典》与 2021 年 1 月 1 日起施行的《最高人民法院关于适用〈中华人民共和国民法典〉婚姻家庭编的解释（一）》做有诸多规定，其内容较为翔实，后者对于婚姻家庭中的父母子女关系的法律适用做有更多、更充分的规定。具体而言，《民法典》对婚姻家庭中的父母与子女间的权利义务，以及行使权利或不履行义务时的法律效果等做了规定。《最高人民法院关于适用〈中华人民共和国民法典〉婚姻家庭编的解释（一）》则对涉及父母子女之间的抚养与抚养费给付等事项做了堪称翔实的具体规定。

《民法典》第 1067 条规定："父母不履行抚养义务的，未成年子女或者不能独立生活的成年子女，有要求父母给付抚养费的权利。成年子女不履行赡养义务的，缺乏劳动能力或者生活困难的父母，有要求成年子女给付赡养费的权利。"对于《民法典》该条中所称的"抚养费"的范围，《最高人民法院关于适用〈中华人民共和国民法典〉婚姻家庭编的解释（一）》第 42 条规定："民法典第一千零六十七条所称'抚养费'，包括子女生活费、教育费、医疗费等费用。"并且明确，婚姻关系存续期间，父母双方或者一方拒不履行抚养子女义务，未成年子女

---

[1]　有学理指出，我国台湾地区"民法"亲属编第 3 章名为"父母子女"，然规定的内容着重于父母与未成年子女的关系，而在父母与成年子女的法律关系则仅牵涉子女的姓氏、子女应该孝顺父母及父母对于子女的惩戒权等。对此，参见陈惠馨："父母与成年子女法律关系——从法律继受与法律比较观点分析"，载戴东雄教授八秩华诞祝寿论文集编辑委员会：《戴东雄教授八秩华诞祝寿论文集：身分法之回顾与前瞻》，元照出版有限公司 2017 年版，第 273 页。该论文对于父母与成年子女法律关系的论述甚为翔实，具积极价值与意义，值得重视与参考。

或者不能独立生活的成年子女请求支付抚养费的，人民法院应予支持（第43条）。对于《民法典》第1067条中所称"不能独立生活的成年子女"，该司法解释第41条明确："尚在校接受高中及其以下学历教育，或者丧失、部分丧失劳动能力等非因主观原因而无法维持正常生活的成年子女，可以认定为民法典第一千零六十七条规定的'不能独立生活的成年子女'。"第44条规定："离婚案件涉及未成年子女抚养的，对不满两周岁的子女，按照民法典第一千零八十四条第三款规定的原则处理。母亲有下列情形之一，父亲请求直接抚养的，人民法院应予支持：（一）患有久治不愈的传染性疾病或者其他严重疾病，子女不宜与其共同生活；（二）有抚养条件不尽抚养义务，而父亲要求子女随其生活；（三）因其他原因，子女确不宜随母亲生活。"并且，父母双方协议不满两周岁子女由父亲直接抚养，并对子女健康成长无不利影响的，人民法院应予支持（第45条）。"对已满两周岁的未成年子女，父母均要求直接抚养，一方有下列情形之一的，可予优先考虑：（一）已做绝育手术或者因其他原因丧失生育能力；（二）子女随其生活时间较长，改变生活环境对子女健康成长明显不利；（三）无其他子女，而另一方有其他子女；（四）子女随其生活，对子女成长有利，而另一方患有久治不愈的传染性疾病或者其他严重疾病，或者有其他不利于子女身心健康的情形，不宜与子女共同生活"（第46条）。至于父母抚养子女的条件基本相同，双方均要求直接抚养子女，但子女单独随祖父母或者外祖父母共同生活多年，且祖父母或者外祖父母要求并且有能力帮助子女照顾孙子女或者外孙子女的，可以作为父或者母直接抚养子女的优先条件予以考虑（第47条）。此外，在有利于保护子女利益的前提下，父母双方协议轮流直接抚养子女的，人民法院应予支持（第48条）。

关于上述抚养中的抚养费的数额，《最高人民法院关于适用〈中华人民共和国民法典〉婚姻家庭编的解释（一）》第49条规定："抚养费的数额，可以根据子女的实际需要、父母双方的负担能力和当地的实际生活水平确定。有固定收入的，抚养费一般可以按其月总收入的百分之二十至三十的比例给付。负担两个以上子女抚养费的，比例可以适当提高，但一般不得超过月总收入的百分之五十。

无固定收入的，抚养费的数额可以依据当年总收入或者同行业平均收入，参照上述比例确定。有特殊情况的，可以适当提高或者降低上述比例。"关于抚养费的支付方式，第50条规定："抚养费应当定期给付，有条件的可以一次性给付。"并且，父母一方无经济收入或者下落不明的，可以用其财物折抵抚养费（第51条）。另外，第52条还规定："父母双方可以协议由一方直接抚养子女并由直接抚养方负担子女全部抚养费。但是，直接抚养方的抚养能力明显不能保障子女所需费用，影响子女健康成长的，人民法院不予支持。"关于抚养费的给付期限，第53条规定："抚养费的给付期限，一般至子女十八周岁为止。十六周岁以上不满十八周岁，以其劳动收入为主要生活来源，并能维持当地一般生活水平的，父母可以停止给付抚养费。"

关于与离婚有关的抚养及抚养费的给付，《最高人民法院关于适用〈中华人民共和国民法典〉婚姻家庭编的解释（一）》还规定，生父与继母离婚或者生母与继父离婚时，对曾受其抚养教育的继子女，继父或者继母不同意继续抚养的，仍应由生父或者生母抚养（第54条）。另外，第55条规定："离婚后，父母一方要求变更子女抚养关系的，或者子女要求增加抚养费的，应当另行提起诉讼。"第56条规定："具有下列情形之一，父母一方要求变更子女抚养关系的，人民法院应予支持：（一）与子女共同生活的一方因患严重疾病或者因伤残无力继续抚养子女；（二）与子女共同生活的一方不尽抚养义务或有虐待子女行为，或者其与子女共同生活对子女身心健康确有不利影响；（三）已满八周岁的子女，愿随另一方生活，该方又有抚养能力；（四）有其他正当理由需要变更。"至于父母双方协议变更子女抚养关系的，人民法院应予支持（第57条）。

关于抚养费的增加，《最高人民法院关于适用〈中华人民共和国民法典〉婚姻家庭编的解释（一）》第58条规定："具有下列情形之一，子女要求有负担能力的父或者母增加抚养费的，人民法院应予支持：（一）原定抚养费数额不足以维持当地实际生活水平；（二）因子女患病、上学，实际需要已超过原定数额；（三）有其他正当理由应当增加。"关于子女姓氏的变更与抚养费的给付，第59

条规定："父母不得因子女变更姓氏而拒付子女抚养费。父或者母擅自将子女姓氏改为继母或继父姓氏而引起纠纷的，应当责令恢复原姓氏。"于民事诉讼程序上，在离婚诉讼期间，双方均拒绝抚养子女的，可以先行裁定暂由一方抚养（第 60 条）。最后，第 61 条还规定了涉及子女抚养的强制措施，即其规定："对拒不履行或者妨害他人履行生效判决、裁定、调解书中有关子女抚养义务的当事人或者其他人，人民法院可依照民事诉讼法第一百一十一条的规定采取强制措施。"

## 二、《民法典》与《最高人民法院关于适用〈中华人民共和国民法典〉婚姻家庭编的解释（一）》对父母与子女间的其他权利、义务关系的明确

《民法典》与《最高人民法院关于适用〈中华人民共和国民法典〉婚姻家庭编的解释（一）》除对父母与子女之间的抚养、赡养及抚养费、赡养费的给付等做出厘定外，还对父母与子女间的其他事项做出了明确。兹分述如下。

第一，根据《民法典》第 1068 条的规定，父母有教育、保护未成年子女的权利和义务。未成年子女造成他人损害的，父母应当依法承担民事责任。

第二，根据《民法典》第 1069 条的规定，子女应当尊重父母的婚姻权利，不得干涉父母离婚、再婚以及婚后的生活。子女对父母的赡养义务，不因父母的婚姻关系变化而终止。

第三，关于父母与子女的继承权，《民法典》第 1070 条规定："父母和子女有相互继承遗产的权利。"

第四，关于非婚生子女的法律地位与权利等，《民法典》第 1071 条规定："非婚生子女享有与婚生子女同等的权利，任何组织或者个人不得加以危害和歧视。不直接抚养非婚生子女的生父或者生母，应当负担未成年子女或者不能独立生活的成年子女的抚养费。"另外，对于婚姻关系存续期间人工授精所生子女，

《最高人民法院关于适用〈中华人民共和国民法典〉婚姻家庭编的解释（一）》第40条明确："婚姻关系存续期间，夫妻双方一致同意进行人工授精，所生子女应视为婚生子女，父母子女间的权利义务关系适用民法典的有关规定。"

第五，关于继父母与继子女间的法律关系等，《民法典》第1072条规定："继父母与继子女间，不得虐待或者歧视。继父或者继母和受其抚养教育的继子女间的权利义务关系，适用本法关于父母子女关系的规定。"

第六，关于对亲子关系有异议时的处理，《民法典》第1073条规定："对亲子关系有异议且有正当理由的，父或者母可以向人民法院提起诉讼，请求确认或者否认亲子关系。对亲子关系有异议且有正当理由的，成年子女可以向人民法院提起诉讼，请求确认亲子关系。"同时，《最高人民法院关于适用〈中华人民共和国民法典〉婚姻家庭编的解释（一）》对请求否认或确认亲子关系的法律适用也予以了明确，其第39条规定："父或者母向人民法院起诉请求否认亲子关系，并已提供必要证据予以证明，另一方没有相反证据又拒绝做亲子鉴定的，人民法院可以认定否认亲子关系一方的主张成立。父或者母以及成年子女起诉请求确认亲子关系，并提供必要证据予以证明，另一方没有相反证据又拒绝做亲子鉴定的，人民法院可以认定确认亲子关系一方的主张成立。"

## 第三节　其他近亲属关系

### 一、祖父母、外祖父母与孙子女、外孙子女作为（其他）近亲属的抚养、赡养的关系

《民法典》除规定夫妻关系、父母子女关系外，还对其他近亲属关系做出了规定，这集中体现在《民法典》第1074条与第1075条两个条文中。

《民法典》第1074条规定："有负担能力的祖父母、外祖父母，对于父母已经死亡或者父母无力抚养的未成年孙子女、外孙子女，有抚养的义务。有负担能

力的孙子女、外孙子女，对于子女已经死亡或者子女无力赡养的祖父母、外祖父母，有赡养的义务。"根据此条规定可以明了：①祖父母、外祖父母与孙子女、外孙子女，系为近亲属；②若父母已经死亡或者父母无力抚养未成年（孙、外孙）子女，作为近亲属的祖父母、外祖父母有负担能力的，乃有抚养的义务；③基于权利义务的对等性（乃至互换性），由于孙子女、外孙子女与祖父母、外祖父母系近亲属，孙子女、外孙子女有负担能力的，其对于子女已经死亡或者子女无力赡养的祖父母、外祖父母乃有赡养的义务。

## 二、兄、姐与弟、妹作为（其他）近亲属的扶养的关系

《民法典》第 1075 条规定："有负担能力的兄、姐，对于父母已经死亡或者父母无力抚养的未成年弟、妹，有扶养的义务。由兄、姐扶养长大的有负担能力的弟、妹，对于缺乏劳动能力又缺乏生活来源的兄、姐，有扶养的义务。"根据此条规定，可以明确：①兄、姐与弟、妹，乃系近亲属；②基于他们系法律上的近亲属的理由乃至道德上的要求，对于父母已经死亡或者父母无力抚养的未成年弟、妹，有负担能力的兄、姐乃有扶养（乃至扶助）的义务；③同样地，基于权利义务的对等性、互换性乃至道德上的要求与遵循，若兄、姐缺乏劳动能力又缺乏生活来源，此前由兄、姐扶养长大的有负担能力的弟、妹，乃有扶养（乃至扶助）的义务。

第六章
# 亲子

## 第一节　概要

亲子关系构成亲族关系中的纵系。基于血缘关系的亲子、非基于血缘的亲子，以及接受新的医疗辅助而诞生的人工授精、体外受精的亲子等，统称为法律上的亲子（日语汉字：实子、養子）。进言之，按照日本学理的解释乃至实务，亲子关系可以分为以生理上的亲子关系（血缘）为基盘的实亲子关系（实子），与不存在血缘关系的人之间法定的、拟制的养亲子关系（养子）。实子进一步可以分为因婚姻而出生的子女与婚姻关系外出生的子女。婚姻关系外出生的子女，于父母有婚姻时，也作为因婚姻而出生的子女对待和处理。另外，于日本，养子结亲（做亲、过继）可以分为依当事者间的契约（申报）的普通养子结亲（做亲、过继）与因家庭法院的审判而成立的特别养子结亲（做亲、过继）。[1]

于人类的婚姻家庭法上，亲子法乃经历了一个三阶段的变化与演进历程。这就是，由为家的亲子法演进到为亲的亲子法，再演进到为子的亲子法。[2] 亲子的关

---

　　1　参见［日］高桥朋子、床谷文雄、棚村政行：《民法 7 亲族·继承》，有斐阁 2023 年版，第127 页（床谷文雄执笔）。

　　2　我国台湾地区的学理也谓，一般而言，亲子法经历了由家本位经父母本位，而至子女本位的三段变化过程。亲权法为亲子法的一环，自也有此三段变化的情形。对此，参见林秀雄：《亲属法讲义》（第三版），元照出版有限公司 2013 年版，第 320 页。

系，首先是在与作为家族共同体的中枢的婚姻（家长的婚姻）的联系上被认可。于西欧的基督教社会，因重视于神的面前的神圣的结合（婚姻），所以婚姻外性关系被严格规制，由不被社会承认的关系所生的子女是被蔑视的，是不正式承认其与亲的社会的、法律的联系的。其后，与母的关系虽然仅被承认，但与父的法律上的关系是不被承认的。由于 20 世纪 50 年代至 20 世纪 70 年代人权思想于世界上广泛传播（广布），欧美诸国的婚外子的法律地位发生了大的变化，法律上的父子关系被认可，扶养、继承的权利也被承认。而且，迄至 20 世纪 90 年代，由于《儿童权利公约》等的出台，主张认可婚外子女与婚生子女完全同等的权利的想法、考量也变得炽烈。称婚生子女为正统的乃至合法的子女，而以否定的形态表现婚外子女的传统的法律用语"illegitimate"、"unehelich"、"nichtehelich"也被废止。[1]

于东方的日本，继承武家社会的惯行，为获得"家"的男性后继者而公认妾的时期也是有的。由妻以外的女性所生的子女，与诸外国比较起来也是有优遇的。在日本旧法中，尽管称婚姻外出生的子女为私生子女，但受父认领的子女称为庶子女，承认庶男子优先于嫡出女子而有家督继承权（男尊女卑）。但是，庶男子较嫡出男子是劣后的。1947 年日本进行民法修改，也以对法律婚的尊重为理由，对婚姻外出生的子女于法律上给予差别对待。婚姻外子女受到差别对待的典型为继承份额问题，日本最高法院已于 2013 年认定该做法违反宪法，法律的修改由此得以实现。但是，出生申报的样式等问题仍然残留下来。此外，关于婚姻外子女的共同亲权也成为检讨的课题。[2]

在我国的学理与实务中，通常依情形的不同而区分为婚生子女、非婚生子女、继子女以及养子女。其中，婚生子女又包括人工授精所生子女（人工生育子女）。[3]

---

1　参见［日］高桥朋子、床谷文雄、棚村政行：《民法 7 亲族·继承》，有斐阁 2023 年版，第 127—128 页（床谷文雄执笔）。

2　参见［日］高桥朋子、床谷文雄、棚村政行：《民法 7 亲族·继承》，有斐阁 2023 年版，第 129 页（床谷文雄执笔）。

3　参见巫昌祯主编：《婚姻与继承法学》，中国政法大学出版社 1997 年版，第 222—237 页（田岚执笔）；胡平主编：《婚姻家庭继承法论》，重庆大学出版社 2000 年版，第 305—347 页（王洪执笔）；杨大文主编：《亲属法》，法律出版社 1997 年版，第 240—262 页（陈明侠执笔）。

对于这些我国学理与实务中的分类，如下于论及相关部分时也一并予以涉及。谨此释明。

## 第二节　婚生子女、非婚生子女、继子女与人工生殖的子女

### 一、婚生子女及其推定制度

（一）嫡出子女、婚生子女及其法律地位

嫡出子女，简称嫡出子、嫡子女或嫡子，韩国民法称为亲生子[1]，我国学理一般认为，其系指正妻所生之子。宗法社会中称正妻或原配为嫡，正妻所生的子为嫡子。嫡子的地位高于庶子。只有在没有嫡子的情况下，庶子才能通过一定的程序取得嫡子的地位。嫡长子（正妻所生的长子）享有法定的优先继承权。于我国，新中国成立后，废除了嫡庶制度，故无嫡子的称谓和规定。[2]

依照我国学理的解释，所谓婚生子女，指于婚姻关系存续期间受胎或出生的子女。其包括如下几层涵义：①凡于合法婚姻关系存续期间受胎的子女，不问是否在婚姻关系存续期间出生，均为婚生子女；②凡于合法婚姻关系存续期间出生的子女均为婚生子女，不问是否婚前受胎（依婚生否认规定，可证明为非婚生子女者除外）；③子女由生父之妻分娩，且为夫之血统。并且，学理认为，以这样的标准界定婚生子女的益处有三：①有利于维护合法婚姻关系的稳定；②有利于维护婚姻及当事人双方的尊严；③特别有利于保护未成年子女的合法权益。[3]

另外，也有婚姻家庭法著述认为，所谓婚生子女是指于婚姻关系中受胎而出生的子女，并指出严格意义上的婚生子女应具备下列要件：①其父母间须有婚姻

---

[1]　参见巫昌祯主编：《婚姻与继承法学》，中国政法大学出版社 1997 年版，第 222 页（田岚执笔）。

[2]　参见江平、巫昌祯主编：《现代实用民法词典》，北京出版社 1988 年版，第 59 页。

[3]　参见陈明侠："亲子法基本问题研究"，载梁慧星主编：《民商法论丛》（第 6 卷），法律出版社 1997 年版，第 11 页；杨大文主编：《亲属法》，法律出版社 1997 年版，第 243 页（陈明侠执笔）。

关系；②其为生父之妻所怀孕分娩；③其在父母的婚姻关系存续期间受胎；④其为生母之夫的血统。[1]

此外，也有婚姻家庭法著述指出，根据法学原理，婚生子女是指婚姻关系成立后，妻受胎所生的子女，并认为婚生子女应具备以下要件：①其父母之间有婚姻关系存在，这是婚生与非婚生的根本区别；②须为生父之妻所分娩；③其受胎是在婚姻关系存续期间；④须为生母之夫的血统。如果受胎是由于夫以外的男人所为，则不得将该子女视为婚生子女。[2]

至于婚生子女的法律地位，学理多认为包括如下方面：父母对子女有抚养教育的义务；子女对父母有赡养扶助的义务；父母有管教和保护未成年子女的权利和义务；父母和子女有相互继承遗产的权利。[3]

（二）婚生子女推定制度

法谚谓："父为婚姻所彰示的人"（Pater est quem nuptiae demonstrant）。此法谚的意义即为：妻于婚姻中怀胎的子女的父亲，是夫。于民法上，由于系以自然生殖为前提，婚姻中是否怀胎、是否系（出于）夫的怀胎，其作为客观的事实乃是不明确、不清晰的。由此之故，于民法上，信赖夫妇间的贞操义务得到遵守，妻于婚姻中怀胎的子女，被推定为其婚姻中的夫的子女［《日本民法》第772条第1款（前段）］[4]。而且，于医学上，自婚姻成立之日起经过200日后，或婚姻解除、撤销之日起经过300日以内所生之子女，推定为婚姻中怀胎者（《日本民法》第772条第2款）。日本2022年修改法律前系以婚姻中的怀胎为基准而推定夫的子女，被推定的子女被称为受推定的婚生子女（被推定的婚生子女）。但是，2022年修改法律后，对于婚姻前怀胎而于母的婚姻中所生的子女，也推定为其婚姻的夫的子女［《日本民法》第772条第1款（后段）］。自婚姻成立之日起200

---

1　参见胡平主编：《婚姻家庭继承法论》，重庆大学出版社2000年版，第305—306页（王洪执笔）。

2　参见巫昌祯主编：《婚姻与继承法学》，中国政法大学出版社1997年版，第222页（田岚执笔）。

3　参见巫昌祯主编：《婚姻与继承法学》，中国政法大学出版社1997年版，第223页（田岚执笔）。

4　《日本民法》第772条规定："妻于婚姻中怀胎之子女，推定为夫之子女。自婚姻成立之日起经过两百日后，或婚姻解除、撤销之日起经过三百日以内所生之子女，推定为婚姻中怀胎者。"对此，参见王融擎编译：《日本民法：条文与判例》（下册），中国法制出版社2018年版，第725页。

日以内出生的子女，推定为婚姻前怀胎的子女（《日本民法》第772条第2款）。另外，《日本民法》第772条第3款规定，自怀胎到子女出生，母经历了两个以上婚姻的，该子女推定为与出生最近的婚姻中的夫的子女。还有，依据《日本民法》第774条的规定，婚生推定违反事实时，夫得否认子女为婚生，称为"嫡出否认"或"婚生否认"[1]。[2]

成问题的是，上述《日本民法》第772条的婚生推定不能及于的子女的范围是什么。为了不过度介入或干预家庭内的秘事，日本通说认为，仅限于夫妇事实上处于离婚状态以及于外国逗留中等，并不是夫的子女这一事实在外观上是清楚、明确的场合（外观说）；也有学说重视血缘，认为夫不育、人种不同（差异）等实质上使实亲子关系被否定时，不能做出婚生推定（血缘说）。近时，以DNA鉴定[3]作为亲子关系判定依据的主张变得强烈。还有，为了使家庭和平的保护与真实主义相调和，有学说主张，若家庭是和平的，则仅止于外观说的范围，若家庭和平丧失，则应进一步探求血缘的事实（家庭和平说、家庭破绽说）。也有学说主张，血缘上的父与母形成新家庭的，限于养育子女的场合，应认可户籍上的

---

[1] 参见王融擎编译：《日本民法：条文与判例》（下册），中国法制出版社2018年版，第727页。

[2] 参见［日］高桥朋子、床谷文雄、棚村政行：《民法7 亲族·继承》，有斐阁2023年版，第131—134页（床谷文雄执笔）。

[3] 关于此所谓的DNA鉴定，自隐私保护的视角看，其问题是多的，有立法例对之持慎重态度。犯罪搜查、为确认遗体身份而使用的场合姑且不论，为进行亲子鉴定，是否应当强制对DNA检查的协力，若强制的话是在怎样的场合，于怎样的程序（手续）下进行，若不强制的话，非任意检查的场合应当怎样判断等，对这些问题必须充分审视。在亲子关系的法判断方面如何（怎样）发生科学技术（亲子鉴定技术）的进步，乃是21世纪家族法上的重大课题。对此，参见［日］高桥朋子、床谷文雄、棚村政行：《民法7 亲族·继承》，有斐阁2023年版，第148页（床谷文雄执笔）。另外，我国台湾地区学理的研究指出，亲子鉴定系利用医学、生物学、遗传学等知识分析遗传物质特性以判断亲子关系的一种技术。在自然生殖的情况下，分娩者是明确的，因此需要做亲子鉴定者通常是对父亲与子女之间的血缘关系存有疑虑。亲子鉴定技术的发展源远流长，虽然技术的可能性有待商榷，但自古的确发展出"滴骨法"及"合血法"等，作为亲子血缘判定的方式。近年来由于基因科技发展迅速，生命的奥秘已经不再是人类无法探知的禁地，DNA亲子鉴定技术于是应运而生。DNA亲子鉴定乃借由比对当事人DNA序列以确知彼此间是否存有亲子关系的技术。DNA亲子鉴定技术凭借其高准确性、对人体无侵害性，并且检验时间短、价格低廉的特性，近几年来成为普及的技术。对此，参见林昀娴："超越99%的可能性——DNA亲子鉴定服务之规范与实务"，载戴东雄教授八秩华诞祝寿论文集编辑委员会：《戴东雄教授八秩华诞祝寿论文集：身分法之回顾与前瞻》，元照出版有限公司2017年版，第159—175页。

父子（女）关系的排除（新家庭形成说、新家庭破绽说）。但是，即使于近时的事例中，日本最高法院也没有拆毁外观说的立场或主张。重新评估婚生推定制度的存在意义后，2022 年修改法对否认权人、出诉期间做出大幅修改，婚生推定不能及于的子女的理论尽管受到影响，然其有用性乃是不能完全否定的。[1]

　　我国《民法典》与 2021 年 1 月 1 日起施行的《最高人民法院关于适用〈中华人民共和国民法典〉婚姻家庭编的解释（一）》并无关于婚生子女推定的规定与内容，然比较立法与实务中的规定与经验乃具有借镜与参考的价值，应系无疑。并且，我国的婚姻家庭法著述中，也多有论及婚生子女推定制度与规则者（当然主要是比较法上的制度与规则）。[2]故此，本书对婚生子女推定制度的相关问题予以研讨，乃是具有积极意义与有益价值的。

## 二、非婚生子女及其认领

### （一）非婚生子女及其法律地位

　　按照我国婚姻家庭法的学理乃至法理，非婚生子女与婚生子女对称，指没有合法婚姻关系男女所生的子女，俗称"私生子女"。[3]我国有的著述指出，"私生子女"是含有卑视之意的称谓，现代社会均已称为非婚生子女。[4]

　　我国台湾地区的亲属法（婚姻家庭法）著述指出，中世纪欧洲国家受基督教的影响，反对婚姻外的淫乱，将婚姻外的性关系视为罪恶，因此，由有罪的性关系所生的子女，必须代赎父母的罪恶，受此思想的影响，对于非婚生子女极为歧

---

　　1　参见［日］高桥朋子、床谷文雄、棚村政行：《民法 7 亲族·继承》，有斐阁 2023 年版，第 139 页（床谷文雄执笔）。

　　2　譬如杨大文主编《亲属法》（法律出版社 1997 年版）第 243—249 页（陈明侠执笔）对"婚生推定和否认"与"建立我国的婚生子女推定制度"做有论述；巫昌祯主编《婚姻与继承法学》（中国政法大学出版社 1997 年版）第 223—225 页（田岚执笔）对"外国亲属法关于受胎期及婚生子女的推定"做有论述；胡平主编《婚姻家庭继承法论》（重庆大学出版社 2000 年版）第 308—315 页（王洪执笔）对"婚生子女的推定与否认"也做有论述。

　　3　参见江平、巫昌祯主编：《现代实用民法词典》，北京出版社 1988 年版，第 91 页。

　　4　参见杨大文主编：《亲属法》，法律出版社 1997 年版，第 249 页（陈明侠执笔）。

视，认为非婚生子女为被诅咒的种子。此种歧视非婚生子女的观念，并不限于大陆法系，于英国普通法上，非婚生子女也受尽歧视，而且可谓比大陆法系更为苛酷，亦即于初期的普通法上，非婚生子女乃为无双亲的子女，与父母、兄弟姊妹均无法律上的亲属关系。此种虐待歧视非婚生子女的思想，20世纪以来已受到修正。婚姻的神圣性固然应加以尊重，但非婚生子女的产生乃是父母的罪恶，子女为无辜的，其为"有罪结合下之无罪的果实"，以父母的罪恶因果，报以无辜子女身上，实非近代人权思想所应有的观念，因此，20世纪以来，世界各国家和地区逐渐意识到，对于非婚生子女应予适当保护。例如，1919年的《魏玛宪法》第131条规定，依法应使非婚生子女就其肉体的、精神的、社会的教育上，与婚生子女有同样的条件。1918年的《苏俄婚姻、家庭和监护法典》第133条规定，出生乃家族的基础，不得认为婚姻内出生所产生的血缘关系，与婚姻外出生所产生的血缘关系之间有任何的差异。此规定树立了婚生子女与非婚生子女无差别待遇的原则。英国于1926年制定准正法，使非婚生子女得依父母的婚姻而成为婚生子女。如前述，保护非婚生子女的利益，使其与婚生子女有同等的权利，乃为20世纪以来世界各国家和地区共同的目标。从非婚生子女地位变迁的过程观之，非婚生子女之地位是由被歧视而至被保护，此种保护非婚生子女的立法趋势固然值得肯定，唯仍有婚生与非婚生的对立，对于非在婚姻关系存续期间受胎所生的子女，冠上"非婚生"之名，纵然于实质上与婚生子女同等对待，然形式上仍有区别。如前述，德国于1998年7月1日颁布实施《民法亲子改革法》，有关"非婚生子女"的用语不再于法条中出现，瑞士于2000年1月1日再次修正的亲子法也放弃"非婚生子女"的用语。将婚生子女与非婚生子女于民法上的区别彻底废除，被称为最进步的立法例。[1]

对于非婚生子女，比较立法与实务上系采取认领制度。在我国，有学理提出建立我国的非婚生子女认领制度。[2]非婚生子女的认领，系指非婚生子女之父，对

---

[1]　参见林秀雄：《亲属法讲义》（第三版），元照出版有限公司2013年版，第234—235页。

[2]　参见杨大文主编：《亲属法》，法律出版社1997年版，第252页（陈明侠执笔）。

于非婚生子女为承领的意思表示的行为。认领人即为非婚生子女之父，被认领人即为非婚生子女本人。非婚生子女之母，有分娩出生之事实即可确定，无须认领，而非婚生子女之父，则须认领后才能确定。[1]

对于非婚生子女的法律地位，《民法典》第 1071 条定有明文，其规定："非婚生子女享有与婚生子女同等的权利，任何组织或者个人不得加以危害和歧视。不直接抚养非婚生子女的生父或者生母，应当负担未成年子女或者不能独立生活的成年子女的抚养费。"据此规定可以明了，在我国，非婚生子女与婚生子女于法律地位及享有的权利义务上乃系相同，对于非婚生子女就像对待婚生子女那样，任何组织或者个人不得加以危害和歧视。[2]

（二）非婚生子女的认领

对于非婚生子女的认领，《日本民法》的规定较为充分、翔实，[3] 其第 779 条规定："非婚生子女，其父或母得认领之。"[4]《日本民法》的认领包括任意认领与

---

1　参见江平、巫昌祯主编：《现代实用民法词典》，北京出版社 1988 年版，第 91 页。

2　中国自古以来注重孝道，为达到延续香火、传宗接代的目的，一切手段均被合法化，亦即于正妻之外，也许纳妾，以谋子孙的繁殖，而保男系的血统。纳妾制度在中国古代为广祭祀承宗祧而被合法化，因此，可继后嗣的妾的子之地位受到保障，况且，妾作为家属而被扶养时，其所生的子女不致产生父不明的问题。亦即，中国古代并未坚持一夫一妻原则，严格区别婚姻内与婚姻外的性关系，因此，嫡庶之间也无明确的对立地位，于继承法的效果上，嫡庶居于平等地位。1929—1930 年《中华民国民法》的立法者尊重中国固有的传统习惯，为保护非婚生子女的权益而设有极为优遇的规定，一方面采取一夫一妻制，另一方面使非婚生子女得因生父的认领、抚育，或生父与生母的结婚，而容易取得婚生子女的地位，此与同时代的外国立法例相较，可谓为进步的立法。对此，参见林秀雄：《亲属法讲义》（第三版），元照出版有限公司 2013 年版，第 235—236 页。

3　应值提及的是，对于认领，我国台湾地区的学理指出，认领既为对非婚生子女承认为其父而领为自己子女的行为，自须对有血统联系的子女为之，若对无血统联系的子女为之，则系属认领无效，不生亲子关系存在的推定。如认领者与被认领者有血缘关系，纵加以认领否认，意义也不大。对此，参见许澍林："论认领与血缘关系"，载陈公棋炎先生九十晋五冥寿纪念文集编辑小组主编：《家族法新课题——陈公棋炎先生九十晋五冥寿纪念文集》，元照出版有限公司 2017 年版，第 213 页。另外，我国台湾地区的通说认为，认领的法律性质为意思表示，亦即认领乃生父对非婚生子女承认其为父子，而领为自己子女的法律行为，且为单独行为，无须被认领人的同意，但仍须以真实的血缘关系存在为前提，始可发生法律上的亲子关系。对此，参见邓学仁："以非婚生子女为主体之认领制度"，载陈公棋炎先生九十晋五冥寿纪念文集编辑小组主编：《家族法新课题——陈公棋炎先生九十晋五冥寿纪念文集》，元照出版有限公司 2017 年版，第 216 页。

4　参见王融擎编译：《日本民法：条文与判例》（下册），中国法制出版社 2018 年版，第 729 页。

强制认领。[1] 于不能任意认领的场合，经由裁判而使认领得以成立。[2]《日本民法》规定的任意认领（第781条）系将亲的意思置于重点，而强制认领（《日本民法》第787条）则是重视生理上系亲子这样的事实。关于对成年子女的认领，《日本民法》第782条规定："成年子女，非得其承诺，不得认领之。"[3] 关于对胎儿的认领，第783条第1款规定："胎内子女，父亦得认领。于此情形，应得母之承诺。"[4] 另外，根据2022年的修改法，胎儿时被认领的子女出生后依婚生子女推定之规则确认其父时，胎儿认领不发生效力（《日本民法》第783条第2款）。《日本民法》还对认领的无效与撤销做出了规定，尤其是2022年的修改法对此做出了一些新规定，谨予提及。还有，以往有国家（法国）禁止婚外子女进行"父的搜索"。日本旧民法仅规定父的认领（"人事编"第98条、第99条），明治民法认

---

[1] 依我国台湾地区学者戴东雄的释明，任意认领的方法又可分明示的意思表示与默示的抚养事实。前者系以生父主观的意思表示而发生效力的单独行为。生父有抚养的客观事实，也能视为认领。强制认领系非婚生子女对于应认领而不认领的生父，向法院请求确认其父子关系的存在，故又称诉讼认领。对此，参见戴东雄：《亲属法论文集》（再版），三民书局1993年版，第490页。

[2] 应值注意的是，我国台湾地区的学理认为，非婚生子女于生父认领前，与生父间并无父子女的法律关系，其经生父认领后，方取得婚生子女的地位，而与生父发生法律上的父子女关系，因此认领乃形成权的一种，唯其行使不必以诉为之。认领为发生法律上父子女关系的法律行为，乃属身份行为，基于身份关系的安定性，认领不得附条件或期限。认领乃使非婚生子女取得婚生子女的方法地位之一，若该子女已被推定为婚生子女，或经准正而被视为婚生子女，则无法成为被认领的对象。我国台湾地区通说与实务见解也肯定胎儿得为认领的对象。另外，对于已死亡的非婚生子女是否得成为认领的对象，学说认为宜采肯定说。又，近亲相奸所生的乱伦子，虽不能因准正而取得婚生子女的地位，但仍得为认领的对象。至于与有夫之妇通奸所生的子女，其受婚生推定，在婚生否认之诉判决确定之前，推定为婚生子女，若被推翻推定，则可由生父认领，而视为婚生子女。认领人须为生父。所谓生父，系指与该非婚生子女有血缘关系的父亲，若认领人与非婚生子女无血缘关系，则不得因认领而成为法律上的父子女。还有，认领乃身份行为，生父只须有意思能力，不以有行为能力为必要；认领须由生父亲自为之，不得由他人代理。对此，参见林秀雄：《亲属法讲义》（第三版），元照出版有限公司2013年版，第237—254页。

[3] 参见王融擎编译：《日本民法：条文与判例》（下册），中国法制出版社2018年版，第732页。

[4] 参见王融擎编译：《日本民法：条文与判例》（下册），中国法制出版社2018年版，第733页。应值注意的是，德国法也承认生父对于胎儿的认领，且不须经生母同意［《德国民法典》第1626条之2第2项规定："亲权声明于子女出生前，即得表示之。"对此，参见台湾大学法律学院、财团法人台大法学基金会：《德国民法》（下），元照出版有限公司2016年版，第196页］。对此，参见邓学仁："以非婚生子女为主体之认领制度"，载陈棋炎先生九十晋五冥寿纪念文集编辑小组主编：《家族法新课题——陈棋炎先生九十晋五冥寿纪念文集》，元照出版有限公司2017年版，第221页。

可对父的要求认领（旧《日本民法》第 835 条），而现行法则规定，子女及其直系卑亲属或这些人的法定代理人可提起认领之诉。但是，自父或母死亡之日起经过 3 年时，认领之诉不被认可（《日本民法》第 787 条）。此外，还有必要提及母的认领。《日本民法》预定了与父相同的母的认领，故此，以前常常认为母的认领是必要的、必须的。为此，分娩时虽然清晰、明确但不认领的，即认为并不能产生法律上的亲子关系。日本大审院认为，母为子女的出生申报时，对该申报，认可其具有认领的效力，或者即使不认领，也认可作为直系尊亲属的扶养（抚养）义务，由此谋求事案的解决。但是，日本学说强烈批判这一做法：一面有分娩这一客观事实，另一面却仍然以认领为必要。日本最高法院将此予以变更，母子关系依分娩的事实而当然发生，原则上无须认领 [1]。由此，母死后经过数年，也可以检察官为对象方而提起母子关系存在确认之诉 [2]。母的认领成为问题的，是像弃儿（未为出生申报就被遗弃的父母不明的人）那样的分娩事实不能证明的场合。[3] 还有，《日本民法》第 784 条规定，认领，溯及至出生之时产生其效力。此外，还有必要提及准正婚生子女。依日本的学理与立法，具体而言乃如下：①出生时并非婚生子女，但因父母的婚姻而成为婚生子女，是为准正婚生子女。受父认领的子女，因父母的婚姻而被准正的，为婚姻准正；于父母婚姻后受认领的子女成为婚生子女的，为认领准正（《日本民法》第 789 条）。于婚姻外出生的子

---

1　参见日本最判 1962 年 4 月 27 日民集 16 卷 7 号第 1247 页。

2　参见日本最判 1974 年 3 月 29 日家月 26 卷 8 号第 47 页。

3　这里有必要提及匿名生产与子箱（babyklappe）的问题。对于被扔掉的小孩，于不确定生母的情形下，进行出生的申报并不是不可以。于欧洲，自中世纪以来，将不愿养育的子女扔到修道院等（养育托付）是作为惯行而存在的，而于日本也存在同样的事情。在热心的近代国家，这是难以认可的惯行。但是，于法国，乃于法律上对此予以认可（匿名生产，accouchement sous X）。于德国，2000 年汉堡（Hamburg）的子箱之事成为话题：于教会、医院、民间设施等设置的箱中（其内是清洁安全的床、床铺）放入婴儿并关（上）门后，即对设置者告知此事，由此实现快速、敏捷的应对。于血缘主义的亲子观强烈的德国，匿名生产是被否定的，但也出现了对之予以认可的动向。2013 年 8 月的内秘生产法，在认可隐匿、保密母的名字的情形进行出生登录的同时，导入图谋知晓子女出身的权利（2014 年 5 月 1 日施行）。于法国，2002 年设立支援知晓子女出身的权利的公的组织。于日本，以德国为示范，被称为"婴儿 Post（box）"与内秘生产的架构被导入（熊本市的）医院的尝试受到关注。对此，参见［日］高桥朋子、床谷文雄、棚村政行：《民法 7 亲族·继承》，有斐阁 2023 年版，第 152—153 页（床谷文雄执笔）。

女，因两亲（父、母）的婚姻而成为婚生子女，此对于子女而言乃是期望（盼望）的。②于婚姻准正的场合，子女自父母的婚姻成立之时取得作为婚生子女的身份；于认领准正的场合，既往是认为自认领之时成为婚生子女，但于现今，则是认为溯及至父母的婚姻成立时取得婚生子女的身份。[1]

尽管我国《民法典》与司法解释并无关于非婚生子女认领的规定，然上述日本立法与实务对于认领的规定与做法无疑具有积极的参考、借镜意义。"他山之石，可以攻玉"，希冀我国未来的立法与实务也可建立和积累起有关非婚生子女的认领的规定与实务经验。

### 三、继子女及其与继父母间的权利义务关系

江平、巫昌祯主编《现代实用民法词典》（北京出版社 1988 年版）第 171 页谓：继子女（Stepchildren）是"对妻与前夫或夫与前妻所生的子女的称谓。继子女与继父母之间关系的产生，是由于父母一方死亡，他方带着子女另行结婚；或父母离婚，抚养子女的一方或双方另行结婚"。称妻与前夫或夫与前妻的子女为继子女，称母之后夫或父之后妻为继父母，"有血缘关系的父母子女间的权利义务关系，是根据子女出生的事实而形成。而无血缘关系的继父母与继子女间的权利义务的产生，必须基于实际上的抚养教育关系的形成"。或者简而言之，继子女是指丈夫对妻与前夫所生子女或妻对夫与前妻所生子女的称谓。所谓继父母与继子女关系，是指因父母一方死亡，他方带子女再行结婚，或因父母离婚，抚养子女的一方或双方再行结婚，从而在继父母与继子女间形成的亲属关系。[2]

《民法典》第 1072 条规定："继父母与继子女间，不得虐待或者歧视。继父或者继母和受其抚养教育的继子女间的权利义务关系，适用本法关于父母子女关系的规定。"据此规定，可以明确如下事项：①继父母与继子女间，不得虐待或

---

1　参见［日］高桥朋子、床谷文雄、棚村政行：《民法 7 亲族・继承》，有斐阁 2023 年版，第 140—154 页（床谷文雄执笔）。

2　参见杨大文主编：《亲属法》，法律出版社 1997 年版，第 258—259 页（陈明侠执笔）。

者歧视。②受继父或者继母抚养教育的继子女与继父母间的权利义务关系，得适用《民法典》第五编"婚姻家庭"中关于父母子女关系的规定。也就是说，于此场合或情形，继父母与继子女间的关系大抵是一种父母子女间的关系。《民法典》的这一厘定（第1072条）乃反映了我国社会主义条件下真正的新型的继父母与继子女间的和谐、谐适关系，实系值得肯定。

### 四、人工生殖的子女

（一）人工生殖的子女于比较法上的状况

按照现今比较法上的学理的解释，所谓人工授精，是指为使怀孕得以成立而将男性的精子注入女性的生殖器官内的医疗行为。它可以分为使用夫的精子的配偶者间人工授精（AIH）与使用提供者的精子的非配偶者间人工授精（AID）（日本首例AID婴儿于1949年诞生）。与此不同，于试管中进行精子与卵子的结合，等待受精卵分裂，而于女性的子宫或卵管内移植胚胎，使怀孕得以成立并分娩的，乃为体外受精。自1978年英国首位体外受精婴儿诞生以来，[1]世界上相当数量的体外受精婴儿得以诞生。体外受精多数是在夫妇间实施（妻的卵子被使用，妻生产，精子也多数是夫的）。此种场合或情形的亲子关系，AIH或AID得做同样（相同）的考量。但是由于精子、卵子、受精卵（胚胎）的提供次第（逐渐）普及，其问题变得复杂化。夫死亡后，妻使用亡夫的保存精子而生产，生物学上的父母死亡后，保存的胚胎移植到代理母体内而生产的情况也有。继承问题等法律上的混乱是令人畏惧、担心的。于日本，对生殖补助医疗技术的适用的法的规制被检讨，在2020年，其制定了《关于生殖补助医疗的提供等及由此出生的子女

---

1　1978年7月25日，在英国的奥尔德姆总医院（Oldham General Hospital）诞生了人类有史以来第一位试管婴儿路易斯·布朗（Louise Brown）。此划时代的创举，不但令举世传播媒体极为热闹，更激起世界各地的医师与科学家竞相研究。在短短的七年中，先后有数千个试管婴儿呱呱坠地。如将人工授精所生出的婴儿包括在内，其数更为惊人。对此，参见戴东雄：《亲属法论文集》（再版），三民书局1993年版，第575页。

的亲子关系的民法特例的法律》（《生殖补助医疗法》）。[1]

关于人工生殖的子女的父子女关系。于 AIH 的场合，系与通常婚姻所生的子女相同，即成为受推定的婚生子女。但是，采取血缘主义学说的场合，应解为有婚生推定不能及于的子女。例如，于人工授精术前后，妻与其他男性发生关系，这是因为，于出生的子女与夫之间会存在血型背驰的情形。接受不孕治疗的夫妇，妻与夫别居后，未经夫的同意，使用冻结保存的受精卵而怀孕的场合，生产的子女也受婚生推定，有法院驳回了亲子关系不存在确认之诉 [2]。夫同意的 AID 场合，推定为夫的婚生子女，此为从来的、一般性地排除已同意的夫的否认权的方法（做法）。日本 2020 年《生殖补助医疗法》第 10 条对此予以明文规定。另外，依 2022 年的修改法，被赋予了婚生否认权利的妻及子女，于此场合，也不得否认。夫未同意的场合，依从《日本民法》第 772 条的解释。于日本的裁判例中，夫未同意的场合，认容夫的婚生否认的情形也是有的 [3]。[4]

关于提供者的法律地位。提供者于生理上是父（母），但以夫（分娩的女性）为父（母）的反面，是认为不应使子女与提供者之间发生法律上的亲子关系（要求关于提供者的信息的权利应当认可，德国的精子提供者登录法即成为借镜）。例如，即使以欠缺同意为理由而否认人工授精子女系夫的婚生子女，对于不知晓没有同意事实的生理上的父，也不应认可其认领请求。违反提供者的意思，对并非配偶者的女性人工授精的，也系同样（相同）。相反地，关于提供者，其自己提供的精子等如何被利用、子女是否出生、是否认可其请求出生子女的信息则另当别论（或姑且不论），但不应与身份关系的成否（成败、成功与否）存在干与

---

1　参见［日］高桥朋子、床谷文雄、棚村政行：《民法 7 亲族·继承》，有斐阁 2023 年版，第 154—155 页（床谷文雄执笔）。

2　日本奈良家判 2017 年 12 月 15 日判例集未登载，大阪家判 2019 年 11 月 28 日判例集未登载。

3　参见日本大阪地判 1998 年 12 月 18 日家月 51 卷 9 号第 71 页。

4　参见［日］高桥朋子、床谷文雄、棚村政行：《民法 7 亲族·继承》，有斐阁 2023 年版，第 156—157 页（床谷文雄执笔）。

（粘连）。仅基于生理事实的扶养的权利义务的发生也不被认可。[1]

关于是否认可对非正式婚姻的夫妇适用生殖补助医疗。关于非正式婚姻的夫妇间，应否认可非正式婚姻的夫提供精子或第三人提供精子的人工授精、体外受精，存在不同见解。无论婚姻还是非正式婚姻，子女的养育环境没有变化，这样的见解也是有力的。受消除非婚生子女差别待遇的趋势影响，存在认可对非正式婚姻适用生殖补助医疗的动向。即使对于安定的事实婚夫妇、情侣，认可生殖补助医疗的立法例也是存在的（法国、澳大利亚等）。与婚姻夫妇间的人工授精子女被给予夫的子女的身份相同，认可对非正式婚姻的夫妇适用生殖补助医疗的情形，也应当认可因此出生的子女作为非正式婚姻的夫的子女的地位。为此，对胎儿的认领，拟制为以同意书进行的事前认领，并有排除以存在相反的事实为理由的认领无效之诉（《日本民法》第 786 条）的必要（日本《生殖补助医疗法》的修改）。于对非正式婚姻中出生的子女的法的规制并不充分的日本，直接沿着这样的方向推进存在诸多问题。日本厚生劳动省 2003 年的有关"报告书"曾指出，生殖补助医疗首先限制适用于法律上的夫妇间。[2]

关于代理母契约的问题。代替妻而产夫的子女的契约（代理母契约），于法律上具有怎样的效力？对此，于美国新泽西州的婴儿 M 事件中，由依赖者（夫）的精子人工授精而分娩的代理母拒绝子女的交还（交给），双方对契约的有效性与子女监护权的归属发生纷争。该州最高法院虽然认为代理母契约本身因违反公共秩序而无效，但是，比较依赖者（父）与分娩母的养育环境，确定父为监护人。代理母契约是否并不是对自己儿女的买卖，是否并不违反伴随代偿（代价、赔偿）的养子结亲（过继、做亲），与婴儿 M 事件相反，双方拒绝子女的收养（领去抚养）时应当如何（处置）等，存在诸多问题。体外受精技术实用化后，将依赖者夫妇的受精卵（胚胎）移植到别的女性的子宫而分娩（子宫借出、子宫

---

1　参见［日］高桥朋子、床谷文雄、棚村政行：《民法 7 亲族·继承》，有斐阁 2023 年版，第 159 页（床谷文雄执笔）。

2　参见［日］高桥朋子、床谷文雄、棚村政行：《民法 7 亲族·继承》，有斐阁 2023 年版，第 159—160 页（床谷文雄执笔）。

出租）的方法变得常见，由此，有更进一步的强烈批判指出，这是将女性贬低为单纯的分娩道具。禁止商业介绍、接受代理分娩的国家虽然在增加，但也有国家认可无偿且任意的代理分娩。根据日本厚生劳动省的"报告书"，日本打算对之予以禁止（根据该"报告书"，将依人工授精的情形称为代理母，将依受精卵移植的情形称为借腹，二者合称为"代理怀胎"），但是，于日本国内，抑或在国外，对于代理母，由夫的精子的人工授精或者体外受精、胚胎移植一经实施（进行），因此出生的子女的亲子关系即成为问题。生物学上的父是夫，而于法律上是否可以夫为父，则因谁成为母（与代理母的夫的关系）而有差异。[1]

关于代理母的母子关系。使妻的卵子体外受精后，移植到别的女性体内的场合，母子关系的决定首先成为问题。"卵的母"与"子宫（分娩）的母"不同的场合，遗传联系（相连、关系）优先的考量（想法）也是有的。但是，考虑在胎内的分娩前的密切关系与分娩后的母子关系的安定，通常认为母子关系依分娩的事实而发生。并非卵子提供者而分娩的女性，被认为是法律上的母［德国、瑞士、澳大利亚、新西兰等设有明文规定，日本《生殖补助医疗法》第 9 条也将分娩的女性确定（规定）为母］。因此，夫认领子女，即成为法律上的父（代理母有夫时，代理母的夫的婚生否认手续成为必要）。妻依作为亲权者的代理母（或父）的代理（代理承诺），仅得与该子女为养子结亲（做亲、过继）。虽然存在人工授精的精子提供者与子女不能成立法律关系这一原则，但此种场合与通常的精子提供者不同，因预定夫成为父，所以得将夫决定为父。自代理母那里收领子女的依赖者夫妇，将其作为自己的婚生子女而为出生申报时，又如何呢？既然分娩的是代理母，作为依赖者夫妇的婚生子女而申报乃类似于虚伪出生申报（夫的认领的效力被认可）。现实中，若为出生申报，应认为当事人对此是难以发生纷争（或争执）的。但是，仍有第三人以代理母的事实为依据而争执亲子关系的可能性。自保护子女利益的观点看，应该考量依虚伪出生申报而保护长期的实态

---

1　参见［日］高桥朋子、床谷文雄、棚村政行：《民法 7 亲族·继承》，有斐阁 2023 年版，第 160—161 页（床谷文雄执笔）。

亲子关系的方向。日本东京高判 2006 年 9 月 29 日判时 1957 号第 20 页载，就在美国的代理怀胎子，命令（有关机关）受理依赖者夫妇所为的出生申报，但是日本最判 2007 年 3 月 23 日民集 61 卷 2 号第 619 页认为，代理怀胎子与未分娩的女性间，即使该女性提供卵子，也不能认可母子关系的成立。[1]

还有必要提及卵子提供、胚胎提供场合的亲子关系。别的（其他的）女性提供卵子，夫或第三人提供精子，受精后移植到妻的子宫的场合，也是以分娩为基准，妻成为母。利用所谓"余剩胚"〔夫妇为了自己的胚胎移植（应限于使用夫妇的精子、卵子的情形）而获得，但夫妇决定不使用的情形（应限于该夫妇达成获得子女这一目的的场合）〕而分娩的场合，也是同样的。提供者与出生的子女间不发生亲子关系，乃系与 AID 的场合相同。[2]

（二）我国的人工生育子女的学理、实务与其展望

我国婚姻家庭法著述多会论及人工生育子女的问题，且通常以较大的篇幅展开论述，体现了其对于人工生育子女问题的重视与关注程度。[3] 按照学理的论述，我国自 1982 年首例使用冷冻精液进行人工授精获得成功以来，人工授精技术取得了迅速发展。1991 年，最高人民法院曾做出司法解释，指明"在夫妻关系存续期间，双方一致同意进行人工授精，所生子女应视为夫妻双方的婚生子女，父母子女间的权利义务关系适用婚姻法的有关规定"。[4]

值得指出的是，我国台湾地区新近的学理研究指明，台湾地区亲子关系的未来展望包括如下方面[5]：① "民法"的"分娩者为母"规定应重新检视。其大意

---

1　参见［日］高桥朋子、床谷文雄、棚村政行：《民法 7 亲族·继承》，有斐阁 2023 年版，第 161—162 页（床谷文雄执笔）。

2　参见［日］高桥朋子、床谷文雄、棚村政行：《民法 7 亲族·继承》，有斐阁 2023 年版，第 162 页（床谷文雄执笔）。

3　譬如巫昌祯主编：《婚姻与继承法学》，中国政法大学出版社 1997 年版，第 225—228 页（田岚执笔）；杨大文主编：《亲属法》，法律出版社 1997 年版，第 258—262 页（陈明侠执笔）；陈苇主编：《婚姻家庭继承法学》，法律出版社 2002 年版，第 249—266 页（王洪执笔）；胡平主编：《婚姻家庭继承法论》，重庆大学出版社 2000 年版，第 331 页（王洪执笔）。

4　参见胡平主编：《婚姻家庭继承法论》，重庆大学出版社 2000 年版，第 331 页（王洪执笔）。

5　参见戴东雄教授八秩华诞祝寿论文集编辑委员会：《戴东雄教授八秩华诞祝寿论文集：身分法之回顾与前瞻》，元照出版有限公司 2017 年版，第 141—144 页。

为，关于亲子关系的成立，系以血缘主义为原则，而以意思主义为例外。就母子关系而言，因有分娩的客观事实，该子女不论是否在婚姻关系存续期间受胎或出生，皆与生母发生法定的亲子关系，无需其他的意思表示。因此，原则上母子关系无认领问题，也不得针对母子关系提起婚生否认诉讼，或对之提起确认母子关系不存在诉讼。然由于人工生殖子女的婚生性，亦即婚生子女的法律地位并非基于自然血缘，当配偶的同意系被欺诈或被胁迫时，仍得于发现被欺诈之日起或胁迫终止后 6 个月内提起否认婚生性之诉。但受欺诈者，自子女出生之日起满 3 年后，不得为之。因此，一旦由受术妻提起婚生否认诉讼并获得胜诉判决，则人工生殖子女将面临无母的状态，其受扶养而得健全成长的权利即受影响。于此情形，基于子女利益原则，以及避免破坏捐赠人的隐匿性，若将来容许捐卵人"任意认领"该人工生殖子女，使子女得受扶养而健全成长，则血缘的母虽无分娩的事实，也得借由任意认领而与子女建立亲子关系；而利用人工生殖的分娩的母也得依法提起婚生否认诉讼，以否认子女的婚生性，进而解消亲子关系。另外，若将来代理孕母合法化，代理孕母虽为分娩之母，但与所生子女并无法律上的亲子关系。此时，若代理孕母仅为借腹孕母，因生殖细胞均来自不孕夫妻，则该子女法律上的父母为不孕夫妻。若代理孕母为捐卵的候补孕母，则同时为分娩者与卵子提供者，虽为所生子女法律上的母，但基于代孕契约应交付子女给不孕夫妻，故仅系子女出生证明上的母。此时，不孕夫因同时为生殖细胞提供人，故为该子女法律上的父；而不孕妻则借由成立收养他方子女的收养关系而成为养母。故此，"分娩者为母"仅为原则性规定，在特别法中则有基于各种不同原因事实的法律上的母。②非婚生子女主体地位的强化。③身份真实性与安定性的折冲。④公权力介入亲子关系的强化。其大意为，亲子关系的决定除血缘与意思的因素外，公权力的介入也为极重要的关键因素。关于此，无论在亲子关系的成立方式方面，还是在亲子关系的事实存在方面，都可发现公权力积极介入当事人的私法行为，以保护亲子关系的当事人及其他利害关系人的权益，并维护正当的身份秩序，增进社会的安定。例如，收养关系的成立必须经法院认可，关于人工生殖的专责管理与监督，未来若代理孕母合法化，也有专责管理与监督的公权力机关。另外，于各种亲子关系诉讼中，因亲子关系乃身份秩序之一环，比较偏重真实性与公益性的要求，故特别规定采职权主义以发现真实及维护公益。《法国民法典》第 333 条第 2 项甚至有 "自子女出生或被认领之日起，按照户籍证书占有身份至少已满 5 年者，任何人均不得对亲子关系提出异议，检察官除外" 的规定。检察官也为亲子关系诉讼的适格原告，此系借由赋予检察官提诉权，以缓和因采用身份占有制度而导致的对身份关系安定性的过度倾斜。

正如前面于论及比较法（尤其是日本法）时所看到的，人工生育（"人工生殖"）子女随着晚近以来于社会和实务中的普及，其引发的问题与需要解决和厘清的事项是较多的，尤其是它引发的亲子关系乃至继承问题都亟需予以廓清，以使社会的亲子关系、伦理关系乃至人与人的社会关系得以安定、清晰、明确。其不仅是我国学理与实务需要面对与加以研究的问题，于世界其他国家乃至地区，也系面临同样的问题。此诚可谓系现今婚姻家庭法领域的一项重要课题，乃不能不予以重视与关注。

日本与欧美国家系当代发达的国家，其生物科技、生命科学乃至生殖技术的发展与先进程度，应系走在世界的前列。尤其是东方的日本，其为我国的近邻，其处理与对待人工生殖子女的立法与实务经验，对我国具有较更为积极、直接的参考与借鉴价值和意义。对此，前文业已论及，可供参考，谨再予提及。

## 第三节　收养与养子女

### 一、收养概要

《民法典》第五编 "婚姻家庭" 的第五章规定 "收养"，共计包括三节（第一节 "收养关系的成立"，第二节 "收养的效力"，第三节 "收养关系的解除"），内容较为充实，是我国现今有关收养关系的法律适用的主要依循。

我国婚姻家庭法的学理与法理通常认为，收养是自然人依法领养他人子女为自己子女，从而使收养人和被收养人之间建立拟制亲子关系的民事法律行为。[1]领养他人子女的人为收养人，即养父母；被他人收养的人为被收养人，即养子女；将子女或儿童送给他人收养的父母、其他监护人和社会福利机构，即送养人。[2]收养具有如下法律特性：①收养是一种民事法律行为；②收养是变更亲属身份和权利义务关系的行为；③收养只能发生在非直系血亲关系的长辈对晚辈之间；④收养形成一种拟制血亲关系，可以依法设立或解除。[3]

收养制度有较为悠长的历史，其古已有之。于我国，根据有关资料的记载，汉族原始社会收养的规约虽已无从查考，但在某些少数民族中还保存有氏族社会收养关系的若干梗概。于法律上，秦汉时期就已存在收养的律例，自唐代到明清，历代封建律例皆有收养的规定。[4]新中国成立后，废除宗法制度下的立嗣制度，收养制度作为家庭制度的必要补充而为我国社会主义法律所认可、所确认。[5]

---

[1] 我国台湾地区学者戴东雄谓："收养是收养人将他人子女拟制为自己子女，而法律上视同自己的婚生子女，此关系称为法定血亲，而亲属相互间亦发生法律上的种种权利与义务关系。惟收养之目的因时代的不同而有所区别。"对此，参见戴东雄：《亲属法论文集》（再版），三民书局 1993 年版，第 362 页。

[2] 我国台湾地区的学理谓，"民法"不许收养他人的子女为孙子女。盖现代收养制度的基本精神在于保护被收养人，养孙既不成立亲子关系，自不生保护教养责任。其学理尚指出，收养系以发生亲子关系为目的的身份契约，因此，须以当事人间有收养意思表示的一致为必要，亦即，收养关系当事人间，须有实质上成立亲子关系的效果意思，若仅有养育的事实，而无成立亲子关系的意思，则非收养。至于通谋虚伪的假收养，应无收养的实质意思存在，故该收养也属无效。应值提及的是，我国台湾地区有关判例大抵也采此观点或主张。对此，参见林秀雄：《亲属法讲义》（第三版），元照出版有限公司 2013 年版，第 263 页及该页注释 4。另外，对于生母是否可收养自己的非婚生子女，我国台湾地区的学说见解并不一致。采肯定说者认为，生母依收养方法既可忌讳非婚生的污名，也可保全生母的名誉，而养子女的地位又与婚生子女同，收养显有实益，如为弃儿，因出生的事实有时也难以证明，许为收养对于子女也遥为有利。采否定说者大抵认为，非婚生子女不待生母的认领，即与生母发生直系血亲关系，因此宜采否定说。对此，参见林秀雄：《亲属法讲义》（第三版），元照出版有限公司 2013 年版，第 267—268 页。

[3] 参见巫昌祯主编：《婚姻与继承法学》，中国政法大学出版社 1997 年版，第 238—240 页（田岚执笔）。

[4] 巫昌祯主编《婚姻与继承法学》（中国政法大学出版社 1997 年版）第 241—242 页（田岚执笔）谓："在我国古代宗法制度下，实行以男性为中心的宗祧制度。其收养制度亦分为'立嗣'和'乞养'两类"。"古代的乞养为非亲属间收养"，"唐律称收养，明清律称乞养"。"立嗣的效力高于乞养，嗣子的地位是高于义子女的"。

[5] 参见杨怀英主编：《中国婚姻法论》，重庆出版社 1989 年版，第 266—268 页（郭振清执笔）。

另外，我国婚姻家庭法的学理还认为，收养与立嗣存在区别，收养关系与继父母子女关系既有相同之处，也有区别或差异。此外，收养与寄养也存在区别。[1] 学理上还指出，收养有事实收养与隔代收养之分别。所谓事实收养，系指当事人符合法律规定的条件，未经收养公证或登记，即公开以养子女关系长期共同生活；而所谓隔代收养，则系指收养人与被收养人年龄相差悬殊，以致辈分不当，于是便将收养人作为养孙收养。[2]

还有，我国台湾地区出版的有关婚姻家庭法著述也指出，中国旧时代有极为完善的收养制度，虽然制度名之为"立嗣"而为"宗祧继承"[3]的骨干，且其目的偏于祭祀和延续宗族血脉，但终止本生家庭关系而另创拟制的家庭关系，却与现代收养法相若。另外，旧律尚有"乞养"（收养异姓子女），是立嗣的例外，目的重在恤孤，与现代收养法设计相同。由唐以迄于清，这套制度大率一脉相传，少有更改。然清末"变法维新"，清政府曾草拟《大清民律草案》，其中规定收养一章，用以替代旧制。民国以后，也有三次草案（1905 年、1915 年及 1928 年），收养仍因客观情事而未能成为法律。1930 年公布并于次年施行的《中华民国民法》亲属编，一反旧律规定，将收养异姓立为原则，而立嗣反成例外（亲属间收养）。[4]

---

1　参见杨怀英主编：《中国婚姻法论》，重庆出版社 1989 年版，第 263—266 页（郭振清执笔）。

2　参见杨怀英主编：《中国婚姻法论》，重庆出版社 1989 年版，第 275—277 页（郭振清执笔）。

3　我国台湾地区学者戴东雄谓，中国传统社会重视宗祧继承，因而人民过着宗族生活。所谓宗族是同宗共姓的男系血族团体，而母及妻依附于父宗及夫宗。基于宗族生活，旧社会将亲属概念分为内亲与外亲。内亲系指同姓男系血亲；反之，外亲系指母族、女系血族及妻亲。礼制与旧律重视内亲而轻视外亲，此观服制上的差异即可明白。例如，祖父母服期亲，而外祖父母为小功服；又如堂兄妹为大功服，而表兄妹为缌麻服。男系与女系相差二等服制。中国旧社会结婚的目的为传宗接代，光宗耀祖，却非谋求婚姻当事人的幸福生活。孟子说，"不孝有三，无后为大"（《孟子·离娄上篇》），祭祀祖先与传香火成为传统社会宗族生活的核心。为达该目的，须立嫡以为宗祧继承人。立嫡的原则有三，即男系主义、直系主义及嫡长主义。立嫡的男系主义乃排他性原则，女子及其子孙自始被排除。因此生男在传统社会格外受重视，而育女非子。此所以韩非说："产男相贺，产女相杀"（《韩非子·备内篇》）。《白虎通》又说："阴卑不得自尊，就阳而成之"（《白虎通·嫁娶篇》）。对此，参见戴东雄：《亲属法论文集》（再版），三民书局 1993 年版，第 620 页。

4　参见王海南："论收养法中本生父母出养同意之规定"，载戴东雄教授八秩华诞祝寿论文集编辑委员会：《戴东雄教授八秩华诞祝寿论文集：身分法之回顾与前瞻》，元照出版有限公司 2017 年版，第 224 页。

## 二、比较法（尤其是日本法）上的养子制度的目的（旨趣）、普通养子女及特别养子女

于收养与养子制度的发展、演进过程中，自比较法的视角看，养子制度的目的（旨趣）经历了从获得家的继承者（为家的养子法），给予无实子女（生子女[1]、亲生子女）的亲有子女的快乐（欢乐），使家庭安定，到获得将来的扶养（赡养）者（为亲的养子法），再到对于没有实亲的子女给予代替亲的养育者（为子女的养子法）的变迁。概言之，养子制度经历了从为家的养子法到为亲的养子法，再到为子女的养子法的变迁历程。[2]在欧洲，于中世纪时，养子制度被废弃，到了近代，对儿童予以保护的养子制度得以复活（例如1926年的英国法），故此，仅认可未成年养子的情形不少。于东方的日本，养子制度迄至近代并未中断，而是持续起着重要的作用。虽然日本社会被认为重视血缘（或以血缘为重），但也应留意并非血缘拟制的亲子关系所具有的机能性作用（功用）。在明治民法中，若有作为法定推定家督继承人的男子，除女婿的场合外，不能以男子为养子（旧《日本民法》第839条），养亲也可以遗嘱为结亲（做亲、过继）的意思（旧《日本民法》第848条）等，其基本上是处于从为家的养子法到为亲的养子法的移行期。但是，由于第二次世界大战结束后的民法修改，由来于"家"制度的制约被废止，尽管残留了为亲的养子法的色彩，但设计了对于未成年养子的家庭法院的许可制度（《日本民法》第798条）等，故此，也可以说是达到了为子女的养子

---

1　参见王融擎编译：《日本民法：条文与判例》（下册），中国法制出版社2018年版，第722页。

2　对于此点，我国台湾地区学者戴东雄也表达了类似的观点，其谓：收养目的最先系因应宗族或家族血统继承之需要而产生。无子孙之宗族或家族，需利用收养之方法得一嗣子，使其祖先的血食不断。此时之收养人限于宗主或家长，而养子限于男性，收养之要件颇为严格。中国旧社会之立嗣为此期收养的典型。迨家族制衰颓，而宗祧继承或传香火松弛后，收养除为宗外，转变成为亲利益之趋势。此期之收养除立嗣外在于增加劳力、慰娱晚景或以养子待老。由于收养目的有多方面，被收养之人不限于男性，尤其因收养要件的放宽，易生转收养、逼良为娼等流弊。同宗抚养子、异姓养子（义子），为此期收养的典型。自第一次世界大战以来，因为战争，孤儿的人数增多，成为社会严重的问题，尤其最近工商业突飞猛进，社会结构变动，男女性观念开放，非婚生子女之人数也增加，为使这些子女能妥善受教养，现代各国家和地区收养法，无不以保护养子女之利益为出发点。对此，参见戴东雄：《亲属法论文集》（再版），三民书局1993年版，第362—363页。

法的阶段。另外，于日本，其定有普通养子女（日文汉字：普通養子）与特别养子女（日文汉字：特別養子）制度。[1]

按照日本学理的解释，普通养子缘组系相对于特别养子缘组而言，为了方便，也被称为通常的养子缘组。成为养亲的人是成年者，成为养子的人不得是成为养亲的人的尊亲属或年长者，有配偶的人以未成年者为养子女时，原则上应与配偶一同作出[2]；以未成年者为养子女时，原则上应获得家庭法院的许可等（《日本民法》第 792 条以下）。收养因依《户籍法》申报而发生效力。[3]至于特别养子缘组，则系指养子女与亲生父母及血族的亲族关系终止的缘组。父母对成为养子的人的监护显著困难或不适当等特别情事存在的场合或情形，于为了子女的利益而有特别必要时，家庭法院根据成为（或作为）养亲的人的请求，依审判而使特别养子缘组得以成立。原则上，25 岁以上的夫妇，共同得以 6 岁未满的人为养子，关于缘组，于成为养子之人的父母同意的场合被认可。于特别认可的情形以外，适用关于普通养子缘组的规定。[4]

### 三、同性伴侣的收养子女 [5]

由于先天生理因素，同性伴侣无法与对方生出共同子女，建立自然血亲关系。然而亲子关系的建立并非仅有透过自然血亲而已，还有透过收养方式，建立法定血亲的可能。同性伴侣是否被允许收养子女，为目前德国身份法中最受争议

---

1　参见［日］高桥朋子、床谷文雄、棚村政行：《民法 7 亲族·继承》，有斐阁 2023 年版，第 163—188 页（床谷文雄执笔）。

2　参见王融擎编译：《日本民法：条文与判例》（下册），中国法制出版社 2018 年版，第 742 页（《日本民法》第 795 条第 1 句）。

3　参见日本内阁法制局法令用语研究会编（林大编集协力）：《有斐阁法律用语辞典》，有斐阁 1998 年 6 月 30 日初版第 8 刷发行，第 1160 页。

4　参见日本内阁法制局法令用语研究会编（林大编集协力）：《有斐阁法律用语辞典》，有斐阁 1998 年 6 月 30 日初版第 8 刷发行，第 1015 页。

5　本部分乃系依据、参考戴瑀如："论同性伴侣之收养子女"，载戴东雄教授八秩华诞祝寿论文集编辑委员会：《戴东雄教授八秩华诞祝寿论文集：身分法之回顾与前瞻》，元照出版有限公司 2017 年版，第 201—221 页。

的部分。此因涉及第三人，即未成年子女的利益，立法者尚有疑虑，主要原因乃依照过去社会通念，对同性伴侣是否适宜保护教养子女有所怀疑，或应该说，由一父一母所组成的家庭被认为是可给予子女最佳生理、心理照护的场所。唯随着同性伴侣关系的社会接受度日益提高，而有更动的可能。德国乃系阶段性开放同性伴侣的父母权。于同性伴侣得否收养子女的议题上，欧洲人权法院直至今日共做出四个判决，以国别而言，有三个针对法国政府，一个针对奥地利政府；就性质而言，有两个为单身收养，两个为继亲收养，而欧洲人权法院却分别在同类议题上做出一个违反《欧洲人权公约》，一个不违反的判决。法国在 1999 年 11 月 15 日通过民事伴侣结合法，其适用范围同时涵盖同性伴侣与异性伴侣，为伴侣提供与婚姻相似的法律保障，但不包括收养与继承权。故此，在法国的同性恋者想要成为父母，仅能透过单身收养的方式为之，纵使已缔结民事伴侣关系亦然。在法国法院对同性恋者单身收养的认可上，欧洲人权法院已要求不得仅以性倾向作为拒绝认可的理由，除此之外，并未认为法国法禁止同性伴侣为继亲收养或共同收养的规定违反《欧洲人权公约》第 8 条的家庭生活保障与平等原则。其主要原因在于肯认法国政府的主张，认为民事伴侣与婚姻相较，仍属松散的组织，因此未必能为子女提供稳定的成长空间，故有不平等对待的必要，而给予内国个别裁量的空间。奥地利于 2013 年欧洲人权法院的判决做出后，立即修正民法与登记伴侣法，放宽继亲收养的规定，除配偶、异性伴侣之外，同性登记伴侣、同性伴侣也得收养他方伴侣的亲生子女，与该伴侣共同对子女行使亲权。伴侣关系解消后，并得准用离婚后子女亲权酌定的规定。其后，2014 年由奥地利宪法法院做成一项判决，促使同性伴侣在收养上的权利与配偶相同，不再设有限制。2015 年 1 月 21 日，立法者即依据宪法法院的判决内容进行修法，废止《奥地利普通民法典》第 191 条第 2 项与《登记伴侣法》第 8 条第 4 项的规定，允许同性登记伴侣共同收养子女，而于 2016 年 1 月 1 日正式施行。

### 四、现代收养法的立法趋势 [1]

根据我国台湾地区学理的研究，西方各国的收养法的立法趋势因收养思想的转变，约可归纳为如下三个重点：一是为未成年养子女的利益，二是区分成年人收养和未成年人收养 [2]，三是公权力介入监督。收养法的制度设计则趋向以未成年人收养为原则，成年收养为例外（例如德国、法国），甚至有排除成年人收养的模式（例如洪都拉斯、匈牙利）。为未成年人的利益着想，收养方式也由单纯的契约制而走向国家干预的宣告制，以防收养遭到滥用。至于介入的方式，则采契约兼法院认可制（例如奥地利）或确认制（例如德国 1977 年以前的旧法），甚至公权力完全介入（例如德国与匈牙利的法院许可，或瑞士的行政机关许可），单纯的契约制已逐渐遭到淘汰。另外，区分未成年人收养和成年人收养则使收养效果分为完全收养和不完全收养两类。对于未成年人收养，赋予完全收养效果，以便子女可以完全融入养家而受到优质照护和养育，从而养子女与收养人发生全面的亲属关系，与其本生家庭则断绝一切亲属关系（亲属间的收养通常只断绝子女与本生父母的关系）；而在成年人收养，则养子女与养家发生不完全的法律关系，通常只与养父母产生亲属关系，甚至与本生父母或本生父母的亲属仍保持一定的法律关系。置重未成年人收养的结果，使收养制度实质上成为现代社会福利政策的重要内容。而完全的收养效果，使收养人与养子女之间得以创设新的完整家庭关系，完全符合自罗马法以来所揭橥的"收养模拟自然"（Adoptio naturam imitatur）原则。

另外，这里还有必要提及我国台湾地区学者戴东雄对于收养所阐明的如下

---

[1]　本部分参考、依据王海南："论收养法中本生父母出养同意之规定"，载戴东雄教授八秩华诞祝寿论文集编辑委员会：《戴东雄教授八秩华诞祝寿论文集：身分法之回顾与前瞻》，元照出版有限公司 2017 年版，第 225—226 页。

[2]　我国台湾地区学者戴东雄谓：现代各国家和地区立法例之收养，以未成年子女为主，成年子女为辅。被收养人为成年人时，由本人为出养之意思即可。对此，参见戴东雄：《亲属法论文集》（再版），三民书局 1993 年版，第 396 页。

大义，即其谓：自近代以来，各国家和地区受连绵战争的影响，家庭破碎，父母流离失所，孤儿人数增多。又工商业的发达，社会急速的变迁，致男女对性的观念开放，也使非婚生子女之人数增加。因此这些子女之教养成为各国家和地区急须解决的社会问题。完善的收养制度是解决该问题的好方法之一，从而各国家和地区近年来对收养制度的规定莫不全力以赴，期能使不幸的子女获得最大的照顾。[1]

## 五、我国的收养与养子女

在我国现今的实务中，收养是一种较为常见的现象，且因收养而成为养子女的情形也是所在多有。有鉴于此，2020 年颁布的《民法典》乃对收养与养子女的相关事项——收养关系的成立、收养的效力及收养关系的解除——做出了诸多较完善、较充分的厘定。[2]如下依照《民法典》的规定对此三方面予以展开分析。

（一）收养关系的成立

如前所述，领养他人子女的人为收养人，即养父母；被他人收养的人为被收养人，即养子女；将子女或儿童送给他人收养的父母、其他监护人和社会福利机构，即送养人。[3]根据《民法典》的规定，下列未成年人，可以被收养：①丧失父母的孤儿；②查找不到生父母的未成年人；③生父母有特殊困难无力抚养的子女（第1093条）。可作为送养人的则包括如下个人、组织：①孤儿的监护人；②儿童福利机构；③有特殊困难无力抚养子女的生父母（第1094条）。至于送养的条件，《民法典》第1095条规定："未成年人的父母均不具备完全民事行为能

---

1　参见戴东雄：《亲属法论文集》（再版），三民书局1993年版，第359—360页。

2　我国台湾地区的学理于论及收养的实质要件时指出：①须有收养的合意；②收养人与被收养人间须有一定的年龄差距；③须非近亲及辈分不相当亲属间的收养；④夫妻应共同收养；⑤一人不得同时为二人的养子女；⑥夫妻的一方被收养时应得他方的同意；⑦子女被收养时应得父母的同意。对此，参见林秀雄：《亲属法讲义》（第三版），元照出版有限公司2013年版，第263—275页。

3　参见巫昌祯主编：《婚姻与继承法学》，中国政法大学出版社1997年版，第238页（田岚执笔）。

力且可能严重危害该未成年人的，该未成年人的监护人可以将其送养。"监护人
送养孤儿的，应当征得有抚养义务的人同意。有抚养义务的人不同意送养、监护
人不愿意继续履行监护职责的，应当依照《民法典》第一编的规定另行确定监护
人（第1096条）。[1] 至于生父母送养子女，则应当双方共同送养。生父母一方不明
或者查找不到的，可以单方送养（第1097条）。

依照《民法典》第1098条的规定，收养人应当同时具备如下条件方可收养：
①无子女或者只有一名子女；②有抚养、教育和保护被收养人的能力；③未患有
在医学上认为不应当收养子女的疾病；④无不利于被收养人健康成长的违法犯罪
记录；⑤年满30周岁。对于收养三代以内旁系同辈血亲的子女，可以不受《民
法典》第1093条第3项、第1094条第3项和第1102条规定的限制。华侨收养三
代以内旁系同辈血亲的子女，还可以不受《民法典》第1098条第1项规定的限制
（第1099条）。另外，《民法典》第1100条规定："无子女的收养人可以收养两名
子女，有子女的收养人只能收养一名子女。收养孤儿、残疾未成年人或者儿童福
利机构抚养的查找不到生父母的未成年人，可以不受前款和本法第一千零九十八
条第一项规定的限制。"有配偶者收养子女时，应当夫妻共同收养（第1101条）。
无配偶者收养异性子女的，收养人与被收养人的年龄应当相差40周岁以上（第
1102条）。继父或者继母经继子女的生父母同意，可以收养继子女，并可以不

---

[1]　值得指出的是，西欧各国，譬如德国、奥地利、瑞士、荷兰、法国、比利时、卢森堡、西班
牙等，就本生父母的出养同意皆有明文规定，其中德国的规定最为周延。在德国，有鉴于收养解消本
生家庭关系，严重侵害受其基本法保障的父母权，《德国民法典》乃规定，父母对于其婚生子女的出
养有同意权（第1747条第1款）。至于本生父母出养同意权的性质，德国学说以及实务见解皆肯认系
父母本有的权利，其理由为：出养同意因父母与子女有血缘关系而生，此与源自血缘关系的法律关系
毫无关联。故此，父母的亲权不行使或不再行使、父母婚姻关系是否存在等，皆不影响出养同意权的
行使，由此与法定代理人的同意权性质不同而应严加区分。只不过于通常情形下，因本生父母皆有亲
权，故只要父母双方或其中一方出养同意权的行使未受限制，两种同意权毋庸刻意加以区别。此时，
父母出养的同意表示被解释为系以一个意思表示做出两种同意（父母的出养同意与法定代理人的同
意），但非谓父母仅得为一个同意的意思表示。另外，我国台湾地区于2007年修改其"民法"亲属编
时，于第1076条之1第1项增订父母出养同意的规定，并将法定代理人同意移至第1067条之2第1项
及第2项，以为区别。对此，参见王海南："论收养法中本生父母出养同意之规定"，载戴东雄教授八
秩华诞祝寿论文集编辑委员会：《戴东雄教授八秩华诞祝寿论文集：身分法之回顾与前瞻》，元照出版
有限公司2017年版，第230—231页。

受《民法典》第 1093 条第 3 项、第 1094 条第 3 项、第 1098 条和第 1100 条第 1 款规定的限制。关于收养人收养与送养人送养，依照《民法典》的规定，乃应当双方自愿。收养 8 周岁以上未成年人的，应当征得被收养人的同意（第 1104 条）。

关于收养的登记、公告，收养协议的签订、收养公证以及收养评估 [1]，《民法典》第 1105 条规定："收养应当向县级以上人民政府民政部门登记。收养关系自登记之日起成立。收养查找不到生父母的未成年人的，办理登记的民政部门应当在登记前予以公告。收养关系当事人愿意签订收养协议的，可以签订收养协议。收养关系当事人各方或者一方要求办理收养公证的，应当办理收养公证。县级以上人民政府民政部门应当依法进行收养评估。"收养关系成立后，公安机关应当按照国家有关规定为被收养人办理户口登记（第 1106 条）。另外，《民法典》第 1107 条还规定："孤儿或者生父母无力抚养的子女，可以由生父母的亲属、朋友抚养；抚养人与被抚养人的关系不适用本章规定。"第 1108 条规定："配偶一方死亡，另一方送养未成年子女的，死亡一方的父母有优先抚养的权利。"

关于外国人于我国收养子女，《民法典》第 1109 条做出规定如下："外国人依法可以在中华人民共和国收养子女。外国人在中华人民共和国收养子女，应当经其所在国主管机关依照该国法律审查同意。收养人应当提供由其所在国有权机构出具的有关其年龄、婚姻、职业、财产、健康、有无受过刑事处罚等状况的证明材料，并与送养人签订书面协议，亲自向省、自治区、直辖市人民政府民政

---

[1] 值得注意的是，依我国台湾地区学者戴东雄的释明，所谓收养的形式要件，即收养的成立必须具备的一定方式。各国家和地区就收养的成立改采公权力之介入，而不采当事人放任主义，故其形式要件不如称为收养的程序。因收养的成立需要公权力的介入，故须履行一定的程序。各国家和地区的程序虽有不同，唯大致可归纳为三程序，即声请、审理及裁决。另外，该氏还指出，日本民法将收养视为与婚姻同性质的身份契约行为，故关于收养的无效与撤销没有明文规定时，准用婚姻无效与撤销的规定。德国现行法将收养不视为双方契约，而视为公权力的裁定（Dekretsystem），故不再承认收养的无效与撤销的存在。在其旧法中，部分收养契约有重大瑕疵时，得由有声请权人请求废弃（《德国民法典》第 1759 条 "收养关系之废止"）。对此，也请参见台湾大学法律学院、财团法人台大法学基金会：《德国民法》（下），元照出版有限公司 2016 年版，第 252 页。此废弃，类似于我国台湾地区的收养的终止。对此，参见戴东雄：《亲属法论文集》（再版），三民书局 1993 年版，第 413 页。

部门登记。前款规定的证明材料应当经收养人所在国外交机关或者外交机关授权的机构认证，并经中华人民共和国驻该国使领馆认证，但是国家另有规定的除外。"

《民法典》第 1110 条对收养人、送养人于收养过程中保守秘密做出了如下规定："收养人、送养人要求保守收养秘密的，其他人应当尊重其意愿，不得泄露。"

（二）收养的效力

按照学理的释明，收养行为使收养人与被收养人发生亲子关系，期能使养亲尽力保护教养被收养人。无论何种收养，法律拟制其发生血亲的关系。以登记为收养成立条件的国家和地区，自申报受理之日发生婚生子女关系；以法院或行政机关认可收养成立的国家和地区，自法院或行政机关认可之日发生效力。[1]《民法典》对于收养的效力设有 3 个条文的规定。[2] 其中，第 1111 条规定，自收养关系成立之日起，养父母与养子女间的权利义务关系，适用《民法典》关于父母子女关系的规定；养子女与养父母的近亲属间的权利义务关系，适用《民法典》关于子女与父母的近亲属关系的规定。并且，养子女与生父母以及其他近亲属间的权利义务关系，因收养关系的成立而消除。关于养子女的姓氏，根据《民法典》的规定，养子女可以随养父或者养母的姓氏，经当事人协商一致，也可以保留原姓氏（第 1112 条）。最后，《民法典》第 1113 条规定收养行为的无效及其自何时起无效，即依照其规定，有《民法典》第一编关于民事法律行为无效规定情形或者违反《民法典》第五编"婚姻家庭"规定的收养行为无效。无效的收养行为自始没有法律约束力。[3]

---

[1]　参见戴东雄：《亲属法论文集》（再版），三民书局 1993 年版，第 435 页。
[2]　学理认为，亲子关系的发生为收养最根本的效力，由此基本效力产生称姓、继承、亲权及抚养等关系。对此，参见戴东雄：《亲属法论文集》（再版），三民书局 1993 年版，第 436 页。
[3]　应注意的是，收养如被视为收养人与被收养人双方的契约行为，自可发生无效与撤销；反之，收养如被视为公权力的裁定，则只发生收养的废弃（Aufhebung）。对此，参见戴东雄：《亲属法论文集》（再版），三民书局 1993 年版，第 419 页。

（三）收养关系的解除

关于收养关系的解除 [1]，依照《民法典》第 1114 条的规定，收养人在被收养人成年以前，不得解除收养关系，但是收养人、送养人双方协议解除的除外。养子女 8 周岁以上的，应当征得本人同意。收养人不履行抚养义务，有虐待、遗弃等侵害未成年养子女合法权益行为的，送养人有权要求解除养父母与养子女间的收养关系。送养人、收养人不能达成解除收养关系协议的，可以向人民法院提起诉讼。依照第 1115 条的规定，养父母与成年养子女关系恶化、无法共同生活的，可以协议解除收养关系。不能达成协议的，可以向人民法院提起诉讼。另外，第 1116 条规定："当事人协议解除收养关系的，应当到民政部门办理解除收养关系登记。"

关于收养关系解除后的相关事项的处理与对待，《民法典》第 1117 条明确，收养关系解除后，养子女与养父母以及其他近亲属间的权利义务关系即行消除 [2]，与生父母以及其他近亲属间的权利义务关系自行恢复。但是，成年养子女与生父母以及其他近亲属间的权利义务关系是否恢复，可以协商确定。此外，《民法典》第 1118 条也明确如下事项：收养关系解除后，经养父母抚养的成年养子女，对缺乏劳动能力又缺乏生活来源的养父母，应当给付生活费。因养子女成年后虐待、遗弃养父母而解除收养关系的，养父母可以要求养子女补偿收养期间支出的抚养费。生父母要求解除收养关系的，养父母可以要求生父母适当补偿收养期间支出的抚养费，但是因养父母虐待、遗弃养子女而解除收养关系的除外。

---

[1] 我国台湾地区学者戴东雄谓，收养成立的亲子关系，视为人为的结合，故有一定事由发生时，得消灭其关系。消灭收养关系的行为称为终止，又分为合意终止与一方意思的终止。我国台湾地区现行"民法"承袭旧社会关于收养关系消灭的做法，将收养终止分为同意终止与裁判终止：前者乃双方当事人合意终止收养关系；后者乃因一定事由的发生，由一方声请法院宣告终止收养关系。终止效力的发生时期，在同意终止为书面订定时期，在裁判终止为判决确定日期。对此，参见戴东雄：《亲属法论文集》（再版），三民书局 1993 年版，第 462 页、第 479 页。

[2] 亦即，收养一旦终止，一方养子女与养父母的亲属关系及由此而发生的权利义务关系消灭。另依对我国台湾地区"民法"第 1083 条规定的解释，收养终止对本生父母方面有三点效力：①回复本姓；②回复其与本生父母的关系；③第三人的利益不受影响。对此，参见戴东雄：《亲属法论文集》（再版），三民书局 1993 年版，第 483—484 页。

# 第七章

# 亲权 [1]

## 第一节　概要

按照我国婚姻家庭法的学理，亲权，乃系指父母对于未成年子女的身体上和财产上的养育管教和保护管理的权利义务制度，其涵义包括如下三点：①亲权是基于父母子女身份关系而产生的，既包括基于自然血亲关系而产生的，也包括基于拟制血亲关系和人工生育而产生的；②亲权的基础系养育子女为父母必须承担的社会义务，为父母的一种天职；③亲权系主要由民法、婚姻家庭法予以规定的民事法律制度。[2] 于日本，其学理认为，未达成年的子女，因不具有完全的行为能力，故须有补助其能力的人。《日本民法》赋予亲该功用，称为亲权。依日本法，亲权分为财产管理权与身世监护权，不过，近时以来，乃强调亲权的义务性。在日本，以虐待儿童为理由的亲权的限制，以及由亲以外的人行使监护权也成为问题。[3]

---

[1]　本章的章名、各节的设计（含名称）乃至本章的主要内容，乃着重参考、依据［日］高桥朋子、床谷文雄、棚村政行：《民法 7 亲族·继承》，有斐阁 2023 年版，第 189—209 页（床谷文雄执笔）。

[2]　参见杨大文主编：《亲属法》，法律出版社 1997 年版，第 262—263 页（陈明侠执笔）。

[3]　参见［日］高桥朋子、床谷文雄、棚村政行：《民法 7 亲族·继承》，有斐阁 2023 年版，第 189 页（床谷文雄执笔）。

我国台湾地区学者戴东雄指出，一方面，欧陆近代法律思想创设亲权为父母对于未成年子女保护教养的依据。依亲权，父母对未成年子女有保护教养的义务。换言之，父母应负担子女的生活费。另一方面，欧陆近代民法确立权利能力后，未成年子女基于该能力，享有财产的所有权。但未成年子女不是无意思能力就是限制行为能力，故法律赋予父母或监护人财产上的权限，以保护未成年子女之权益。有鉴于此，现代各国家和地区就父母对未成年子女财产的权限规定，表现三点特色：①保护未成年子女的财产为其最高指导原则，故父母对未成年子女的财产关系，与其说是权利，毋宁说是义务，从而不能斤斤计较利益。②就子女的财产不分有偿的劳力取得或无偿的继承、赠与的取得，却只承认子女的财产。父母对未成年子女财产的管理、使用、收益及处分，应以负担子女生活费用为前提。换言之，父母对未成年子女财产的权限在于为父母抚养子女生活费之用，故子女财产的收益如有剩余，应归还于子女。③父母对子女财产的权限，以负担子女生活费用为前提，而此限制如无合理的监督方法，则子女的财产不易保护。故各国家和地区均由公权力机关介入，以监督父母管理、收益及处分未成年子女财产的情形。[1]

于比较法上，《日本民法》第818条第1项规定，未成年人（18岁未满的人）服从父母的亲权。亲权这一术语会使人想起亲的权利乃至权限、权威这些概念或术语，故此，其是着眼于亲的一方或侧面而予以构成的法律关系。唯于现今，乃依从于为子女的亲子法的全部原理，而寻求（或需要）为子女的亲权法。为此，与其称为亲的权利，不如称为亲的义务；与其称为亲权，乃不如以亲义务予以表现或呈现。于日本以外的其他诸国家和地区，以往使用意味着亲的权威、权力关系的术语（词汇），但于现在，乃变为亲的权利、亲的责任乃至进一步的亲的照顾、关怀、关照以及照料。不过，亲权人排除其他的人介入，而有对子女的身世监护与财产管理的决定权限，故此，亲的权利这一表现（表达、用语）仍然是有意义的。于日本，也有观点主张，如果强调亲权的义务性，则因其与未成年监护

---

[1]　参见戴东雄：《亲属法论文集》（再版），三民书局1993年版，第516页。

于内容上接近，而应将亲权与未成年监护作为统一的制度，强化对子女的保护者的公的控制、管理。[1]

根据我国台湾地区学者的研究，德国著名的民法学者海因里希·德恩堡（Heinrich Dernburg，1829—1907 年）教授于 1908 年出版的《德国帝国及普鲁士民法：德国家庭法》一书再度强调《德国民法典》中有关父母亲权力（Elterliche Gewalt）主要来自罗马法的父亲权力（Vaterliche Gewalt）观念。根据罗马法，父亲权力是指家父（长）对于在他权力下的子女（Gewaltenunterworfenes Kind）的控制权（Herrschaftsrecht）。这种权力原来是绝对的，是对于子女人格与财产的掌控。但是，这种绝对的父亲权力，在优士丁尼时代已经逐渐减弱。原来父亲可以掌控子女死或生的权力，变成父亲仅能对于子女有惩戒权（Zuchtigung）。另外，原来父亲可以取得子女的财产的权力也在优士丁尼时代改为父亲仅取得对子女财产的使用权（Niessbrauch）。海因里希·德恩堡教授更进一步指出，在德国自古以来的法中，父亲权力主要从父亲作为子女监护者的角度（Vormundschaft des Vaters）而来，因此父亲成为子女的代理人。这种传统父亲权力观点也被德国当时的共同法实务承认，将父母为子女监护者的法律思想订定于《德国民法典》中。[2]

值得提及的是，我国学理认为，在我国亲属法的历史上，从未专门用过"亲权"的名词，然亲权是存在的，并由此提出了建立我国的亲权制度的基本原则、亲权的主体及其行使、亲权的主要内容，以及亲权的消灭、停止和剥夺的建议与构想。[3]无疑，这些建议与构想皆应予肯定，具积极价值与意义。

---

1　参见［日］高桥朋子、床谷文雄、棚村政行：《民法 7 亲族·继承》，有斐阁 2023 年版，第 189—190 页（床谷文雄执笔）。

2　参见陈惠馨："父母与成年子女法律关系——从法律继受与法律比较观点分析"，载戴东雄教授八秩华诞祝寿论文集编辑委员会：《戴东雄教授八秩华诞祝寿论文集：身分法之回顾与前瞻》，元照出版有限公司 2017 年版，第 287—288 页。

3　参见杨大文主编：《亲属法》，法律出版社 1997 年版，第 265—275 页（陈明侠执笔）。

## 第二节　亲权人

《日本民法》第 818 条第 3 款规定，婚姻关系存续期间（婚姻中）的父母，原则上共同行使亲权。[1] 此称为"共同亲权原则"。[2] 之所以如是，乃系因为与父母双方之间维持密切关系符合子女最善利益，父母双方就子女的养育应负同等的责任。关于亲权行使的内容，于父母意见不同的场合应如何办，这一点虽会成为问题，但现今并未像过去（既往）那样给予父以优先的权利，而是委诸父母的协议予以解决或确定。虽然重视以协议予以解决，若父母的意见于此场合仍不一致，于日本，其现行法却并未设立明确的规定。然依《德国民法典》第 1628 条的规定，由父母一方声请，而给予一方决定权限。[3] 共同亲权人的一方以共同名义实施的行为，即使违反另一方的意思，只要对象方（相对人）没有恶意，其也是有效的（《日本民法》第 825 条）[4]。故此，他方追认的形式，使一方的亲权行使事实上得以完成或成立的情形也是不少的。但是，针对在子女（儿女）人生中具有继续性（持续性）影响的重要事项（例如职业选择、营业许可等），作为对亲权行使的司法介入乃至援助，家庭法院得为以认可父母一方的亲权行使为旨趣（或目的）的审判（《日本民法》第 819 条第 5 款类推适用）。另外，父母围绕亲权行使

---

1　《日本民法》第 818 条规定："未达成年之子女，服从于父母之亲权。子女为养子女时，服从于养父母之亲权。父母婚姻中，亲权由父母共同行使。但父母一方不能行使亲权时，由另一方行使。"对此，参见王融擎编译：《日本民法：条文与判例》（下册），中国法制出版社 2018 年版，第 761 页。

2　参见［日］高桥朋子、床谷文雄、棚村政行：《民法 7 亲族·继承》，有斐阁 2023 年版，第 191 页（床谷文雄执笔）。

3　《德国民法典》第 1628 条（"父母意见不一致时法院之裁判"）规定："父母于亲权行使时，对子女有重大影响之具体事件或性质特殊之事件而意见不一致者，家事法院得因父母一方之声请，改由父或母之一方决定。该移转裁判得附有限制或负担。"对此，参见台湾大学法律学院、财团法人台大法学基金会：《德国民法》（下），元照出版有限公司 2016 年版，第 198 页。

4　《日本民法》第 825 条规定："父母共同行使亲权之情形，父母一方以共同名义代子女作出法律行为，或同意子女作出之时，其行为违反另一方之意思时，亦不因此而碍其效力。但相对人为恶意时，不在此限。"对此，参见王融擎编译：《日本民法：条文与判例》（下册），中国法制出版社 2018 年版，第 770 页。

产生不和时，作为关于夫妇间的协力扶助的处分（《家事事件手续法》之家事别表第二第 1 项）之一环，也可以考虑委诸一方行使亲权的审判。于婚姻中，父母一方不能行使亲权时，另外一方得行使（《日本民法》第 818 条第 3 款但书）。除有父母一方的亲权丧失、辞任、成年监护开始等法律上原因的场合外，因生病等不能表示意思，服役中、航行或飞行中、（乘船或飞机）出国中（除依电话、电子邮件、线上会议、网络会议系统等可以互相通信的场合外）等事实上不能行使亲权的场合或情形也包括在内。像父母长时间别居的场合（婚姻破裂、婚姻失败的别居），应解为家庭法院得赋予父母一方对子女的监护权限（《日本民法》第766 条的类推适用）。[1]

　　另外，还有必要提及单独亲权的场合或情形。父母不存在婚姻时，父母的一方成为亲权人。此盖因分别过生活的父母以共同的方式而行使亲权乃是困难的。于协议离婚时，应依父母的协议而确定亲权者（《日本民法》第 819 条第 1 款），协议未达成时，或不能订立协议时，家庭法院依父或母的请求，得作出代替协议的裁定（《日本民法》第 819 条第 5 款）。[2]裁判离婚的场合，由法院确定亲权者（《日本民法》第 819 条第 2 款）。调停离婚、审判离婚的场合，于调停中或审判中确定亲权者。但是，子女出生前父母离婚的场合，母成为亲权人（《日本民法》第 819 条第 3 款）。另外，《日本民法》第 766 条第 1 款规定："父母协议离婚时，监护子女者、父母与子女之见面及其他交流、子女监护所需费用之分担及其他子女监护之必要事项，以其协议确定。于此情形，应最优先考虑子女利益。"[3]非婚生的子女，原则上，母成为亲权人（《日本民法》第 819 条第 4 款），即使为胎儿认领的场合也是同样的。婚外子女的场合，系与离婚后相同，通常认为亲权人为父母的一方。尽管如此，也重视出生后的母子关系的安定。不过，于近时的日本

1　参见［日］高桥朋子、床谷文雄、棚村政行：《民法 7 亲族·继承》，有斐阁 2023 年版，第191—192 页（床谷文雄执笔）。

2　参见王融擎编译：《日本民法：条文与判例》（下册），中国法制出版社 2018 年版，第 762页。

3　参见王融擎编译：《日本民法：条文与判例》（下册），中国法制出版社 2018 年版，第 711—712 页。

以外的其他国家和地区，不仅离婚后的子女，即使婚姻外的子女，由父母共同负监护责任的共同监护的立法例是增加的。于日本，其学理认为，应检讨这样做的可能性。[1]

这里还有必要涉及并非亲的人的亲权行使。对此，依照《日本民法》第833条、第867条的规定，亲权人未成年的场合，对未成年的亲行使亲权的人或未成年监护人，代替该未成年的亲行使亲权。[2]另外，于养子的场合，《日本民法》第818条第2款规定，养子，服从养亲的亲权。养亲的一方死亡时，他方（另一方）成为单独亲权人。养亲双方死亡时，因无行使亲权的人［《日本民法》第838条第1项］，故此，通说认为未成年监护开始[3]。因未成年监护具有补充亲权制度的特性，所以死后离缘（死后断绝养子关系）的手续被实施后自不用说，但于死后离缘被实施前，也有学说主张应认可实亲的亲权回复（亲权人的变更）。[4]

还有，关于亲权人的变更，《日本民法》第819条第3、4、5、6款规定："子女出生前父母离婚之情形，亲权由母行使。但子女出生后，得以父母之协议确定父为亲权人。对于已由父认领之子女之亲权，限于以父母之协议确定父为亲权人时，由父行使。第一款、第三款或前款之协议未达成时，或不能订立协议时，家庭法院依父或母之请求，得作出代替协议之裁定。为子女之利益而认为有必要时，家庭法院依子女亲属之请求，得将亲权人变更为另一方。"[5]另外，日本学理认为，对于儿女（小孩）来说，因监护环境的继续性是重要的，故此，关于

---

1　参见［日］高桥朋子、床谷文雄、棚村政行：《民法7 亲族·继承》，有斐阁2023年版，第192—193页（床谷文雄执笔）。

2　参见［日］高桥朋子、床谷文雄、棚村政行：《民法7 亲族·继承》，有斐阁2023年版，第193页（床谷文雄执笔）。

3　参见日本东京高等法院判决1981年9月2日家月34卷11号第24页。

4　参见［日］高桥朋子、床谷文雄、棚村政行：《民法7 亲族·继承》，有斐阁2023年版，第193—194页（床谷文雄执笔）。

5　参见王融擎编译：《日本民法：条文与判例》（下册），中国法制出版社2018年版，第761—762页。

亲权人的变更乃必须慎重。[1]

# 第三节　亲权的内容

比较法（尤其是于日本法）上对亲权的内容大抵规定了如下四方面的事项[2]：①身世监护权；②身份上的行为的代理；③财产管理权；④关于利益相反行为。如下予以分别论及。

关于身世监护权。《日本民法》第 820 条规定，行使亲权的人，为子女的利益，负有监护、教育子女的权利与义务。[3]作为其具体的内容，《日本民法》于第821 条规定了"子女的人格尊重义务"，于第 822 条规定了"居所指定权"，于第823 条规定了"职业许可权"。日本于 2022 年修改民法时，将原第 822 条关于亲权人惩戒权的规定废除（剔除），并因应关于子女养育的基本理念，设立（规定）了对于子女的人格尊重义务。行使亲权的人依《日本民法》第 820 条的规定而为监护及教育时，在尊重子女人格的同时，必须照顾、关怀、关照其年龄与发育的程度，且不能为（或有）体罚及其他对子女身心的健全发展（发达）有害的言行（《日本民法》第 821 条）。关于居所指定权，自乳幼儿到少年期间，因通常是与亲权人同居而过共同生活，故此，不太会成为问题。子女不与亲权人同居而存在于第三人之下的场合，若其是不当情事，亲权人可以之作为对子女行使亲权的妨害，请求将子女交还（民事诉讼程序）。不过，像虐待儿童的场合，因亲权人滥用亲权之故，儿童与亲权人暂时被分离，受到儿童福祉设施、养父母等的保护时，

---

1　参见［日］高桥朋子、床谷文雄、棚村政行：《民法 7 亲族·继承》，有斐阁 2023 年版，第195—197 页（床谷文雄执笔）。

2　参见［日］高桥朋子、床谷文雄、棚村政行：《民法 7 亲族·继承》，有斐阁 2023 年版，第197—203 页（床谷文雄执笔）。

3　一般或通常认为，现代法上的亲权乃为"义务权"（Pflichtrecht），其特征在于权利与义务相结合，并且权利的行使并不是为权利人自己，而是为了其他特定人的利益。德国学理即做如是主张。对此，参见施启扬：《民法总则》（修订第八版），中国法制出版社 2010 年版，第 36—37 页；陈华彬：《民法总则》（第二版），中国政法大学出版社 2023 年版，第 268 页。

亲权人要求交还子女，是不应被认可的。[1]

关于身份上的行为的代理。于一定的场合，亲权人行使身份上的行为的代理权。例如，认领之诉（《日本民法》第 787 条）、就 15 岁未满的子女的养子缘组［代诺（代替承诺）缘组[2]，《日本民法》第 797 条]、姓氏的变更（《日本民法》第 791 条第 3 款）请求等即是。另外，儿童商谈所长或儿童福祉设施长行使亲权的场合，要为养子缘组的承诺，必须获得都道府县知事的许可。

关于财产管理权，其包括如下方面的内容：①亲权人管理子女的财产，就关于子女财产的法律行为，代表其子女。[3]但是，将发生以其子女的行为为标的的债务时，应取得本人的同意（《日本民法》第 824 条[4]）。财产管理不仅包括对财产的保存、利用，也包含于必要范围内的处分。所谓代表，其在本质上乃是代理。②亲权人为子女事务，应负与为自己的同一（相同）的注意（《日本民法》第 827 条）。与未成年监护人负善管注意义务（《日本民法》第 869 条、第 644 条）相较，自作为亲的情事看，亲权人所负责任是缓和的。③子女达到成年时，亲权人应毫不迟延地结算其管理。但是，子女的养育及财产管理费用，视为与子女财产的收益相抵销（《日本民法》第 828 条）[5]。值得提及的是，对于此亲权人的收益权，存在批判。④关于第三人给予子女的财产的管理，其是否服从于作为亲权者的父或母的管理，依该第三人的意思而定。于父母皆无管理权的场合，第三人未指定管理者时，基于子女等的请求，家庭法院选任管理者（《日本民法》第 830

---

1　参见［日］高桥朋子、床谷文雄、栅村政行：《民法 7 亲族·继承》，有斐阁 2023 年版，第 197—198 页（床谷文雄执笔）。

2　值得提及的是，华夏主编《简明日汉法律辞典》（人民法院出版社 2003 年版）第 156 页对"代诺养子"的中文释义为："代允养子（由他人代替被收养人承诺的收养协议）"。

3　亦即，父母对未成年子女的财产法上的代理权。另外，父母对未成年子女有财产法上的同意权。父母对未成年子女的特有财产有管理权、使用收益权、处分权，法定代理人对未成年子女财产上权限的行使原则，有共同行使、由父单独行使、由母单独行使三种。对此，参见戴东雄：《亲属法论文集》（再版），三民书局 1993 年版，第 505—529 页。

4　《日本民法》第 824 条规定："行使亲权者，管理子女之财产，且就其财产相关之法律行为，代表其子女。但将发生以其子女之行为为标的之债务时，应取得本人之同意。"对此，参见王融擎编译：《日本民法：条文与判例》（下册），中国法制出版社 2018 年版，第 769 页。

5　参见王融擎编译：《日本民法：条文与判例》（下册），中国法制出版社 2018 年版，第 775 页。

条）[1]。[2]

另外，还有必要提及所谓的利益相反行为。亲权人行使其法定代理权之行为，不能对自己成为利益，而对子女成为不利益。此称为利益相反行为的禁止。关于亲权人与子女利益相反的法律行为，亲权人必须请求家庭法院为子女的利益而选任特别代理人。另外，亲权人对数名子女行使亲权的场合，就其一人与其他子女利益相反的行为，亲权人应向家庭法院请求为其一方选任特别代理人（《日本民法》第826条）[3]。此类似于一般代理权中的所谓自己契约、双方代理的禁止（《日本民法》第108条）。但是，二者要件不同，成为其对象的法律行为也有不同（或有差异）。亦即，利益相反行为之禁止，单独行为或关于与第三人的契约的代理也包含于其射程范围中，对子女行为的同意权的行使也成为其对象。还有，于对法定代理人不利益的情况下图谋（谋求、考虑）未成年人的利益，并不是问题。对利益相反行为的判断，系以行为的外形为基准，即客观上看，是否对于亲权人成为利益，而对于子女成为不利益之事。此称为外形说（形式的判断说），其不以实施行为的亲权人的意图或行为的实质效果作为判断基准[4]。另外，关于利益相反行为的判断基准，也存在实质的判断说，这种见解也是有力的。该见解作为对保护子女的亲权理论不确切、不恰当的批判，认为应依照具体的情事，以亲权人实质上侵害了子女利益的行为为利益相反行为。事实上，在批判外形说有使未成年人利益受损害之虞的同时，也应看到，实质的判断说有对第三人造成损害而害及交易安全之虞。亲权人与子女间的法律行为，除亲权人将其财产赠与子女的场合外，多数场合是利益相反行为。与第三人的法律行为，例如就亲权人的债务，子女成为连带债务人、保证人，为清偿亲权人的债务而处分子女财

---

1　参见王融擎编译：《日本民法：条文与判例》（下册），中国法制出版社2018年版，第776页。

2　参见［日］高桥朋子、床谷文雄、棚村政行：《民法7 亲族·继承》，有斐阁2023年版，第198—199页（床谷文雄执笔）。

3　参见王融擎编译：《日本民法：条文与判例》（下册），中国法制出版社2018年版，第770—771页。

4　参见日本最判1962年10月2日民集16卷10号第2059页。

产，即属利益相反行为。为筹措、供应子女的养育费，亲权人成为债务人，为担保其债务而端出（提供）子女财产的，成为利益相反行为[1]。亲权人作为代理人，以子女的财产对再婚的配偶者为赠与，也是利益相反行为。此盖因日本判例将监护人向非正式婚姻的夫（内缘的夫）无偿让与被监护人的财产作为利益相反行为处理和对待[2]，故此，即使是关于亲权人，也做同样的考量、对待与把握。根据外形说，亲权人代理子女自第三人借金钱，为自身目的而用尽的，并不是利益相反行为。另外，为第三人的债务，亲权人代理子女而于子女的不动产上设定抵押权的，也不是利益相反行为。此外，还有必要涉及继承与利益相反行为。亲权人与服从其亲权的未成年人间，或者未成年人相互间，就遗产分割协议可能发生利益相反关系。被继承人的配偶者与子女存在共同继承人关系，乃是通常可能发生之事。另外，被继承人和前配偶间的复数子女与被继承人的生存配偶者成为共同继承人的场合，被继承人的复数非婚生子女成为共同继承人的场合，或存在复数代位继承[3]人的场合等[4]，亲权人即使不作为继承人，与服从其亲权的子女间也可能发生利益相反关系。由此之故，就其中的一人，亲权人虽可进行（或为）代理，但就其他的人，则以特别代理人的选任为必要[5]。关于继承放弃，日本大审院以继承放弃是没有对象方的单独行为而否定利益相反性，而日本最高法院认可其可能成为利益相反行为。不过，监护人代理复数的被监护人而为继承放弃，但监护人自身的继承放弃是在关于被监护人的继承放弃之前实施的场合，其并不成为利益相反行为[6]。日本有学说见解对此予以批判，而认为继承放弃常常是利益相反行为。关于利益相反行为的效力，日本判例认为，亲权人作为法定代

---

1　参见日本前揭最判 1962 年 10 月 2 日。

2　参见日本最判 1970 年 5 月 22 日民集 24 卷 5 号第 402 页。

3　参见华夏主编《简明日汉法律辞典》（人民法院出版社 2003 年版）第 156 页对日文汉字"代襲相続"的释义。

4　参见日本最判 1974 年 7 月 22 日家月 27 卷 2 号第 69 页。

5　参见日本最判 1960 年 2 月 25 日民集 14 卷 2 号第 279 页。

6　参见日本最判 1978 年 2 月 24 日民集 32 卷 1 号第 98 页。

理人而实施的利益相反行为，是无权代理行为 ¹。故此，子女达到成年后不追认时，该利益相反行为是无效的。关于仅亲权人一方与子女存在利益相反关系的场合，乃存在如下学说或主张：应由不存在利益相反关系的他方（另一方）亲权人以单独的方式代理；应由特别代理人以单独的方式代理；应由有利益相反关系的一方亲权人请求（或要求）特别代理人的选任，没有利益相反关系的他方（另一方）亲权人与特别代理人以共同方式而为代理行为。关于他方亲权人单独说，存在是否得排除有利益相反关系的亲权人影响的疑问，其实质上存在对子女的利益不能予以充分保护之嫌。另外，对于特别代理人单独说，存在不能限制他方（另一方）亲权人的亲权行使的批判。共同代理说系为通说 ²。最后，还有必要提及特别代理人的选任。因特别代理人是代替亲权人保护子女的，所以必须选任充分知晓子女的财产状况（状态）、家族关系等，得为了子女的利益而工作的人。虽然家庭法院独自找寻适任者是困难的，但若候选人是由作为声请人的亲权人稀里糊涂提出与被选任的，则不能成为（变成）该亲权人的替身。还有，特别代理人自身与未成年人存在利益相反关系的场合，根据对《日本民法》第 826 条第 1 款的类推适用，特别代理人不得行使依选任的审判而被赋予的权限 ³。⁴

## 第四节　亲权的丧失、停止及终止

### 一、亲权丧失制度概要

亲权系为保护子女的利益而赋予亲的权限，故此，于存在与其目的不合致的亲权行使的场合，以及亲权人对子女的监护有不适合情事的场合，为了保护子

---

1　参见日本最判 1971 年 4 月 20 日家月 24 卷 2 号第 106 页。

2　参见日本最判 1960 年 2 月 25 日民集 14 卷 2 号第 279 页。

3　参见日本最判 1982 年 11 月 18 日民集 36 卷 11 号第 2274 页。

4　本部分依据、参考［日］高桥朋子、床谷文雄、棚村政行：《民法 7 亲族·继承》，有斐阁 2023 年版，第 199—203 页（床谷文雄执笔）。谨此释明。

女，即有剥夺该人作为亲权人的地位的必要。为此，于日本，其民法（典）规定，父或母虐待或恶意遗弃子女时，以及因父或母的亲权行使显著困难或不适当而显著害及子女的利益时，家庭法院依子女、其亲族、未成年监护人、未成年监护监督人或检察官的请求，得就其父或母为亲权丧失的审判［依 2011 年的修改，将亲权丧失的要件自"滥用亲权或显著行为不端、品行坏、不规矩时"予以变更，扩充申请权人范围。2021 年的亲权丧失新受案件为 104 件，认容 48 件，驳回20 件，撤销、撤回 70 件］。但是，两年以内其原因有消灭的希望时，不在此限（《日本民法》第 834 条）[1]。例如，医疗疏忽场合，对子女利益的危险被认为是暂时性的，即考虑适用根据 2011 年的修改而新设的亲权停止。还有，因财产管理权的行使困难或不适当时而害及子女的利益时（由于 2011 年的修改，将要件自"由于管理失当之事而危及其子女的财产时"予以变更），得为管理权丧失的审判（《日本民法》第 835 条）。另外，于日本，旧法中也存在亲权丧失制度，但是当时，父死亡后，母例外地成为（变成）亲权人的场合，对母的亲权行使感到不愉快的父方亲族，以母的品行、行为、举动为理由而得为亲权丧失的请求。但是，法院始终表示（或显示）亲权的剥夺以子女利益为判断基准。2011 年修改的《日本民法》第 834 条，其作为亲权丧失的具体要件而载明"子女的利益"，这件事的意义重大。[2]

## 二、儿童虐待与亲权的限制

于日本，现今于儿童（小孩）的监护状况极度不恰当的场合（儿童虐待），亲权丧失逐渐成为（变成）问题。对于亲权人，亲族等不能伸出救济之手的场合，儿童商谈所的积极的养育援助与介入即被期待。为此，于日本儿童福祉法

---

[1] 参见王融擎编译：《日本民法：条文与判例》（下册），中国法制出版社 2018 年版，第 777—778 页。

[2] 参见［日］高桥朋子、床谷文雄、棚村政行：《民法 7 亲族·继承》，有斐阁 2023 年版，第204—205 页（床谷文雄执笔）。

上，亲权丧失的请求，即使儿童商谈所长也可以为之。亲权人基于宗教理由而拒绝同意未成年人手术的场合，儿童商谈所长声请亲权丧失宣告，而认容亲权人的职务执行停止、职务代行者选任声请的事例也是存在的 [1]。[2]

### 三、亲权停止、亲权丧失等的撤销，亲权、管理权的辞任及亲权的终止

亲权丧失的原因消灭，即得撤销亲权丧失之裁定（《日本民法》第 836 条）。还有，根据《日本民法》第 836 条的规定，亲权丧失、亲权停止或管理权丧失的原因消灭时，家庭法院依本人或其亲族的请求，得撤销亲权丧失、亲权停止或管理权丧失的审判。儿童商谈所长也得为这些请求。另外，亲权人有不得已之事由时，获得家庭法院许可，得辞任亲权或管理权。还有，于该事由消灭时，获得家庭法院许可，得回复亲权或管理权（《日本民法》第 837 条）。于日本，亲权、管理权的辞任件数较少（辞任、回复加在一起，2021 年的新受件数为 19，认容 8 件，撤销、撤回 10 件）。由于子女达到成年或死亡，亲权当然终止（绝对终止，《日本民法》第 818 条第 1 款、第 828 条）。还有，亲权人的死亡、亲权丧失，使该亲的亲权终止（相对终止）。行使亲权的人负有财产的管理计算义务（《日本民法》第 828 条）、应急处分（善处）义务以及通知义务（《日本民法》第 831 条、第 654 条、第 655 条）。[3]

---

1　参见日本名古屋家审 2006 年 7 月 25 日家月 59 卷 4 号第 127 页。

2　参见［日］高桥朋子、床谷文雄、棚村政行：《民法 7 亲族·继承》，有斐阁 2023 年版，第 205—206 页（床谷文雄执笔）。

3　参见［日］高桥朋子、床谷文雄、棚村政行：《民法 7 亲族·继承》，有斐阁 2023 年版，第 206—209 页（床谷文雄执笔）。

第八章

# 离婚

## 第一节　离婚制度概要

按照我国婚姻家庭法的学理，所谓离婚（Divorce），又称离异，乃指配偶生存期间依照法律规定解除婚姻关系，又称为婚姻的解除（日本学理称为"婚姻的解消"[1]）。它是当事人摆脱婚姻效力（即婚姻的法律拘束力）的一种手段或行为，就法律制度而言，它是终止当事人婚姻关系的一种形式。[2]

我国已有的婚姻家庭法著述也指出，离婚又称"离异"，是指配偶生存期间依照法律规定的条件和程序，解除夫妻关系的法律行为，并认为离婚须符合以下条件：①离婚的主体只能是夫妻双方；②请求离婚的男女双方须有婚姻关系；③离婚男女必须遵守法律规定的条件和程序。[3]

依照日本婚姻家庭法的学理，婚姻的解消原因，有夫妇一方死亡与离婚两种。夫妇一方一旦死亡，继承开始，生存配偶者有继承权（《日本民法》第890条）。另外，夫妇一方死亡的场合，生存配偶者若为意思表示，则发生如下两项

---

1　参见［日］高桥朋子、床谷文雄、棚村政行：《民法 7 亲族·继承》，有斐阁 2023 年版，第 72 页（高桥朋子执笔）。

2　参见杨大文主编：《亲属法》，法律出版社 1997 年版，第 164 页（陶毅执笔）。

3　参见胡平主编：《婚姻家庭继承法论》，重庆大学出版社 2000 年版，第 190—191 页（胡平执笔）。

效果：其一，生存配偶者表示使姻亲关系终止的意思时，婚族关系终止（《日本民法》第 728 条第 2 款）；其二，生存配偶者得依申报而回复婚姻前的姓氏（《日本民法》第 751 条第 1 款）。[1]

我国《民法典》第五编"婚姻家庭"的第四章"离婚"设有关于离婚的诸多规定，自第 1076 条至第 1092 条，内容较为翔实、充分。另外，2021 年 1 月 1 日起施行的《最高人民法院关于适用〈中华人民共和国民法典〉婚姻家庭编的解释（一）》也对离婚规定的法律适用设有若干规定，其厘定的内容也称翔实、充分（自第 62 条至第 90 条）。对于《民法典》与《最高人民法院关于适用〈中华人民共和国民法典〉婚姻家庭编的解释（一）》有关离婚规定的内容，本章也会述及，谨此释明。

还有，于此需提及的是，正如当事人之间的结婚（即缔结婚姻关系）一样，离婚也是严肃、严谨之事。而且，自某种意义上说，离婚较结婚而言乃应更严肃、严谨。此盖因离婚可能涉及与所生子女及因结婚而业已建立起来的诸多亲族关系、财产关系等。此等关系盘桓在一起，是较复杂的。另外，自现今实务的发展情形而言，离婚后欲组建新的家庭或重新缔结婚姻关系，也会面临较最初的结婚（即最初的缔结婚姻关系）较多的难点。尽管正如本书前面所指出的，于现今，自比较法以及比较实务，甚至国际的趋势与潮流来看，夫妇间的婚姻关系有松弛、涣散的趋势或动向，但是，离婚对于当事人而言仍宜慎重或严谨。

这里乃有必要顺便提及我国台湾地区学者戴东雄对于婚姻难以维持时应可离婚的释明，其谓："婚姻本质目的在于维持夫妻之永久共同生活，夫唱妇随，期能白首偕老。德国新亲属法第一三五三条特规定，'婚姻之缔结，以终身为目的'，以明示婚姻的庄严神圣。惟婚姻系人合关系，如夫妻感情乖离或有重大事由发生，而无法维持婚姻共同生活者，应许其离婚；否则强制结合，似无异于同

---

[1]　参见［日］高桥朋子、床谷文雄、棚村政行：《民法 7 亲族·继承》，有斐阁 2023 年版，第 72 页（高桥朋子执笔）。

床异梦，祸起枕席，反非维持社会及家庭和平之道。"[1]

## 第二节　离婚法的演变、发展与比较法上的离婚法 [2]

根据日本婚姻家庭法著述的记述，于西欧的中世纪，受基督教的影响强烈，故此乃是不认可离婚的（婚姻非解消主义）。受神的恩惠而成立的婚姻是不能依人的意志而解消的婚姻，不过，教会也以婚姻的无效、撤销这样的形式而认可实质上的离婚。自绝对王权成立的 16 世纪以降，教会权力衰退，马丁·路德（Luther, Martin, 1483—1546 年，德国宗教改革家、启蒙思想家、哲学家）[3]、加尔文（Calvin, Jean, 1509—1564 年，瑞士宗教改革家，生于法国）[4] 等宗教改革者们，终（变成）对婚姻非解消主义予以批判。[5] 虽然如此，（由于）基督教的影响仍然残留（残存），仅限于有法律规定的有责事由时才认可离婚的有责主义离婚法被采用。进入 20 世纪，终采用以婚姻关系破绽（破裂、失败）为离婚原因的破绽主义离婚法。于多数国家和地区，对于离婚原因，于残留有责事由的同时，也加上无责事由，而采取合并有责主义与破绽主义的制度。但是，于 20 世纪 70

---

1　参见戴东雄：《亲属法论文集》（再版），三民书局 1993 年版，第 261 页。

2　本部分依据、参考［日］高桥朋子、床谷文雄、棚村政行：《民法 7 亲族·继承》，有斐阁 2023 年版，第 72—77 页（高桥朋子执笔）。谨予释明。

3　参见田世昌主编：《日语外来语大词典》，机械工业出版社 1997 年版，第 2248 页。

4　参见田世昌主编：《日语外来语大词典》，机械工业出版社 1997 年版，第 530 页。

5　16 世纪时，马丁·路德提倡宗教改革运动，抨击不许再婚的不完全离别的别居制度，而主张应承认离婚制度。马丁·路德虽提倡新教运动，但关于承认离婚制度的主张仍受《圣经》的约束，只能在《圣经》上寻求主张离婚的根据，其翻遍《圣经》发现通奸与遗弃可以构成离婚原因。马丁·路德的离婚论一提出，遂成为新教离婚论的主要渊源，17 世纪时，启蒙时期自然法思想兴起，认为婚姻为自然法上的契约，婚姻应从宗教的道德观念脱离而纯属法律的观念。此种新自然法论产生于市民阶级的兴起，引发由圣入俗的"婚姻还俗运动"，而于法国大革命中获得成果。1791 年 9 月 3 日的《法国革命宪法》第 7 条宣示：法律承认婚姻仅为民事上的契约，排斥宗教婚主义，确立民事婚主义。婚姻既非圣事，而仅止于民事上的契约，则以往所谓教会中的婚姻非解消主义，已无法拘束人类所订立的民事契约，承认离婚的自由已势在必行。于今日，承认离婚制度的存在，已经是多数国家和地区的共通态度。对此，参见林秀雄："圣经中之婚姻观与教会婚姻法之关系"，载戴东雄教授八秩华诞祝寿论文集编辑委员会：《戴东雄教授八秩华诞祝寿论文集：身分法之回顾与前瞻》，元照出版有限公司 2017 年版，第 16—17 页。

年代，采用以破绽为唯一离婚原因的制度的国家出现了。正如前述，于西欧，中世纪被禁止的离婚于近代以降变得被认可，于 20 世纪后半叶，进一步变得或推进到自由化。但是，最自由的离婚形式是依合意而离婚，然在西欧，像后述的日本的协议离婚制度那样，仅依合意与申报而得离婚的制度是没有的。于 20 世纪 70 年代以降的离婚法改革中，创设夫妇间以并无婚姻继续的意思为理由的合意离婚制度的西欧国家虽然有几个，但这个制度是有法院、行政厅积极参与（干与）的裁判离婚的一种。

　　于东方的日本，与此（前述）不同，其离婚乃具有更加自由的历史。于日本的江户时代，夫透过向妻发出被称为休书的离缘状，离婚即得以实施（或进行）。妻想与夫离婚时，只好跑进缘切寺（日本江户时代有权帮助逃来的妇女办理离婚的寺院）[1]。这一般解释或理解为系由夫专权的离婚。但是，根据近年的研究，庶民（中）的离婚并非由夫专权，而是夹杂了亲属、亲戚、媒人等的协议（仔细商量、商谈解决、和解）。另外，再婚也变得并不稀奇。至明治时代，明治民法一经施行，与裁判离婚并立的依合意的协议离婚（旧《日本民法》第 808 条）即被导入。协议离婚被认为系由夫赶出（追出）的离婚而被（予以）利用，其并未当然基于夫妇平等的立场而进行协议。但是，仅依这样的合意，离婚制度于明治民法中即被采用。于裁判离婚制度上，明治民法采用有责主义，离婚原因乃有重婚、通奸、恶意的遗弃、3 年以上生死不明、虐待、重大的侮辱等（旧《日本民法》第 813 条）。在离婚原因中，"家"制度得以反映，例如，虐待、重大的侮辱，不仅包括配偶者间的行为，还包括直系尊亲属与配偶者间的行为。为（女）婿养子缘组的人一经离缘（离婚、断绝养子关系），它就成为离婚的原因。另外，离婚原因是男女不平等的，妻的通奸为离婚原因，但夫的通奸，仅在依奸淫罪而处刑的场合，方成为（变成）离婚原因。日本现行民法废止了"家"制度的规定、男女不平等的规定，且无责事由也加入离婚原因之中。不过，无责事由尽管

---

　　1　参见北京对外经济贸易大学、北京商务印书馆、小学馆共同编集：《日中辞典》，凸版印刷株式会社 1997 年 1 月 10 日初版 17 刷发行，第 207 页。

被（进行了）立法，然日本判例长期不认可以婚姻破裂（失败）为理由的有责配偶者的离婚请求（对于破裂原因的判断，掺和有责主义，不认可仅有破裂事实即可离婚，此消极的考量或主张被称为消极的破绽主义）。至 1987 年，判例终于附有条件地转换到了积极的破绽主义立场[1]。根据 1996 年的民法修改案要纲，作为婚姻破裂（失败）的征表的 5 年以上的别居得作为离婚原因。[2]

于日本，离婚件数出现了增加的现象，[3]1950 年是 83 689 件，但从 1965 年急剧增加，最高点时的 2002 年有 289 836 件，约为 1950 年的 3.6 倍。其后稍稍减少，2021 年有 184 384 件。另外，中高年离婚件数增加。以别居时妻的年龄来看，2021 年与 1950 年的离婚件数相比，20 岁代女性离婚件数减少至 1950 年的约 0.8 倍，而 30 岁代、40 岁代、50 岁代、60 岁以上女性离婚件数分别增加至 1950 年的约 3.3 倍、9.4 倍、17.9 倍、33.1 倍。40 岁以上夫妇的离婚件数显著增加。伴随中高年离婚的增加，卷进、卷入亲的离婚的子女数量也增加。有未成年子女的夫妇的离婚件数，从 1950 年的 47 984 件增加到 2020 年的 105 381 件。日本学理指出，受到这样的离婚实态变化影响，离婚法也迫切需要重新审视。另外，于日

---

1　参见日本最大判 1987 年 9 月 2 日民集 41 卷 6 号第 1423 页。

2　顺便提及，关于日本、美国、英国、法国、德国、苏联以及瑞典的离婚的法社会学研究和分析，可参见 ［日］利谷信义、江守五夫、稻本洋之助编，陈明侠、许继华译，谢怀栻校：《离婚法社会学》，北京大学出版社 1991 年版，第 63—290 页。

3　我国台湾地区学者戴东雄于 1993 年 12 月由三民书局再版的《亲属法论文集》第 323 页中谓：现今西欧社会发展的趋势，是工商业发达，交通快速，物质生活提高，妇女就业率增加，以及容易改行换业。在此社会结构的变迁中，婚姻的健康性直接受到影响，换言之，西欧各国的离婚率，随现代文明的发展，不但没有减少，反而有增加之趋势。有鉴于此，西欧各国近几年来，均积极检讨其离婚政策，期以改进现行离婚法之内容，而因应社会的实际情况。另外，前揭《离婚法社会学》"序言"（张友渔作）也谓：婚姻家庭关系是一种人身关系，是民事法律关系的一项重要内容，而离婚问题又是婚姻家庭法律中一个重要组成部分。离婚不仅是个人生活中的一件大事，同时也会对社会产生极大的影响，因此具有深刻的社会性。自 20 世纪 60 年代以来，特别是进入 70 年代以后，世界绝大多数国家和地区离婚率呈上升趋势，美国、瑞典、苏联等国离婚率达 50% 左右（离婚与结婚对数之比率）。我国一直是世界上离婚率最低的国家之一。但是，从 20 世纪 80 年代开始，离婚率也呈稳步上升的趋势。20 世纪 70 年代我国离婚率（离婚与结婚对数之比率）为 3% 以下，1989 年达到了 8.03%。深入研究、探讨产生这种变化的原因，制定出适宜的政策和法律，调整好婚姻家庭这一重要的民事法律关系，保护婚姻当事人，特别是妇女、儿童和老人的合法权益，促进社会主义的文明、进步，是摆在我们面前的一个重要课题。

本，夫妇共同生活的实体尽管完全丧失，但还未实施（或进行）离婚申报的状态，称为事实上的离婚，包括有离婚合意而别居的场合（狭义；申报的迟延等），与并无明确的离婚合意，但婚姻客观上成为破裂（失败）状态而别居的场合（广义；一方遗弃另一方、不能为关于离婚的总体合意及其条件的场合等）。日本判例对于广义的事实上的离婚，是认可同居义务、贞操义务、契约撤销权、日常家事连带债务、共同亲权、死亡退职金、遗族给付、遗族一时金的给付等婚姻效果消灭的。但是，关于婚生推定、财产分与（分给）等，有判例认为，如果不是狭义的事实上的离婚，则不认可婚姻效果的消灭。更进一步，如果没有正式离婚，婚姻费用分担义务则不能消灭。于日本，离婚方式乃有协议离婚、调停离婚、审判离婚及裁判离婚。于2021年，利用率最高的离婚方式是由夫妇双方所实施的协议离婚，其占离婚总件数的约86.4%。于不能协议的场合，即由家庭法院调停，这为离婚总件数的约9.2%。调停不正常的场合，即由审判代替调停，这占离婚总件数的约1.9%。2013年以降，审判离婚件数虽然次第增加，但超过离婚总件数的1%是从2020年起。审判离婚件数少的原因是，审判下达后若有异议申报，则审判失效，所以在异议申报被预想的场合，多有直接过渡、移转到诉讼之事，但裁判离婚只不过占离婚总件数的约2.6%。作为其细目、细分，依判决的离婚占离婚总件数的约1.1%；离婚诉讼中，离婚合意成立场合的和解离婚占离婚总件数的约1.5%；离婚诉讼的被告全面答应、承认、接纳原告主张场合的认诺离婚占离婚总件数的约0.004%。

## 第三节　协议离婚、调停离婚、审判离婚及裁判离婚

### 一、协议离婚

我国的婚姻家庭法著述指出，协议离婚又称两愿离婚（我国古代法律称为"和离"），是指夫妻双方依照法律规定自愿达成离婚协议，即可解除婚姻关系的离婚方式，其手续简单、快捷，无须说明离婚原因，也无须追查当事人过错，更

不需要当事人举证、质证，可以使当事人在没有更大心理压力和外来压力的情况下友好地分手。[1]

另外，我国也有婚姻家庭法著述指出，协议离婚在我国现行婚姻家庭法中称作双方自愿离婚，指婚姻关系因双方当事人的合意而解除；其认为，从当事人的角度说，协议离婚指夫妻双方在生存期间自愿终止婚姻关系，而从法律的角度说，协议离婚是指法律承认并赋予这种离婚合意以合法的效力，二者的结合才构成协议离婚制度。[2]

《民法典》第 1076 条规定："夫妻双方自愿离婚的，应当签订书面离婚协议，并亲自到婚姻登记机关申请离婚登记。离婚协议应当载明双方自愿离婚的意思表示和对子女抚养、财产以及债务处理等事项协商一致的意见。"关于协议离婚的登记申请及其撤回，《民法典》第 1077 条规定："自婚姻登记机关收到离婚登记申请之日起三十日内，任何一方不愿意离婚的，可以向婚姻登记机关撤回离婚登记申请。前款规定期限届满后三十日内，双方应当亲自到婚姻登记机关申请发给离婚证；未申请的，视为撤回离婚登记申请。"婚姻登记机关查明双方确实是自愿离婚，并已经对子女抚养、财产以及债务处理等事项协商一致时，予以登记，发给离婚证（第 1078 条）。

另外，《最高人民法院关于适用〈中华人民共和国民法典〉婚姻家庭编的解释（一）》还就协议离婚中有关财产及债务处理、财产分割等的法律适用做出规定。这其中，第 69 条规定："当事人达成的以协议离婚或者到人民法院调解离婚为条件的财产以及债务处理协议，如果双方离婚未成，一方在离婚诉讼中反悔的，人民法院应当认定该财产以及债务处理协议没有生效，并根据实际情况依照民法典第一千零八十七条和第一千零八十九条的规定判决。当事人依照民法典第一千零七十六条签订的离婚协议中关于财产以及债务处理的条款，对男女双方具有法律约束力。登记离婚后当事人因履行上述协议发生纠纷提起诉讼的，人民法

---

1　参见胡平主编：《婚姻家庭继承法论》，重庆大学出版社 2000 年版，第 209 页（胡平执笔）。

2　参见杨大文主编：《亲属法》，法律出版社 1997 年版，第 198—199 页（陶毅执笔）。

院应当受理。"第 70 条规定："双方协议离婚后就财产分割问题反悔，请求撤销财产分割协议的，人民法院应当受理。人民法院审理后，未发现订立财产分割协议时存在欺诈、胁迫等情形的，应当依法驳回当事人的诉讼请求。"

《日本民法》第 763 条规定，夫妇，得以其协议而为离婚。协议离婚以有离婚意思的合致与提出离婚申报为必要。成年被监护人离婚时，若有得理解离婚意思、意义的能力（意思能力），则无须成年监护人的同意。还有，于有未成年子女的场合，须在协议中规定一方为亲权人（《日本民法》第 765 条第 1 款、第 819 条第 1 款）。离婚意思指的是什么？事实上，一面有继续夫妇关系的意思，另一面为其他目的而提出离婚申报的场合（譬如为避免夫的债权人的强制执行而决定离婚，移转财产至妻名下），因有法律上的解消夫妇关系的意思，故此，离婚有效[1]。日本判例系将离婚意思解为申报意思（形式的意思说；依身份行为的性质，日本判例的判断也有不同）。离婚意思，须于其申报书做成时及申报时存在。做成同意离婚的申请书后改变主意、回心转意的场合，因申报时没有离婚意思是明确的，故此，即使没有向对象方做出改变主意、回心转意的表示，申报也是无效的[2]。于日本，关于协议离婚的无效，《日本民法》并未做规定，而是规定于其《人事诉讼法》中。并非基于夫妇一方意思的离婚申报，即使没有确认其无效的判决、审判，其也是当然无效的，利害关系人得作为其他诉讼的前提问题而主张无效。此为日本通说、判例的立场[3]。与此不同，有见解认为，若没有宣布婚姻无效的判决、审判，则无论何人都不能主张婚姻无效（形成无效说）。由于欺诈或强迫而为离婚合意的人，得请求法院将其撤销。与婚姻撤销的场合不同，其效果是溯及的。另外，日本学理还认为，关于离婚意思、效果的确认制度是具有必要性的，并认为，于日本以外的诸外国国家，对于合意离婚，乃是由法院等参与，进行离婚意思的确认、合意内容的审查。而于日本，作为立法论，关于离婚

---

1　参见日本最判 1963 年 11 月 28 日民集 17 卷 11 号第 1469 页，日本最判 1982 年 3 月 26 日判时 1041 号第 66 页。

2　参见日本最判 1959 年 8 月 7 日民集 13 卷 10 号第 1251 页。

3　日本最判 1978 年 3 月 9 日家月 31 卷 3 号第 79 页。当然无效说。

意思的确认、财产分与（分给）的取决，也应受法院控制、核对、复核的学说等也被提出。[1]

### 二、调停离婚、审判离婚

于日本，协议离婚的合意不能成立的场合，并不是立刻就向家庭法院提起离婚诉讼，而是（变成）首先申请调停，于调停中调整夫妇关系之事。日本最近的离婚调停申请，由妻提出的（或来自妻的）占约65%。另外，妻申请离婚调停的原因，多数是性格不合（37.1%）、不交给生活费（31.0%）、精神虐待（25.7%）以及暴力（19.1%）等（2021年）。在调停，不仅就离婚的合意，也就财产分与（分给）、慰谢料、子女的亲权人、子女的养育费、与子女的面会交流等离婚条件的合意而进行调整。若合意成立，则调停成立。于离婚的合意成立，但因关于财产分与（分给）等离婚条件的微小意见差别而使调停终不能成立的场合，家庭法院认为适合时，依职权，得为代替调停的审判。但是，因若对审判为异议申请则审判失效，故此，审判离婚几乎不被利用（采用）。于没有异议申请时，审判具有与确定判决同一（相同）的效力。[2]

于我国，《民法典》第1079条的规定涉及调解离婚，其明确："夫妻一方要求离婚的，可以由有关组织进行调解或者直接向人民法院提起离婚诉讼。人民法院审理离婚案件，应当进行调解；如果感情确已破裂，调解无效的，应当准予离婚。有下列情形之一，调解无效的，应当准予离婚：（一）重婚或者与他人同居；（二）实施家庭暴力或者虐待、遗弃家庭成员；（三）有赌博、吸毒等恶习屡教不改；（四）因感情不和分居满二年；（五）其他导致夫妻感情破裂的情形。一方被宣告失踪，另一方提起离婚诉讼的，应当准予离婚。经人民法院判决不准离婚

---

1　参见［日］高桥朋子、床谷文雄、棚村政行：《民法7 亲族·继承》，有斐阁2023年版，第77—79页（高桥朋子执笔）。

2　参见［日］高桥朋子、床谷文雄、棚村政行：《民法7 亲族·继承》，有斐阁2023年版，第80页（高桥朋子执笔）。

后，双方又分居满一年，一方再次提起离婚诉讼的，应当准予离婚。"对于该条第3款规定的"应当准予离婚"情形，《最高人民法院关于适用〈中华人民共和国民法典〉婚姻家庭编的解释（一）》第63条明确，人民法院不应当因当事人有过错而判决不准离婚。此外，该司法解释未对涉及调解离婚的法律适用做出更多、更翔实的厘定。另外，也应指出，前述日本法与实务上的调停离婚、审判离婚也具有比较法与比较实务上的关注价值与意义。谨再次予以提出。

### 三、裁判离婚

于日本法及其实务中，调停离婚不成立，审判也不能进行或实施，或者审判因异议申请而失效的场合，要求离婚的当事人即（变成）提起离婚诉讼。另外，离婚诉讼中，离婚合意成立的场合，和解笔录、记录（报告书，日文汉字为"和解调书"）被做成，离婚成立（和解离婚）。还有，离婚诉讼的被告全面地答应、接纳、承认原告主张的场合，离婚成立（认诺离婚）。此认诺离婚，仅限于关于财产分与（分给）、子女监护的裁判没有必要的场合。于日本，其和解离婚与认诺离婚，系于2003年修改的《人事诉讼法》中被新设。裁判离婚，仅于有法定离婚原因的场合被认可。离婚原因包括：①配偶者的不贞行为；②配偶者的恶意遗弃；③配偶者3年以上生死不明；④配偶者患重度精神病而无回复希望 [1]；⑤有其他难以继续婚姻的重大事由 [2]。其中，①至④为具体的离婚原因，⑤为抽象的离婚原因。[3]

①《日本民法》第770条第1款第1项规定，配偶者的不贞行为得成为离婚原因。所谓不贞行为，指有配偶者的人与配偶者以外的人以自由意思而进行性的

---

1　参见王融擎编译：《日本民法：条文与判例》（下册），中国法制出版社2018年版，第718页（《日本民法》第770条第1款第4项）。

2　参见王融擎编译：《日本民法：条文与判例》（下册），中国法制出版社2018年版，第718页（《日本民法》第770条第1款第5项）。

3　参见［日］高桥朋子、床谷文雄、棚村政行：《民法7 亲族·继承》，有斐阁2023年版，第80—81页（高桥朋子执笔）。

交涉。因不问对象方的任意（随意）性，故日本判例将夫的强奸行为也作为不贞行为对待[1]。相反，配偶者为强奸的被害（受害）人的场合，因并非出于（或基于）自己的自由意思，故其并不相当于不贞行为。还有，对于因夫不交给生活费，妻为了自己与子女的生活而不得已（无可奈何）实施的卖春行为，日本判例认定为不贞行为[2]。②《日本民法》第 770 条第 1 款第 2 项规定，配偶者的恶意遗弃得成为（变成）离婚原因。所谓恶意遗弃，指无正当理由而不继续性地履行同居、协力与扶助义务（《日本民法》第 752 条）。抛弃对方而离家出走、将对方逐出家门、为了逃避而拒绝复归等行为，是恶意遗弃。为了获得生活费而长期外出做工等，若有正当的理由，则并不是恶意遗弃。妻无视夫的意思而使实兄同居，为兄支出夫的金钱，夫拒绝与妻同居的，也是不扶助，但于该事例中，因妻有主要责任，所以夫的行为并不相当于恶意遗弃[3]。③《日本民法》第 770 条第 1 款第 3 项规定，配偶者 3 年以上生死不明得成为（变成）离婚的原因。其生死不明的原因、责任，乃是不追问的。此为破绽主义的离婚原因。配偶者生死不明的场合，协议离婚、调停离婚不能为之。另外，因失踪宣告而解消婚姻需要 7 年（《日本民法》第 30 条第 1 款、第 31 条），此系《日本民法》第 770 条第 1 款第 3 项被规定之原因。所在不明，但确实生存的，也不适用《日本民法》第 770 条第 1 款第 3 项。3 年的起算点，是有表示生存的最后事实发生的时点。④《日本民法》第 770 条第 1 款第 4 项规定，配偶者患重度精神病而无回复希望，得成为（变成）离婚原因。所谓重度精神病，其意指不能充分实现、完成夫妇共同生活的协力与扶助义务，尤其是有对精神生活协力义务的精神障害。因夫妇负有同居、协力与扶助义务（《日本民法》第 752 条），所以他方罹患（或遭受）重度精神病时必须协力疗养，于这样的场合而允许离婚之事，即系认可义务的放弃。但是，强制不能进行或为精神交流的婚姻生活继续，对于健康的配偶者而言是苛刻

---

1　参见日本最判 1973 年 11 月 15 日民集 27 卷 10 号第 1323 页。
2　参见日本最判 1963 年 6 月 4 日家月 15 卷 9 号第 179 页。
3　参见日本最判 1964 年 9 月 17 日民集 18 卷 7 号第 1461 页。

的、残酷的。由于重视这一点，第二次世界大战结束后的民法修改之际，日本自破绽主义的立场出发，将配偶者患重度精神病追加为离婚原因。日本学理指出，精神病患者的离婚问题，仅使配偶者负责任的方式乃是不能解决的，应在与社会福祉的关联上考虑对精神病患者的保护。⑤并无前述具体的离婚原因，但婚姻破裂而无回复希望，也是离婚原因（《日本民法》第 770 条第 1 款第 5 项）。这类原因中被认可的有性格不合、罹患老年痴呆病与帕金森病、浪费癖、怠惰、来自配偶者的暴力、犯罪行为、性异常、性不能以及性交拒绝等。还有，于日本，近年来，夫对妻的家庭暴力成为问题。根据日本警察厅 2021 年的统计，女性是被害者的事件中，杀人的 24.5%、暴行的 25.2%、伤害的 32.8%，配偶者为加害者。另外，同年由女性提起的离婚调停申请的 19.1%，是以夫对妻的身体暴力为理由的（还有，由夫提起的离婚调停申请中，以妻对夫的暴力为理由的占 8.6%）。[1]

　　另外，还有必要提及日本的有责配偶者的离婚请求。例如，夫离开家而与其他女性（非正式结婚的男女）同居，于长年别居后，向妻要求离婚。妻不承诺、同意离婚，然夫对妻的爱情是冷淡的，事到如今继续婚姻已经是困难之事。但是，要求离婚的是创造离婚原因的有责夫（有责配偶者），对此应如何予以评价？当初，日本最高法院认为，若认可这样的夫任意提出离婚请求，对于妻则属欺人太甚（又踢又踹），故而不认可有责夫的离婚请求[2]。此消极的破绽主义其后一面被缓和，一面仍被坚持 30 余年。缓和的趋势、潮流首先是比较夫妇的有责性，有责性小的人对有责性大的人的离婚请求[3]，或者夫妇双方有责性相当场合的离婚请求[4]，是予以认可的。接着，婚姻破裂后发生的与其他女性的（非正式结婚的男女）同居，并不作为婚姻破裂的原因，而认可离婚请求[5]。日本最高法院坚持消极的破绽主义期间，于西欧，采用积极的破绽主义的国家出现。另外，于日

---

1　　参见［日］高桥朋子、床谷文雄、棚村政行：《民法 7 亲族·继承》，有斐阁 2023 年版，第 81—86 页（高桥朋子执笔）。

2　　参见日本最判 1952 年 2 月 19 日民集 6 卷 2 号第 110 页（欺人太甚、又踢又踹判决）。

3　　参见日本最判 1955 年 11 月 24 日民集 9 卷 12 号第 1837 页。

4　　参见日本最判 1956 年 12 月 11 日民集 10 卷 12 号第 1537 页。

5　　参见日本最判 1971 年 5 月 21 日民集 25 卷 3 号第 408 页。

本国内，一部分下级审判决开始采用积极的破绽主义，即使于家庭法院内，也有批判消极的破绽主义的动向。消极的破绽主义，自廉洁清正、正直清白的原则["净手"（clean hand）原则]以及赶出、逐出离婚的防止等观点（视点）看，是有意义的，但是，因对其使业已破裂的婚姻被维持的疑问，以及于裁判中，有责性、婚姻破裂原因证明的困难性等，支持积极的破绽主义的声音变大。于是，日本最高法院经由 1987 年的大法庭判决，从消极的破绽主义转向附条件的积极的破绽主义。于日本，在近年的下级审判决中，使用信义诚实的要件，对于短期别居，即使有未成熟子女的场合，也可看到认可离婚请求的例子。还有，即使存在《日本民法》第 770 条第 1 款第 1 项至第 4 项的具体离婚原因，法院考虑一切情事而认为继续婚姻为宜时，也得驳回离婚请求。[1]此裁量驳回条项，有被裁判官的婚姻观、伦理观左右之虞，使人对其在精神病患者离婚情形的广泛使用产生担忧。日本 1996 年的民法修改要纲使其明文化，即"离婚造成配偶或子女显著的生活困穷或引起（或带来）难以忍受的苦痛时，得驳回离婚请求"（"苛酷条项"）。还有，5 年以上别居、以难以回复的破裂为离婚原因的场合，"为离婚请求的人显著懒惰、懈怠履行对于配偶者的协力及扶助义务，其请求被认为违反信义时，也是同样"[信义则（诚实信用原则）条项]。但是，使裁量驳回的条件具体化则没有实现。最后，有必要涉及日本学理提出的日本离婚法的修改方向。日本 1996 年的民法修改要纲使破绽主义向前推进。譬如，其建议将配偶者患重度精神病自离婚原因中删去，[2]盖因以此为一般性的破裂问题的话，则认为是好的、可以的。还有，即使以配偶者的不贞行为、恶意遗弃为离婚原因，也要追加"以至于婚姻关系无回复希望"这样一句话。更进一步，为了谋求（或图谋）婚姻破裂的客观化，追加规定 5 年以上的别居为离婚原因，盖因这是以别居为婚姻破裂的征表。[3]

---

1　参见王融擎编译：《日本民法：条文与判例》（下册），中国法制出版社 2018 年版，第 718 页（《日本民法》第 770 条第 2 款）。

2　参见［日］高桥朋子、床谷文雄、棚村政行：《民法 7 亲族·继承》，有斐阁 2023 年版，第 84 页（高桥朋子执笔）。

3　参见［日］高桥朋子、床谷文雄、棚村政行：《民法 7 亲族·继承》，有斐阁 2023 年版，第 86—90 页（高桥朋子执笔）。

## 第四节　离婚的效力

### 一、概要

于日本法上，依照其学理的解释与立法的规定，离婚一经成立，即发生身份上与财产上的诸效果。具体而言，其包括如下方面：①各当事人可以再婚。但是，如果女性没有自前婚解消之日起经过 100 日，则不能再婚（《日本民法》第 733 条第 1 款）。②因婚姻而改姓的夫或妻，回复到婚姻前的姓氏（《日本民法》第 767 条第 1 款）。另外，《日本民法》第 767 条第 2 款规定："依前款规定而回复婚前姓氏之夫或妻，自离婚之日起三个月以内依户籍法之规定申报，而得称离婚之际所称之姓氏。"[1] 还有，因婚姻而改姓的夫或妻，于承继祭祀财产（《日本民法》第 897 条第 1 款）后而离婚时，应以当事人及其他关系人的协议规定应承继其权利的人（《日本民法》第 769 条第 1 款）。③姻亲关系终止（《日本民法》第 728 条第 1 款）。夫妇一方死亡的场合，婚族关系终止的意思表示不是必要的。④夫妇一方对对象方，得请求财产的分与（分给，《日本民法》第 768 条）。⑤父、母必须决定子女的亲权人、监护人（《日本民法》第 766 条第 1 款、第 2 款，第 819 条第 1 款）。[2]

按照我国的婚姻家庭法学理，离婚的效力通常包括 [3]：①离婚于身份法上的效力；②离婚于夫妻财产关系上的效力；③离婚于子女抚养教育上的效力。另外，我国也有婚姻家庭法著述将离婚的效力称为"离婚的法律后果"，并指出其

---

1　参见王融擎编译：《日本民法：条文与判例》（下册），中国法制出版社 2018 年版，第 714 页（《日本民法》第 767 条第 2 款）。

2　参见［日］高桥朋子、床谷文雄、棚村政行：《民法 7 亲族・继承》，有斐阁 2023 年版，第 90—91 页（高桥朋子执笔）。

3　参见杨大文主编：《亲属法》，法律出版社 1997 年版，第 223—234 页（陶毅执笔）。

包括离婚引起的身份关系后果、离婚引起的财产后果以及离婚对子女的后果。[1] 于如下篇幅，乃自有关离婚的特别规定、离婚于身份法上的效力（后果）、离婚于财产法上的效力（后果）以及离婚对子女抚养教育的效力（即对子女的后果）等方面分别述论《民法典》与《最高人民法院关于适用〈中华人民共和国民法典〉婚姻家庭编的解释（一）》对离婚的法律效力（法律后果）等的厘清与厘定。[2]

## 二、《民法典》与《最高人民法院关于适用〈中华人民共和国民法典〉婚姻家庭编的解释（一）》对离婚的特别规定

《民法典》对现役军人的配偶要求离婚，以及女方在怀孕期间、分娩后 1 年内或者终止妊娠后 6 个月内离婚设立特别规定。对于前者，《民法典》第 1081 条规定，现役军人的配偶要求离婚，应当征得军人同意，但是军人一方有重大过错的除外。对于后者，则于第 1082 条明确：女方在怀孕期间、分娩后 1 年内或者终止妊娠后 6 个月内，男方不得提出离婚；但是，女方提出离婚或者人民法院认为确有必要受理男方离婚请求的除外。另外，对于前述《民法典》第 1081 条规定的"军人一方有重大过错"的判断，《最高人民法院关于适用〈中华人民共和国民法典〉婚姻家庭编的解释（一）》第 64 条明确："民法典第一千零八十一条所称的'军人一方有重大过错'，可以依据民法典第一千零七十九条第三款前三项规定及军人有其他重大过错导致夫妻感情破裂的情形予以判断。"

---

1　参见胡平主编：《婚姻家庭继承法论》，重庆大学出版社 2000 年版，第 241—244 页（胡平执笔）。

2　值得提及的是，我国台湾地区有学理研究指出：针对家事纷争中最普遍的离婚事件而言，美国家庭法学者嘉娜·辛格（Jana Singer）指出，"离婚后家庭"（post-divorce family）也是家庭形态的一种；尽管在这样家庭中的父母亲，因为离婚而分居，但"前婚姻"留下来的子女和财产问题，仍使得"前配偶"之间无法完全断绝联络，因此形成"离婚后家庭"这种特殊家庭形态。在这种特殊形态家庭中，"离婚后亲权实践"（post-divorce parenting）是最困难的问题。对此，参见郭书琴："论'离婚后家庭'"，载戴东雄教授八秩华诞祝寿论文集编辑委员会：《戴东雄教授八秩华诞祝寿论文集：身分法之回顾与前瞻》，元照出版有限公司 2017 年版，第 55 页。

### 三、离婚于身份法上的效力（离婚的身份法上的后果）

关于婚姻关系的解除，《民法典》第 1080 条明确："完成离婚登记，或者离婚判决书、调解书生效，即解除婚姻关系。"离婚后，男女双方自愿恢复婚姻关系的，依据《民法典》第 1083 条的规定，乃应当到婚姻登记机关重新进行结婚登记。

### 四、离婚于财产法上的效力（离婚的财产法上的后果）

对于离婚于财产法上的效力，根据《民法典》第 1087 条的规定，离婚时，夫妻的共同财产由双方协议处理；协议不成的，由人民法院根据财产的具体情况，按照照顾子女、女方和无过错方权益的原则判决。对夫或者妻在家庭土地承包经营中享有的权益等，应当依法予以保护。并且，夫妻一方因抚育子女、照料老年人、协助另一方工作等负担较多义务的，离婚时有权向另一方请求补偿，另一方应当给予补偿。具体办法由双方协议；协议不成的，由人民法院判决（第 1088 条）。离婚时，夫妻共同债务应当共同偿还。共同财产不足清偿或者财产归各自所有的，由双方协议清偿；协议不成的，由人民法院判决（第 1089 条）。还有，离婚时，如果一方生活困难，有负担能力的另一方应当给予适当帮助。具体办法由双方协议；协议不成的，由人民法院判决（第 1090 条）。此外，根据《民法典》第 1091 条的规定，有下列情形之一，导致离婚的，无过错方有权请求损害赔偿：①重婚；②与他人同居；③实施家庭暴力；④虐待、遗弃家庭成员；⑤有其他重大过错。对于本条中规定的"损害赔偿"的范围与损害赔偿责任的主体，《最高人民法院关于适用〈中华人民共和国民法典〉婚姻家庭编的解释（一）》第 86 条、第 87 条予以明确。第 86 条规定："民法典第一千零九十一条规定的'损害赔偿'，包括物质损害赔偿和精神损害赔偿。涉及精神损害赔偿的，适用《最高人民法院关于确定民事侵权精神损害赔偿责任若干问题的解释》的有关规定。"第 87 条规定："承担民法典第一千零九十一条规定的损害赔偿责任的主体，为离婚诉讼当事人中无过错方的配偶。人民法院判决不准离婚的案件，对于当事人基于民法典第一千零九十一条提出的损害赔偿请求，不予支持。在婚姻关系存续期间，当事人不起诉离婚而单独依据民法典第一千零九十一条提起损害赔偿请求的，人民法院不予受理。"

另外，《最高人民法院关于适用〈中华人民共和国民法典〉婚姻家庭编的解释（一）》第 89 条、第 90 条围绕《民法典》第 1091 条的适用做出如下规定，即第 89 条规定："当事人在婚姻登记机关办理离婚登记手续后，以民法典第一千零九十一条规定为由向人民法院提出损害赔偿请求的，人民法院应当受理。但当事人在协议离婚时已经明确表示放弃该项请求的，人民法院不予支持。"第 90 条明确："夫妻双方均有民法典第一千零九十一条规定的过错情形，一方或者双方向对方提出离婚损害赔偿请求的，人民法院不予支持。"

《最高人民法院关于适用〈中华人民共和国民法典〉婚姻家庭编的解释（一）》对于夫妻双方对共同财产中的房屋价值及归属无法达成协议时应如何处理予以明确，也可谓得当。其第 76 条规定："双方对夫妻共同财产中的房屋价值及归属无法达成协议时，人民法院按以下情形分别处理：（一）双方均主张房屋所有权并且同意竞价取得的，应当准许；（二）一方主张房屋所有权的，由评估机构按市场价格对房屋作出评估，取得房屋所有权的一方应当给予另一方相应的补偿；（三）双方均不主张房屋所有权的，根据当事人的申请拍卖、变卖房屋，就所得价款进行分割。"对于离婚时双方尚未取得所有权或者尚未取得完全所有权的房屋有争议且协商不成的处理办法，其第 77 条第 1 款也予以明确："离婚时双方对尚未取得所有权或者尚未取得完全所有权的房屋有争议且协商不成的，人民法院不宜判决房屋所有权的归属，应当根据实际情况判决由当事人使用。"还有，对于夫妻一方婚前签订不动产买卖合同，以个人财产支付首付款并在银行贷款，婚后用夫妻共同财产还贷的，其明确：不动产登记于首付款支付方名下的，离婚时该不动产由双方协议处理，不能达成协议的，人民法院可以判决该不动产归登记一方，尚未归还的贷款为不动产登记一方的个人债务。双方婚后共同还贷支付的款项及其相对应财产增值部分，离婚时应根据《民法典》第 1087 条第 1 款规定的原则，由不动产登记一方对另一方进行补偿（第 78 条）。

尤其值得提及的是，《民法典》与《最高人民法院关于适用〈中华人民共和国民法典〉婚姻家庭编的解释（一）》对于离婚时涉及的夫妻财产分割更做出了翔实、充分的规定。其中，根据《民法典》第 1092 条的规定，夫妻一方隐藏、转移、变卖、毁损、挥霍夫妻共同财产，或者伪造夫妻共同债务企图侵占另一方财产的，在离婚分割夫妻共同财产时，对该方可以少分或者不分。离婚后，另一方发现有上述行为的，可以向人民法院提起诉讼，请求再次分割夫妻共同财产。《最高人民法院关于适用〈中华人民共和国民法典〉婚姻家庭编的解释（一）》在此方面的厘定更是值得提及，其系我国现今实务中离婚时分割夫妻共同财产的法律适用准绳与依据。其第 71 条规定："人民法院审理离婚案件，涉及分割发放到军人名下的复员费、自主择业费等一次性费用的，以夫妻婚姻关系存续年限乘以年平均值，所得数额为夫妻共同财产。前款所称年平均值，是指将发放到军人名下的上述费用总额按具体年限均分得出的数额。其具体年限为人均寿命七十岁与军人入伍时实际年龄的差额。"第 72 条规定夫妻共同财产中的股票、债券、投资基金份额等有价证券以及未上市股份有限公司股份的分割办法，即其明确："夫妻双方分割共同财产中的股票、债券、投资基金份额等有价证券以及未上市股份有限公司股份时，协商不成或者按市价分配有困难的，人民法院可以根据数量按比例分配。"第 73 条规定："人民法院审理离婚案件，涉及分割夫妻共同财产中以一方名义在有限责任公司的出资额，另一方不是该公司股东的，按以下情形分别处理：（一）夫妻双方协商一致将出资额部分或者全部转让给该股东的配偶，其他股东过半数同意，并且其他股东均明确表示放弃优先购买权的，该股东的配偶可以成为该公司股东；（二）夫妻双方就出资额转让份额和转让价格等事项协商一致后，其他股东半数以上不同意转让，但愿意以同等条件购买该出资额的，人民法院可以对转让出资所得财产进行分割。其他股东半数以上不同意转让，也不愿意以同等条件购买该出资额的，视为其同意转让，该股东的配偶可以成为该公司股东。用于证明前款规定的股东同意的证据，可以是股东会议材料，也可以是当事人通过其他合法途径取得的股东的书面声明材料。"另外，第74条规定："人民法院审理离婚案件，涉及分割夫妻共同财产中以一方名义在合伙企业中的出资，另一方不是该企业合伙人的，当夫妻双方协商一致，将其合伙企业中的财产份额全部或者部分转让给对方时，按以下情形分别处理：（一）其他合伙人一致同意的，该配偶依法取得合伙人地位；（二）其他合伙人不同意转让，在同等条件下行使优先购买权的，可以对转让所得的财产进行分割；（三）其他合伙人不同意转让，也不行使优先购买权，但同意该合伙人退伙或者削减部分财产份额的，可以对结算后的财产进行分割；（四）其他合伙人既不同意转让，也不行使优先购买权，又不同意该合伙人退伙或者削减部分财产份额的，视为全体合伙人同意转让，该配偶依法取得合伙人地位。"第75条规定："夫妻以一方名义投资设立个人独资企业的，人民法院分割夫妻在该个人独资企业中的共同财产时，应当按照以下情形分别处理：（一）一方主张经营该企业的，对企业资产进行评估后，由取得企业资产所有权一方给予另一方相应的补偿；（二）双方均主张经营该企业的，在双方竞价基础上，由取得企业资产所有权的一方给予另一方相应的补偿；（三）双方均不愿意经营该企业的，按照《中华人民共和国个人独资企业法》等有关规定办理。"这些规定皆堪称翔实、充分。另外，第79条还明确："婚姻关系存续期间，双方用夫妻共同财产出资购买以一方父母名义参加房改的房屋，登记在一方父母名下，离婚时另一方主张按照夫妻共同财产对该房屋进行分割的，人民法院不予支持。购买该房屋时的出资，可以作为债权处理。"第80条还明确："离婚时夫妻一方尚未退休、不符合领取基本养老金条件，另一方请求按照夫妻共同财产分割基本养老金的，人民法院不予支持；婚后以夫妻共同财产缴纳基本养老保险费，离婚时一方主张将养老金账户中婚姻关系存续期间个人实际缴纳部分及利息作为夫妻共同财产分割的，人民法院应予支持。"最后，第81条、第83条、第84条还分别明确："婚姻关系存续期间，夫妻一方作为继承人依法可以继承的遗产，在继承人之间尚未实际分割，起诉离婚时另一方请求分割的，人民法院应当告知当事人在继承人之间实际分割遗产后另行起诉"（第81 条）。"离婚后，一方以尚有夫妻共同财产未处理为由向人民法院起诉请求分割的，经审查该财产确属离婚时未涉及的夫妻共同财产，人民法院应当依法予以分割"（第 83 条）。"当事人依据民法典第一千零九十二条的规定向人民法院提起诉讼，请求再次分割夫妻共同财产的诉讼时效期间为三年，从当事人发现之日起计算"（第 84 条）。

### 五、离婚对子女抚养教育的效力（即对子女的后果）

《民法典》与《最高人民法院关于适用〈中华人民共和国民法典〉婚姻家庭编的解释（一）》对离婚的子女抚养教育（即对子女的后果）做出了若干明确与规定。《最高人民法院关于适用〈中华人民共和国民法典〉婚姻家庭编的解释（一）》对于《民法典》规定的夫妻离婚后对子女的探望权做出了更多明确、清晰的厘定。

关于离婚对父母与子女间关系的影响，《民法典》明确："父母与子女间的关系，不因父母离婚而消除。离婚后，子女无论由父或者母直接抚养，仍是父母双方的子女。离婚后，父母对于子女仍有抚养、教育、保护的权利和义务。离婚后，不满两周岁的子女，以由母亲直接抚养为原则。已满两周岁的子女，父母双方对抚养问题协议不成的，由人民法院根据双方的具体情况，按照最有利于未成年子女的原则判决。子女已满八周岁的，应当尊重其真实意愿"（第 1084 条）。关于离婚后对子女的抚养与抚养费的负担，《民法典》第 1085 条规定："离婚后，子女由一方直接抚养的，另一方应当负担部分或者全部抚养费。负担费用的多少和期限的长短，由双方协议；协议不成的，由人民法院判决。前款规定的协议或者判决，不妨碍子女在必要时向父母任何一方提出超过协议或者判决原定数额的合理要求。"

关于离婚后父母对子女的探望权，《民法典》第 1086 条规定："离婚后，不直接抚养子女的父或者母，有探望子女的权利，另一方有协助的义务。行使探望权利的方式、时间由当事人协议；协议不成的，由人民法院判决。父或者母探望子女，不利于子女身心健康的，由人民法院依法中止探望；中止的事由消失后，应当恢复探望。"《最高人民法院关于适用〈中华人民共和国民法典〉婚姻家庭编的解释（一）》围绕探望权的法律适用，乃设有 4 个条文的规定，其中，第 65条规定："人民法院作出的生效的离婚判决中未涉及探望权，当事人就探望权问题单独提起诉讼的，人民法院应予受理。"第 66 条明确："当事人在履行生效判决、裁定或者调解书的过程中，一方请求中止探望的，人民法院在征询双方当事人意见后，认为需要中止探望的，依法作出裁定；中止探望的情形消失后，人民法院应当根据当事人的请求书面通知其恢复探望。"此外，根据第 67 条的规定，未成年子女、直接抚养子女的父或者母以及其他对未成年子女负担抚养、教育、保护义务的法定监护人，有权向人民法院提出中止探望的请求。最后，第 68 条明确："对于拒不协助另一方行使探望权的有关个人或者组织，可以由人民法院依法采取拘留、罚款等强制措施，但是不能对子女的人身、探望行为进行强制执行。"这些规定与明确乃具有积极的价值与意义，应值肯定与赞赏。

# 第九章

# 监护 [1]

## 第一节　概要

### 一、监护的涵义与旨趣

按照通常的学理，所谓监护，乃系指作为法定代理人的监护人代替欠缺判断能力的本人为法律行为而保护本人利益的制度。于日本法中，依照《日本民法》第838条的规定，监护于下列情形开始：①无对未成年人行使亲权者时，或行使亲权者无管理权时；②有监护开始的裁定时。[2]并且，于日本，未成年监护自明治民法时代即存在，其自应成为亲权人的父母均死亡，或父母一方虽生存却不能行使亲权时，抑或丧失子女的财产管理权时开始，它是存在于亲权的延长线上的制度。另外，成年监护制度被一般性地使用，乃是自20世纪90年代以后。由于自2000年4月开始施行的成年监护法（民法及有关法律的修改，任意监护契约法、监护登记法的制定等），代替明治民法以来保护精神障害者等的

---

1　本章的章节名称（尤其是节名），以及本章的内容，系主要参考、依据［日］高桥朋子、床谷文雄、棚村政行：《民法7 亲族·继承》，有斐阁2023年版，第210—234页（床谷文雄执笔）。

2　参见王融擎编译：《日本民法：条文与判例》（下册），中国法制出版社2018年版，第780页（《日本民法》第838条）。

禁治产[1]宣告、准禁治产宣告制度，在监护、保佐、补助的法定监护三类型基础上追加任意监护的新的成年监护制度被导入。成年监护，系以具有障碍的人也是某地域（地区）的一员，其得过通常的生活而共同创造社会这一正常化（或校正）的理念为基础。于日本，监护的机关是主要执行监护事务的监护人，与监督监护人的事务执行，并于必要的场合代替监护人而为监护事务的遂行（完成、实行）的监护监督人。另外，于日本，家庭法院也具有重要的监督机能，实质上可以说是监护的一个机关。监护人，一方面作为本人的代理人而为法律行为，另一方面，因可撤销本人所为的行为，故此，其担负起由不利益的法律行为中保护本人的任务、职责。监护监督人于日本的明治民法中是必置机关（旧《日本民法》第911条），但是于现行法中，家庭法院认为有必要时，得依被监护人、其亲属或监护人的请求，或依职权，选任监护监督人（《日本民法》第849条）[2]。[3]

在我国，按照学理，监护是指监护人对未成年人和无民事行为能力或者限制民事行为能力的精神病人的人身、财产和其他合法权益依法实行监督和保护的法律制度。[4]《民法典》于其第一编"总则"第二章"自然人"中就"监护"设有一节（即"第二节"），自第26条至第39条，内容较为翔实、充分，系我国现今实务中处理和对待监护事宜的主要依循，具重要意义。

---

1　应值提及的是，我国台湾地区学理的研究指出，大陆法系的禁治产制度，往往是直接由法律规定监护人选任的范围和顺序，而无视身心残障者本人意愿，这显然不符合现代社会尊重受保护成年人自我自主权的动向。针对这一问题，各国家和地区纷纷设立意定监护制度，成年人在有行为能力时，可预先选定监护人，并约定其职务范围，此制度优于法定监护的适用。然为防止受保护人在丧失意思能力的情况下无法对意定监护人实施有效监督，还采取相对应的保护措施，即设立监护监督人予以制约。以新加坡为例，在2008年效仿英国制定《意思能力法》（the Mental Capacity Act 2008），于2010年3月1日施行，且依据该法律导入任意监护制度（Lasting Power of Attorney），监护人必须受到公务监护事务所（Office of the Public Guardian）监督。对此，参见郭钦铭："成年监护与长期照护之研究"，载陈公棋炎先生九十晋五冥寿纪念文集编辑小组主编：《家族法新课题——陈公棋炎先生九十晋五冥寿纪念文集》，元照出版有限公司2017年版，第240页。

2　参见王融擎编译：《日本民法：条文与判例》（下册），中国法制出版社2018年版，第786页（《日本民法》第849条）。

3　参见［日］高桥朋子、床谷文雄、棚村政行：《民法7 亲族·继承》，有斐阁2023年版，第210—211页（床谷文雄执笔）。

4　参见江平、巫昌祯主编：《现代实用民法词典》，北京出版社1988年版，第177页。

## 二、监护与保佐制度的源起——对罗马法的监护与保佐制度的考量

于罗马，在父权及夫权之下，子孙与妻的人格全被吸收，其自身对外已无利害关系可言。唯一旦家长死亡，则向之他权人，即可成为自权人，而对外也发生利害关系也。然此等人中难免有不能独立处理自己的事务者，于是监护（tutela）与保佐（cura）制度得以产生。于古代罗马有未成熟人的监护[1]与妇女的监护[2]，而保佐则有心神丧失的人的保佐与浪费人的保佐，其后又增加未满25岁人的保佐。于罗马，监护与保佐制度的目的，其初则在乎对于家族财产的保全，后逐渐变为保护受监护人及受保佐人的利益。另外，监护人的设置为经常的，而保佐人则为临时的，然自未满25岁之人的保佐制度发达后，此种区别已逐渐模糊矣。[3]

值得提及的是，我国有的罗马法著述将罗马法的监护分为"未适婚人之监护"与"女子之监护"进行论述。对于"未适婚人之监护"，则又从"监护人的设置"、"监护人之职务及其权限"、"监护职务之拒绝"、"监护之终止"以及

---

1　按照罗马法，未成熟人的监护人，依其设置的形式，可分为：①指定监护人（tutor testamentarius），即由家长的遗嘱或以遗嘱所确认的小记事簿而设置的监护人，《十二表法》已有规定。②法定监护人（tutor legitimus），即无前述的指定监护人时，由法律规定的监护人。此种监护人，即系受监护人的法定继承人，古来限于最近的宗亲或氏族，优帝法中则由血族充之。③官选监护人（tutor dativus）。此种监护人初则由法务官或护民官以表决方式选任，后则由县的长官选任，最后则由专掌监护的法务官选任，凡无指定或法定监护人者，即为之选定，以期保护。关于监护人的任务，古典时代关于受监护人的保护，可分为看护教育与财产管理两项，前者托由监护人以外适当的人（如母亲）担任之，而监护人则仅担任后者，其方式可分为"同意"（auctoritas）与"事务管理"（negotiorum gestio）两种。另外，监护人并不以一人为限，即得设定数人为监护人，所谓共同监护人是也。监护关系因下述受监护人方面的事由发生而终止：①受监护人已达成熟期时；②受监护人死亡时；③受监护人人格减等时。存在于监护人方面的终止事由包括：①监护人基于正当理由而辞职时；②监护人因行为不当而被撤职时；③监护人死亡时；④监护人人格减等时。对此，参见郑玉波编译：《罗马法要义》（第五版），汉林出版社1985年版，第112—114页。

2　依罗马法，已成熟自权人的妇女，于古代罗马，也须设置监护人，法学者一般皆认为此系因妇女属于弱者，且不谙法律之故。罗马古典时代，妇女可以自行管理财产，监护人不过对于重要的行为（例如手中物的让渡）予以同意而已，迨第五世纪，妇女监护制度乃告消灭。对此，参见郑玉波编译：《罗马法要义》（第五版），汉林出版社1985年版，第114页。

3　参见郑玉波编译：《罗马法要义》（第五版），汉林出版社1985年版，第112页。

"受监护人之保障"而予展开；对于"女子之监护"，则自"监护人之设定"、
"监护人之充任"以及"监护人之职务与权限"而展开；[1]对于保佐，则自"精神
病人之保佐"、"浪费人之保佐"以及"未成年人之保佐"而展开。[2]另外，也有
罗马法著述对于罗马法的监护和保佐，乃从"监护和保佐：概述"、"监护人的确
定"、"未适婚人监护"、"妇女监护"、"监护人的责任"以及"各种保佐"而展
开。[3]尤其值得提及的是，法学教材编辑部《罗马法》编写组所著《罗马法》一
书于该书的第三章第五节也设有"监护和保佐"专题，并分别对二者予以论述。
[4]最后，江平、米健著《罗马法基础》[5]，以及丘汉平著《罗马法》[6]，也皆有对
于罗马法的监护与保佐的论述，值得提及与重视。

### 三、对《法国民法典》《奥地利普通民法典》《德国民法典》《瑞士民法典》中的监护规定（内容）的考量

《法国民法典》将监护规定于第一卷"人"的第十编"未成年、监护及解
除亲权"的第二章"监护"中，其内容分为："有必要实行法定管理或监护的
情形"（第一节）；"监护的组织"（第二节），含"监护法官"（第一目）、"监
护人"（第二目）、"亲属会议"（第三目）、"其他监护机关"（第四目），以及
"监护应负的责任"（第五目）；"监护的运作"（第三节）；"监护账目与责任"
（第四节）。总体上看，其规定的内容较为充实、细腻，具积极的参考、借镜价
值。[7]

---

1　参见陈朝璧：《罗马法原理》，法律出版社 2006 年版，第 431—448 页。

2　参见陈朝璧：《罗马法原理》，法律出版社 2006 年版，第 448—455 页。

3　参见黄风：《罗马私法导论》，中国政法大学出版社 2003 年版，第 157—167 页。

4　参见法学教材编辑部《罗马法》编写组：《罗马法》，群众出版社 1983 年版，第 135—142 页
（周枏执笔）。

5　参见江平、米健：《罗马法基础》（修订本），中国政法大学出版社 1991 年版，第 88—101 页。

6　丘汉平著，朱俊勘校：《罗马法》，中国方正出版社 2004 年版，第 121—149 页。

7　参见罗结珍译：《法国民法典》，中国法制出版社 1999 年版，第 137—156 页。

《奥地利普通民法典》于其第一编"人法"的第六章设有"管理、其他的法定代理和预防性代理权"的规定，其内容主要包括：指定管理人或保佐人的要件（为残疾人指定管理人、为尚未出生的胎儿指定保佐人、为不在居住地的人和不知名的交易当事人指定保佐人、利益冲突时指定保佐人），指定，权利与义务，补偿、报酬与费用偿还，责任，变更与终止，关于管理人的特别规定（管理人的选任、残疾人的行为能力、应考虑残疾人的意愿和需求、人身照管），近亲属的代理权，以及预防性代理权。[1]另外，该法典于第一编"人法"的第三章"亲子法"的第四节尚设有"子女的照管"的规定，于第四章中还设有"其他人对子女实行的照管"的规定。[2]由这些（内容）规定可以看到，《奥地利普通民法典》对于"管理、其他的法定代理和预防性代理权"等的厘定是较为翔实、充分的，并具有自己较大的特色。

《德国民法典》于其第四编"亲属"的第三章设有"监护、法定辅助与襄佐"的规定，共计包括三节：第一节"监护"（自第 1773 条至第 1895 条），第二节"法律上之辅助"（自第 1896 条至第 1908 条之 10），以及第三节"襄佐"（自第 1909 条至第 1921 条）。[3]关于监护的成立，其第 1773 条规定："未成年人未受亲权照护，或其父母就未成年人之人身或财产之事务无代理权者，应为其设置监护人。未成年人之亲属身份不明者，亦应为其设置监护人。"[4]第 1774 条规定"依职权命令监护"："家事法院应依职权命令监护。认定子女出生时，即需监护者，得于子女出生前选任监护人；该选任于子女出生时，发生效力。"[5]第 1776 条规定"父母之指定权"："经受监护人之父母指定为监护人者，应任监护人。父与母指定

---

1　参见戴永盛译：《奥地利普通民法典》，中国政法大学出版社 2016 年版，第 49—57 页。

2　参见戴永盛译：《奥地利普通民法典》，中国政法大学出版社 2016 年版。

3　参见台湾大学法律学院、财团法人台大法学基金会：《德国民法》（下），元照出版有限公司 2016 年版。

4　参见台湾大学法律学院、财团法人台大法学基金会：《德国民法》（下），元照出版有限公司 2016 年版，第 264 页。

5　参见台湾大学法律学院、财团法人台大法学基金会：《德国民法》（下），元照出版有限公司 2016 年版，第 265 页。

不同之人为监护人者，以后死之父或母所指定之人任之。"[1] 关于"法律上之辅助"，其第 1896 条第 1 项规定："成年人因心理疾病、身体、智能或精神障碍，致不能处理自己事务之全部或一部者，辅助法院得依声请或依职权为其选任辅助人。无行为能力人亦得声请之。成年人因身体障碍，致不能处理自己事务者，仅得由本人之声请，始得设置辅助人。但其不能表达自己之意思者，不在此限。"[2] 关于襄佐，第 1909 条规定："服从亲权之人或受监护之人，就其父母或监护人所不能处理之事务，应为其另置襄佐人。服从亲权或受监护之人，因继承而取得之财产，或其财产系因生前行为而取得之无偿赠与，而被继承人以遗嘱、赠与人于赠与时，指示其父母或监护人不得为财产之管理者，就该财产之管理，应为其另置襄佐人。遇有设置襄佐人之必要者，父母或监护人应立即陈报家事法院。具备设置监护之要件，而监护人仍未选任者，亦应置襄佐人。"[3] 由此等规定，可见《德国民法典》对于监护、法律上之辅助乃至襄佐的规定，实为灿然大备，乃具积极的参考、借镜价值与意义，应值赞赏。

《瑞士民法典》于其第二编"亲属法"的第二分编"亲属关系"的第八章"亲子关系的效力"的第五节规定"未成年人的监护"，共计三个条文，即自第 327a 条至第 327c 条，包括原则、子女的法律地位、监护人的法律地位。[4] 其第 327a 条规定："子女未受父母照护者，儿童保护机构应为其指定监护人。"[5] 第 327b 条规定："受监护的子女，与受父母照护的子女，具有相同的法律地位。"[6] 另外，第 327c 条还规定："监护人，享有与父母相同的权利。成年人保护的规定，特别是关于保佐人的指定、保佐的执行和成年人保护机构的参与和协助等规定，参

---

[1] 参见台湾大学法律学院、财团法人台大法学基金会：《德国民法》（下），元照出版有限公司 2016 年版，第 265—266 页。

[2] 参见台湾大学法律学院、财团法人台大法学基金会：《德国民法》（下），元照出版有限公司 2016 年版，第 322—323 页。

[3] 参见台湾大学法律学院、财团法人台大法学基金会：《德国民法》（下），元照出版有限公司 2016 年版，第 346—347 页。

[4] 参见戴永盛译：《瑞士民法典》，中国政法大学出版社 2016 年版，第 123 页。

[5] 参见戴永盛译：《瑞士民法典》，中国政法大学出版社 2016 年版，第 123 页。

[6] 参见戴永盛译：《瑞士民法典》，中国政法大学出版社 2016 年版，第 123 页。

照适用之。未成年子女必须被安置于看管所或精神病医院者，参照适用关于——为保护成年人而采取的——救助性收容的规定。"[1]此外，《瑞士民法典》于第二编"亲属法"的第三分编还规定"成年人的保护"，其内容包括"自己安排照护和法定措施"［第十章，含"自己安排照护"（第一节）、"对无判断能力人的法定措施"（第二节）］、"官方措施"（第十一章）及"组织"（第十二章）。[2]由《瑞士民法典》的这些规定（内容），可看到其对"未成年人的监护"的规定较为充分，对"成年人的保护"的规定更具特色、堪称翔实。"成年人的保护"规定中，成年人监护是其重心与主旨内容。对此，后文将予述及。

## 第二节　未成年监护[3]

### 一、未成年监护人的确定、指定及选任

《日本民法》第 839 条规定，对未成年者最后行使亲权的人，得以遗嘱指定未成年监护人，亲权人丧失管理权时，也系同样。此规定彰示，代替亲权人乃系未成年监护的特征。无指定监护人时，家庭法院得依未成年被监护人或其亲族、其他的利害关系人的请求，选任未成年监护人（《日本民法》第 840 条第 1 款）。另外，《日本民法》第 841 条规定："因父或母辞去亲权或管理权，或就父或母有亲权丧失、亲权停止或管理权丧失之裁定，而发生选任未成年监护人之必要时，其父或母应毫不迟延地向家庭法院请求选任未成年监护人。"[4]另外，儿童商谈所长，于没有行使亲权的人，且有为儿童福祉之必要时，负有请求家庭法院选任未成年监护人的义务。还有，日本于 2011 年修法前，未成年监护人必须由一人充之

---

1　参见戴永盛译：《瑞士民法典》，中国政法大学出版社 2016 年版，第 123 页。

2　参见戴永盛译：《瑞士民法典》，中国政法大学出版社 2016 年版，第 131—164 页。

3　本节的一、二、三、四、五的名称系依据、参考［日］高桥朋子、床谷文雄、棚村政行：《民法 7 亲族·继承》，有斐阁 2023 年版，第 211—215 页（床谷文雄执笔）。

4　参见王融擎编译：《日本民法：条文与判例》（下册），中国法制出版社 2018 年版，第 783 页（《日本民法》第 841 条）。

（旧《日本民法》第 842 条），但依修改法，共同监护成为（变成）可能（《日本民法》第 840 条第 2 款）。最后，作为未成年监护人的选任基准，依照《日本民法》第 840 条第 3 款的规定，乃应当考虑未成年被监护人的年龄、身心状态、生活及财产状况，成为未成年监护人者的职业、经历以及与未成年被监护人的利害关系的有无，关于法人，其事业的种类及内容、法人及其代表者与未成年被监护人的利害关系的有无，未成年被监护人的意见，以及其他一切情事。由亲族以外的第三人实施的未成年监护等，按照个案必要性的灵活且确切、恰当的，或者复数的未成年监护人的选任是被期待的。[1]

在我国，根据《民法典》的规定，父母对未成年子女负有抚养、教育和保护的义务，成年子女对父母负有赡养、扶助和保护的义务（第 26 条）。由此，父母是未成年子女的监护人。未成年人的父母已经死亡或者没有监护能力的，由下列有监护能力的人按顺序担任监护人：①祖父母、外祖父母；②兄、姐；③其他愿意担任监护人的个人或者组织，但是须经未成年人住所地的居民委员会、村民委员会或者民政部门同意（第 27 条）。无民事行为能力或者限制民事行为能力的成年人，由下列有监护能力的人按顺序担任监护人：①配偶；②父母、子女；③其他近亲属；④其他愿意担任监护人的个人或者组织，但是须经被监护人住所地的居民委员会、村民委员会或者民政部门同意（第 28 条）。另外，根据《民法典》的规定，被监护人的父母担任监护人的，可以通过遗嘱指定监护人（第 29 条）。并且，依法具有监护资格的人之间可以协议确定监护人。协议确定监护人应当尊重被监护人的真实意愿（第 30 条）。于对监护人的确定有争议时，根据《民法典》第 31 条的规定，系由被监护人住所地的居民委员会、村民委员会或者民政部门指定监护人，有关当事人对指定不服的，可以向人民法院申请指定监护人；有关当事人也可以直接向人民法院申请指定监护人。居民委员会、村民委员会、民政部门或者人民法院应当尊重被监护人的真实意愿，按照最有利于被监护人的

---

1 　参见［日］高桥朋子、床谷文雄、棚村政行：《民法 7 亲族·继承》，有斐阁 2023 年版，第 212—213 页（床谷文雄执笔）。

原则在依法具有监护资格的人中指定监护人。依据本条第一款规定指定监护人前，被监护人的人身权利、财产权利以及其他合法权益处于无人保护状态的，由被监护人住所地的居民委员会、村民委员会、法律规定的有关组织或者民政部门担任临时监护人。监护人被指定后，不得擅自变更；擅自变更的，不免除被指定的监护人的责任。此外，于没有依法具有监护资格的人时，监护人由民政部门担任，也可以由具备履行监护职责条件的被监护人住所地的居民委员会、村民委员会担任（第32条）。由《民法典》的这些规定可以明了，我国法律对于监护人的确定与选任等的厘定也是较为翔实、清晰的，应值肯定。

还有，关于监护，《最高人民法院关于适用〈中华人民共和国民法典〉总则编若干问题的解释》也对有关监护的法律适用做出了若干规定，于此也有必要予以提及。这其中，关于自然人与组织的监护能力，其第6条明确："人民法院认定自然人的监护能力，应当根据其年龄、身心健康状况、经济条件等因素确定；认定有关组织的监护能力，应当根据其资质、信用、财产状况等因素确定。"关于透过遗嘱指定监护人，其第7条明确："担任监护人的被监护人父母通过遗嘱指定监护人，遗嘱生效时被指定的人不同意担任监护人的，人民法院应当适用民法典第二十七条、第二十八条的规定确定监护人。未成年人由父母担任监护人，父母中的一方通过遗嘱指定监护人，另一方在遗嘱生效时有监护能力，有关当事人对监护人的确定有争议的，人民法院应当适用民法典第二十七条第一款的规定确定监护人。"关于指定监护人，其第9条明确："人民法院依据民法典第三十一条第二款、第三十六条第一款的规定指定监护人时，应当尊重被监护人的真实意愿，按照最有利于被监护人的原则指定，具体参考以下因素：（一）与被监护人生活、情感联系的密切程度；（二）依法具有监护资格的人的监护顺序；（三）是否有不利于履行监护职责的违法犯罪等情形；（四）依法具有监护资格的人的监护能力、意愿、品行等。人民法院依法指定的监护人一般应当是一人，由数人共同担任监护人更有利于保护被监护人利益的，也可以是数人。"并且，其第10条规定："有关当事人不服居民委员会、村民委员会或者民政部门的指定，在接到指定通知之日起三十日内向人民法院申请指定监护人的，人民法院经审理认为指定并无不当，依法裁定驳回申请；认为指定不当，依法判决撤销指定并另行指定监护人。有关当事人在接到指定通知之日起三十日后提出申请的，人民法院应当按照变更监护关系处理。"由这些规定的内容同样可以明了，《最高人民法院关于适用〈中华人民共和国民法典〉总则编若干问题的解释》对于监护的法律适用的厘定是较为充分、完善与翔实的，或者说其对实务中监护的法律适用的主要方面做出了明确，故此，其也是应予肯定、赞赏的。

### 二、未成年监护监督人

于《日本民法》中，定有所谓未成年监护监督人制度。根据《日本民法》的规定，未成年监护监督人，由最后行使亲权的人以遗嘱指定（《日本民法》第848条）；根据未成年被监护人、其亲族或未成年监护人的请求，或者依职权，由家庭法院选任（《日本民法》第849条）。可选任复数的人为监护监督人，还可选任法人为监护监督人（《日本民法》第852条、第840条第3款、第857条之2）。可以考虑如下场合或情形，即亲族的一人成为监护人，其他的人成为监护监督人，或者儿童福祉设施长成为监护人，第三人委员、辩护士（律师）等成为监护监督人等。[1]

我国《民法典》第一编"总则"关于监护的规定中，并无有关未成年监护监督人的内容，故此，应当肯定，前述《日本民法》对于未成年监护监督人的规定对于我国的实务乃至立法论具有借镜与参考的意义与价值。[2]对此，谨予以特别提出。

### 三、未成年监护人的职责与权限

于日本法中，未成年监护人的职责（职务）、权限概括起来主要包括：①未

---

1　参见［日］高桥朋子、床谷文雄、棚村政行：《民法7 亲族·继承》，有斐阁2023年版，第213页（床谷文雄执笔）。

2　应值指出的是，我国《民法典》第一编"总则"尽管并无关于未成年监护监督人的规定与内容，但于我国的监护实务中，尤其是在成年监护的场合，通常或一般乃有设立监护监督人的情形。

成年监护人就未成年人的身世监护，有与亲权者相同（同一）的权利、义务
（《日本民法》第857条）。监护、教育（《日本民法》第820条），子女的人格尊
重等（《日本民法》第821条），居所指定（《日本民法》第822条），职业许可
（《日本民法》第823条）等即是。就财产管理、法定代理权，未成年监护人尽管
有与亲权者同样的权限（《日本民法》第859条），但与亲权者不同，未成年监护
人负有作为善良的管理者的注意义务（善管注意义务，《日本民法》第869条、
第644条），受监护监督人与家庭法院的监督（《日本民法》第863条）。未成年
监护人即使是亲族，因监护事务具有公益的性格（公的法特性），刑法上的亲族
相盗例也不能准用¹。关于监护人与被监护人间的利益相反行为，除有监护监督
人的场合外，特别代理人的选任是必要的（《日本民法》第860条、第826条）。
②未成年监护人有数人时，得共同行使其权限（《日本民法》第857条之2）。是
以，共同亲权同样以共同监护为原则。但是，未成年监护人有数人时，就其中部
分人，家庭法院得依职权决定其仅可行使财产相关的权限（《日本民法》第857
条之2第2款）。²另外，第857条之2第3款规定："未成年监护人有数人时，就
财产相关之权限，家庭法院得依职权决定由各未成年监护人单独或由数名未成年
监护人分管事务而行使其权限。"³仅对于财产管理，可以考虑由适合于它的专门
（专业）人员担当等。还有，该第857条之2第5款规定："未成年监护人有数人
时，第三人之意思表示对其一人作出即可。"⁴③监护人虽不被认可有请求报酬的
权利，但亲族以外的第三人成为监护人的场合等，家庭法院考虑监护人与被监护
人的资力、其他的情事，由被监护人的财产中，得给予监护人相当的报酬（《日

1　参见日本最判2008年2月18日刑集62卷2号第27页。

2　参见王融擎编译：《日本民法：条文与判例》（下册），中国法制出版社2018年版，第789页
（《日本民法》第857条之2第2款）。

3　参见王融擎编译：《日本民法：条文与判例》（下册），中国法制出版社2018年版，第789页
（《日本民法》第857条之2第3款）。

4　参见王融擎编译：《日本民法：条文与判例》（下册），中国法制出版社2018年版，第789页
（《日本民法》第857条之2第5款）。

本民法》第 862 条），[1] 监护监督人亦然（《日本民法》第 852 条）。[2]

　　我国《民法典》第一编"总则"对于监护人的职责或权限主要规定了两个条文，此即第 34 条与第 35 条。其中，第 34 条规定监护人的职责是代理被监护人实施民事法律行为，保护被监护人的人身权利、财产权利以及其他合法权益等。监

---

1　应指出的是，我国台湾地区的学理研究谓，《日本民法》并未直接肯定"监护人得请求报酬"，因此学说认为监护人并无报酬请求权，而是由家庭法院视具体情事以"审判"的方式赋予之。在日本，若监护报酬赋予声请被法院驳回，监护人不得提起抗告（日本广岛高松江支 1957 年 7 月 23 日高民集 10 卷 6 号 360 页，即时抗告与通常抗告皆不可）。至于报酬的数额，日本有些法院已订定了客观的数额，监护人每月报酬约 2 万日元；若本人财产规模较大、事务较复杂，例如本人财产在 1000 万至 5000 万日元间，则每月报酬为 3 万至 4 万日元，以此类推。至于我国台湾地区亲属监护人的监护报酬，则具有两点特征：①亲属监护人所为的某些行为，可能被评价为无偿的亲属间互助，无法请求报酬。例如，代理本人缔结医疗契约、住院契约、看护契约或照顾契约，或代本人同意手术，有些法院认为此类行为是"尽孝道或践行扶养义务"，拒绝酌给报酬。唯有学理并不赞同此种见解。②亲属监护人的报酬额，其幅度（0 到 8 万新台币）较专业监护人（从统括酌定 3000 新台币到每月 3.3 万新台币）为广。其理由应在于，亲属监护人的报酬额，除含有监护职务的财产管理及人身管理的评价外，有些还掺杂了不属于监护职务而原本应以其他法理清算的事务。例如，本人明明财产足够，但由监护人为本人代垫生活费用，此部分的返还借由监护报酬的酌定一并完成；或者监护人（及其配偶）亲自提供照顾服务，监护报酬包含了照顾的对价；更甚者，还有出现监护人负担了本人配偶的事实上的监护（或照顾）工作，借由监护报酬来评价此部分的劳力付出。与此相较，非亲属监护人通常不与受监护人同住，也不直接提供照顾服务，所以其报酬的性质就是非常纯粹的监护职务的评价。另外，我国台湾地区的学理研究也指出，所谓贡献份制度，其系指着继承人在被继承人生前有"财产给付、劳务提供、疗养看护"，于被继承人死后分配遗产时，给予继承人的"贡献"一定评价。对此，最早是 1907 年瑞士旧法第 633 条（现行法第 344 条）肯定，被继承人的子女有较多贡献者，得于继承时请求相应的补偿（eine billige Ausgleichung）；法国则自 1939 年以来于农业继承的情形，承认被继承人的配偶与直系血亲卑亲属得请求无偿劳动的补偿；德国在 1969 年于其民法典第 2057a 条由法院依个案判断并补偿直系血亲卑亲属的贡献；日本在 1980 年增订其民法第 904 条之 2，规定对被继承人的财产有特别贡献的继承人增加其应继份（称"寄与分"）；韩国则在 1990 年增订其民法典第 1008 条之 2 的贡献份明文。我国台湾地区的学理研究尚指出，观察日本与德国经验可知，家庭功能的缩小使得长期照顾服务以及监护服务渐趋社会化，亦即由亲属以外的第三人来从事照顾与监护者越来越多。为了能有效率并公平地订定照顾对价或监护报酬，日本与德国皆发展出了标准化的金额表。这样市场化、标准化的趋势，反过来影响了人们对于亲属提供照顾与监护服务的想法。过去被认为是亲属间互助或"尽孝道"的行为，以亲情或爱情之名维持了无偿的体制，但现今因为公权力的介入，这些行为均可在市场标价、贩售、购买。对此，参见黄诗淳："监护人之报酬与亲属互助"，载陈公棋炎先生九十晋五冥寿纪念文集编辑小组主编：《家族法新课题——陈公棋炎先生九十晋五冥寿纪念文集》，元照出版有限公司 2017 年版，第 259—284 页。另外，关于贡献份制度，也请参见李玲玲："贡献分制度研究序论"，载陈公棋炎先生九十晋五冥寿纪念文集编辑小组主编：《家族法新课题——陈公棋炎先生九十晋五冥寿纪念文集》，元照出版有限公司 2017 年版，第 313—328 页。

2　参见［日］高桥朋子、床谷文雄、棚村政行：《民法 7 亲族·继承》，有斐阁 2023 年版，第 213—214 页（床谷文雄执笔）。

护人依法履行监护职责产生的权利，受法律保护。监护人不履行监护职责或者侵害被监护人合法权益的，应当承担法律责任。因发生突发事件等紧急情况，监护人暂时无法履行监护职责，被监护人的生活处于无人照料状态的，被监护人住所地的居民委员会、村民委员会或者民政部门应当为被监护人安排必要的临时生活照料措施。第35条则明确监护人应如何履行监护职责，其规定，监护人应当按照最有利于被监护人的原则履行监护职责。监护人除为维护被监护人利益外，不得处分被监护人的财产（第35条第1款）。未成年人的监护人履行监护职责，在作出与被监护人利益有关的决定时，应当根据被监护人的年龄和智力状况，尊重被监护人的真实意愿（第35条第2款）。成年人的监护人履行监护职责，应当最大程度地尊重被监护人的真实意愿，保障并协助被监护人实施与其智力、精神健康状况相适应的民事法律行为。对被监护人有能力独立处理的事务，监护人不得干涉（第35条第3款）。

另外，关于监护职责等，《最高人民法院关于适用〈中华人民共和国民法典〉总则编若干问题的解释》第8条还明确："未成年人的父母与其他依法具有监护资格的人订立协议，约定免除具有监护能力的父母的监护职责的，人民法院不予支持。协议约定在未成年人的父母丧失监护能力时由该具有监护资格的人担任监护人的，人民法院依法予以支持。依法具有监护资格的人之间依据民法典第三十条的规定，约定由民法典第二十七条第二款、第二十八条规定的不同顺序的人共同担任监护人，或者由顺序在后的人担任监护人的，人民法院依法予以支持。"此外，其第13条还明确："监护人因患病、外出务工等原因在一定期限内不能完全履行监护职责，将全部或者部分监护职责委托给他人，当事人主张受托人因此成为监护人的，人民法院不予支持。"

### 四、监护人的辞任、解任，以及《民法典》对监护人资格的撤销、撤销后原依法负担的被监护人抚养费、赡养费、扶养费的处理及监护人资格被撤销后的恢复的厘定与明确

按照日本婚姻家庭法（亲族法）的学理，监护是以被监护人的保护为主要目的的私法上的职务，其作为对需要保护者的支援制度也有社会公益的性格（或法特性）。由此，不能使监护人的任务容易放弃，但是，于任务的遂行（完成、实行）困难的场合、在与任务内容的关系上出现更加适任的人的场合等，监护人的交替、替换也成为必要。于是，《日本民法》规定，监护人有"正当的事由"〔其较以"不得已、无可奈何的事由"为要件的亲权辞任（《日本民法》第837条）也是缓和的〕时，获得家庭法院的许可，得辞任任务（《日本民法》第844条）。[1]还有，监护人有不正行为、显著行为不端、品行坏、不规矩、其他不适于承担监护任务的事由时，家庭法院依监护监督人、被监护人、被监护人的亲族或检察官的请求，或依职权，得解任监护人（《日本民法》第846条）。[2]

我国《民法典》对于撤销监护人的资格、撤销监护人资格后原依法负担的被监护人抚养费、赡养费、扶养费的处理，以及监护人资格被撤销后的恢复等，设有规定。对于撤销监护人的资格，其第36条明确："监护人有下列情形之一的，人民法院根据有关个人或者组织的申请，撤销其监护人资格，安排必要的临时监护措施，并按照最有利于被监护人的原则依法指定监护人：（一）实施严重损害被监护人身心健康的行为；（二）怠于履行监护职责，或者无法履行监护职责且拒绝将监护职责部分或者全部委托给他人，导致被监护人处于危困状态；（三）实施严重侵害被监护人合法权益的其他行为。本条规定的有关个人、组织包括：其他依法具有监护资格的人，居民委员会、村民委员会、学校、医疗机构、妇女联合

---

1　《日本民法》第844条规定："监护人有正当事由时，得家庭法院之许可，而得辞去其任务。"对此，参见王融擎编译：《日本民法：条文与判例》（下册），中国法制出版社2018年版，第784页（《日本民法》第844条）。

2　参见〔日〕高桥朋子、床谷文雄、栅村政行：《民法7 亲族·继承》，有斐阁2023年版，第214—215页（床谷文雄执笔）。

会、残疾人联合会、未成年人保护组织、依法设立的老年人组织、民政部门等。前款规定的个人和民政部门以外的组织未及时向人民法院申请撤销监护人资格的，民政部门应当向人民法院申请。"对于撤销监护人资格后依法负担的被监护人抚养费、赡养费、扶养费的处理，第 37 条明确："依法负担被监护人抚养费、赡养费、扶养费的父母、子女、配偶等，被人民法院撤销监护人资格后，应当继续履行负担的义务。"对于监护人资格被撤销后的恢复，《民法典》第 38 条乃明确："被监护人的父母或者子女被人民法院撤销监护人资格后，除对被监护人实施故意犯罪的外，确有悔改表现的，经其申请，人民法院可以在尊重被监护人真实意愿的前提下，视情况恢复其监护人资格，人民法院指定的监护人与被监护人的监护关系同时终止。"

### 五、未成年监护的终止

于日本法上，未成年监护于如下情形终止：①于未成年人达到成年时；②单独亲权者死亡后监护开始，但向新出现的监护人的亲权变更被认可的场合；③未成年者死亡时（监护的绝对终止）。监护人死亡时，或者监护人丧失监护人资格乃至权限（辞任、解任、欠格）时，该监护人的监护终止（监护的相对终止）。但是，作为监护人的人或者其继承人有急迫的情事时，监护事务的交接终了前，必须为必要的处分（应急处分义务，《日本民法》第 874 条、第 654 条）。监护人的任务终了时，监护人或其继承人必须于 2 个月以内为管理的结算（自监护人从事其任务时起到任务终了期间的与被监护人财产有关的收支的结算，《日本民法》第 870 条）。另外，监护的结算，于有监护监督人时，应由其见证（《日本民法》第 871 条）[1]。[2]

我国《民法典》就监护关系的终止定有明文。依照其规定，监护关系终止的

---

[1] 《日本民法》第 871 条规定："监护结算，有监护监督人时，应由其见证。"对此，参见王融擎编译：《日本民法：条文与判例》（下册），中国法制出版社 2018 年版，第 796 页（《日本民法》第 871 条）。

[2] 参见［日］高桥朋子、床谷文雄、棚村政行：《民法 7 亲族·继承》，有斐阁 2023 年版，第 215 页（床谷文雄执笔）。

事由包括：①被监护人取得或者恢复完全民事行为能力；②监护人丧失监护能力；③被监护人或者监护人死亡；④人民法院认定监护关系终止的其他情形。监护关系终止后，被监护人仍然需要监护的，应当依法另行确定监护人（第39条）。另外，《最高人民法院关于适用〈中华人民共和国民法典〉总则编若干问题的解释》还就《民法典》第39条第1款第2项、第4项的规定的法律适用做出明确与厘定："监护人、其他依法具有监护资格的人之间就监护人是否有民法典第三十九条第一款第二项、第四项规定的应当终止监护关系的情形发生争议，申请变更监护人的，人民法院应当依法受理。经审理认为理由成立的，人民法院依法予以支持。被依法指定的监护人与其他具有监护资格的人之间协议变更监护人的，人民法院应当尊重被监护人的真实意愿，按照最有利于被监护人的原则作出裁判"（第12条）。

## 第三节　成年监护 [1]

### 一、成年监护制度概要

按照日本婚姻家庭法（亲族法）著述的叙述，于法国，其经由1968年的民法典修改，由禁治产、准禁治产制度变更为包含监护、保佐、司法保护（临时应急措施）三类型的法定监护制度；根据2005年的修改，司法支援措施被导入；根据2007年的修改，将来的保护委任制度（任意监护契约）得以设计。于德国，1990年修改民法典，废止行为能力剥夺制度与障害监护制度，而导入一元的照料人制度；根据2021的修改（2023年1月施行），强化对被照料人的意思的尊重、对自己决定的支持。于本人有必要的场合（必要性原则、补充性原则），家庭法院选任照料人，规定其职务内容。任意代理、事前照料代理优先于法定照料。患

---

[1]　本部分的内容系参考、依据［日］高桥朋子、床谷文雄、棚村政行：《民法7 亲族·继承》，有斐阁2023年版，第216—230页（床谷文雄执笔）。谨予释明。

者关于医疗同意、延命治疗（拒绝）的事前指示书，也被规定。包含亲族的名誉职（无偿）照料人优先于职业照料人。于澳大利亚，1983 年的成年者保护制度在 2017 年的修改中被更新（2018 年 7 月施行），事前照料代理、任意成年者代理（新设）、法定成年者代理（旧近亲者代理，3 年间）、法院选任成年者代理（法定监护、行为能力保持、限定的事务，3 年间）这四种代理制度被运用。在瑞士，其 2008 年法（2013 年施行）透过事前照料委托、医疗措施事前指示书、亲族代理与补佐制度（法定监护），将对本人的意思决定支援置于重点。于英国，在其普通法上，因本人一旦丧失意思能力，代理人的代理权即被认为归于消灭，所以设计持续的代理权授予法。2005 年，《意思能力法》被制定，任意监护与法定监护的整备得以推进。于韩国，2011 年，成年监护修改法通过（2013 年 7 月 1 日施行），法定监护三类型（成年监护、限定监护、特定监护）与任意监护契约被制度化，医疗同意也被规定。前述这些国家近年的法修改为实现与《残疾人权利公约》的契合，自限制被保护者的行为能力而使代理人代行决定的制度，向保持本人的能力而支援其意思决定的制度转换。[1]

另外，瑞典于 1974 年及 1989 年两度修改成年监护法，因而订定特别代理监护制度与管理监护制度。奥地利于 1983 年制定《有关障碍者事务管理法》，简称《事务管理法》，并于 1984 年 7 月 1 日实行。美国于 1969 年制定《统一持续性代理权授予法》，为英美法系成年监护制度改革的先驱。加拿大于 1978 年仿效美国制定《统一代理权法》。[2]

这里还有必要涉及日本成年监护制度的概要。日本社会的高龄化在加速进行中。日本学理认为，成年监护主要是为支撑高龄社会的运转。2014 年，日本 4 人中就有 1 人是 65 岁以上，迎来"超"高龄社会。长卧不起的高龄者、认知症患

---

1　参见［日］高桥朋子、床谷文雄、棚村政行：《民法 7 亲族·继承》，有斐阁 2023 年版，第 234 页（床谷文雄执笔）。

2　参见郭钦铭："成年监护与长期照护之研究"，载陈公棋炎先生九十晋五冥寿纪念文集编辑小组主编：《家族法新课题——陈公棋炎先生九十晋五冥寿纪念文集》，元照出版有限公司 2017 年版，第 240—241 页注释 12。

者的照顾负担对于家族而言是沉重的开始（开端），老老照顾、对高龄者的虐待成为（变成）问题。在此背景下，从家族照顾到社会照顾的转换成为必要，不仅高龄认知症患者，自障害者福祉的观点（视点）看，谋求对判断能力不充分者的保护的法制度也成为（变成）必要［虽然名称是成年监护，但未成年者也是对象。2021 年的本人未满 20 岁的比率是男性 0.3%，女性 0.2%］。例如，必须恰当管理、运用不动产、储蓄（存款）、年金等高龄者本人的财产，使高龄者免受诈骗等恶意行为的侵害。另外，高龄者也可能卷入家族、亲族内的财产争夺。受社会福祉"从措施到契约"的趋势（或潮流）影响，高龄者、障害者设施等的入所契约的处理，高龄认知症患者入所后其财产的恰当维持、管理等，也成为深刻的问题。对于此等状况，日本因其旧监护法不能充分应对（或对应），而进行了通向（面向）现代的成年监护制度的改革。日本新制度的理念包括如下两方面的内容：①成年监护制度尽可能活用本人现在所具有的能力，尊重本人的意思（自己决定权），于必要的范围，应补充性地且灵活地予以运用。作为对人的交易能力、财产管理能力予以补充并保护其权利的制度，监护、保佐、补助这三种法定类型被设置（设立），以制度的灵活运用为指向。于日本，作为对此法定监护制度的补充，关于任意监护契约的法律被制定。根据契约，任意监护关系得被设定。②根据 2016 年 4 月的成年监护制度利用促进法与利用促进基本计划（第一期 2017—2021 年，第二期 2022—2026 年），成年监护制度的利用者能切实感受到该制度的好处与该制度的应用改善（不正当防止的彻底与容易利用的调和），权利维护（保护）支援的地域联合网络，成年监护人（市民监护人等）的培养（培育）与支援等成为课题。[1]

---

　　1　参见［日］高桥朋子、床谷文雄、棚村政行：《民法 7 亲族·继承》，有斐阁 2023 年版，第 216—217 页（床谷文雄执笔）。应值提及的，是我国台湾地区学理对于日本成年监护制度的研究。其研究的学理指出：日本法的成年监护制度分为公、私法性质，公法性质方面是法定监护制度，就日本民法的规定而言为"後见"（监护）、"保佐"、"补助"（补助）；而私法性质方面则是"任意监护制度"。日本成年监护制度的立法目的系透过赋予监护人权利及职责，管理和协助受监护人实现其意思决定，以保护其利益，并维护社会交易安全。日本的监护制度依受保护人意思能力欠缺的程度，由严重至轻微，分为"後见"（监护）、"保佐"及"补助"（补助）三级。对精神障碍程度的鉴定，日本

还有，于此也有进一步扼要涉及美国的成年监护制度的必要。根据学理的研究，传统上美国的成年监护目的在于"保护行为能力有欠缺者"，其根据为国家父权（parens patriae）原则，意指国王（或政府）有如国家的父亲般，对无能力者进行保护，其方法则是剥夺本人做决定的能力与权利，由法院或法院选任的监护人来为本人做决定。理论上国家父权的权力运用，仅以保护本人的福祉与利益为唯一目的，它不能像警察权般，为了社会公共利益而限制个人权利。不过，监护制度运用的实情却往往是为了社会利益、利害关系人或机构的利益，而不是为了本人。监护的立法权限属于各州，以往未成年人与成年人的保护法制（包括监

---

（接上页）早已于 2000 年 1 月研拟提出《新成年监护制度鉴定书制作参考手册》及《新成年监护制度诊断书制作参考手册》。日本于 2000 年同时施行成年监护制度（即法定监护制度）与《任意监护契约法》。唯监护制度，应"意定监护"与"法定监护"双轨运行，方能达到弹性选择制度并尊重受保护者本人自主权利的目的。日本为因应其国内高龄化与少子化的问题，于 2000 年施行长期照护制度，其用语有别于一般国家或地区使用的"长期照护"，而创立了"介护"（介护）此一新词语。"介"系指支持，而"护"（护）意指保护，故"介护"（介护）一词即为照顾之余，同时须兼以支持及保护之意，以实践长期照护的理想。日本从 1989 年至 1999 年起为长期照护的发展，陆续推动"黄金十年计划""新黄金计划"等，并于 1997 年 12 月 17 日通过《介护保险法》，自 2000 年 4 月 1 日开始施行。依其第 9 条的规定，40 岁以上，在市町村区域内有住所者为强制保险对象、日本的服务提供主要以"居家服务"为主，以增进民众留在家中接受照护为重点。目前日本使用居家服务的数量，远大于使用机构服务的数量。但日本并非完全禁止现金给付，只是采用严格的条件限制来抑制现金给付的核发。日本《介护保险法》的被保险人分为两类：第一类被保险人为 65 岁以上的国民，不论任何原因导致需要长期照护（如长期卧床、失智等状态）或支援状态（需支援日常生活状态），皆为保险给付对象，并依其居住的市町村的不同，保险费的计算及征收方式有所差异；第二类被保险人为 40 岁以上未满 65 岁且加入健康保险者，唯此类被保险人限定其保险事故为"身体或精神障碍系由年龄增加老化而生之特定疾病，导致需长期照护或需支援之状态"，且依《介护保险法施行令》第 2 条规定，《介护保险法》第 7 条第 2 款第 3 项规定的 40 岁以上未满 65 岁之人的"特定疾病"计有 16 种。另外，我国台湾地区学理的研究还指出，长期照护制度虽系近几十年来方逐渐发展，但从古人的著作中即可发现其欲践行此制度的理想。西方医学之祖希波克拉底（Hippocrate）时代的健康照顾，即包含了较为长期的照护内容。自希波克拉底时代以后，健康与照护或医疗问题在人类文化与文明的演进轨迹中即占有一席之地，也成为维护人类健康不可或缺的部分。不过，长期照护制度系自 20 世纪中叶开始，日渐受到西方社会重视，西方各国皆积极参与长期照护的规划与推动。荷兰于 1967 年 12 月 14 日通过《特殊医疗费用保险法》，启动第一个长期照护相关的体制，且实施照护保险 40 余年，为欧洲长期照护保险实施历史最悠久的国家。德国继之于 1994 年 5 月 26 日通过《长期照护风险之社会保障法》，其首创的"长期照护保险体制"使德国成为世界上第一个立法推动全民性长期照护保险制度的国家。对此，参见郭钦铭："成年监护与长期照护之研究"，载陈公棋炎先生九十晋五冥寿纪念文集编辑小组主编：《家族法新课题——陈公棋炎先生九十晋五冥寿纪念文集》，元照出版有限公司 2017 年版，第 233—257 页。

护）规定于各州遗嘱认证（probate）相关法规中，内容不尽相同。美联社（Associated Press）1987 年 9 月 20 日的一篇名为"高龄者监护：病态体制"的报道，加速了美国成年监护制度的改革。关于美国法中的监护人代理决定基准，有替代判断原则与最佳利益原则。替代判断原则要求，监护人的代理决定须根据监护人已知的本人的喜好及价值观，这可能是来自本人先前的指示，若无指示，则可依据本人先前明示的意愿。最佳利益原则具有狭义与广义之分。狭义的最佳利益原则要求，监护人必须以"理性人"的观点，在本人目前的状况下，权衡利害得失后做出决定，而该决定必须保护及促进本人的利益。广义的最佳利益原则不仅要求监护人必须以理性人的观点，在本人目前的状况下，权衡利害得失后做出决定，还进一步允许监护人考量"理性人"在该状况下会考虑的"该决定对利害关系人的影响"。也就是说，此原则认为，本人并非活在真空状态中，从而监护人应考量，本人有意思能力做决定时可能会在意的利害关系人（的意见）。所谓的"利害关系人"，其可能包括本人的配偶、子女或其他伴侣。[1]

另外，于此也有必要提及我国台湾地区的成年监护制度。根据我国台湾地区学理的论述，其"民法"的成年监护制度（广义，包含其"民法"总则中的行为能力的规定）是一个"老年"与"障碍"概念重叠交错的例子。一般认为，成年监护制度的修正，是为了因应高龄社会，亦即主要是为了"老年人"所为。不过，成年监护制度的目的系在于协助"判断能力不足之人"，进而言之，成年监护或辅助的适用对象，乃因精神障碍或其他心智缺陷，"致不能为意思表示或受意思表示，或不能辨识其意思表示之效果"者（我国台湾地区"民法"第 14 条第 1 项），或"其为意思表示或受意思表示，或辨识其意思表示效果之能力，显有不足"者（我国台湾地区"民法"第 15 条之 1 第 1 项）。对于此类人由法院选任监护人或辅助人，代理或协助本人为法律行为。"判断能力不足"并非高龄者

---

1　参见黄诗淳："监护人代理决定基准之研究"，载戴东雄教授八秩华诞祝寿论文集编辑委员会：《戴东雄教授八秩华诞祝寿论文集：身分法之回顾与前瞻》，元照出版有限公司 2017 年版，第 309—314 页。

的专利，因精神疾病、发展障碍或后天性脑部损伤致使判断能力不足的青壮年人，只要符合我国台湾地区"民法"的要件，也适用成年监护制度。[1]

在我国，晚近以降，也出现了人口老龄化的情况或现象，成年监护由此成为一项重要的为社会所需要的制度乃至规则。适应社会的这一需要抑或要求，2020年通过的《民法典》于其第一编"总则"的第二章"自然人"的第二节"监护"中，设有成年监护的规定与内容。此即《民法典》第33条。依其规定，具有完全民事行为能力的成年人，可以与其近亲属、其他愿意担任监护人的个人或者组织事先协商，以书面形式确定自己的监护人，在自己丧失或者部分丧失民事行为能力时，由该监护人履行监护职责。另外，如前述，《民法典》第35条第3款还就成年人的监护人履行监护职责做出规定，即成年人的监护人履行监护职责，应当最大程度地尊重被监护人的真实意愿，保障并协助被监护人实施与其智力、精神健康状况相适应的民事法律行为。对被监护人有能力独立处理的事务，监护人不得干涉。应提及的是，《民法典》关于成年监护的此等规定，系为我国现今有关成年监护的重要法律规定，具积极价值与意义，应值重视。

对于《民法典》规定的成年监护的法律适用，《最高人民法院关于适用〈中华人民共和国民法典〉总则编若干问题的解释》第11条对如下事项予以明确，即具有完全民事行为能力的成年人与他人依据《民法典》第33条的规定订立书面协议事先确定自己的监护人后，协议的任何一方在该成年人丧失或者部分丧失民事行为能力前请求解除协议的，人民法院依法予以支持。该成年人丧失或者部分丧失民事行为能力后，协议确定的监护人无正当理由请求解除协议的，人民法院不予支持。该成年人丧失或者部分丧失民事行为能力后，协议确定的监护人有《民法典》第36条第1款规定的情形之一，该条第2款规定的有关个人、组织申请撤销其监护人资格的，人民法院依法予以支持。

---

[1]　参见黄诗淳："监护人代理决定基准之研究"，载戴东雄教授八秩华诞祝寿论文集编辑委员会：《戴东雄教授八秩华诞祝寿论文集：身分法之回顾与前瞻》，元照出版有限公司2017年版，第301页。

## 二、对日本成年监护制度的具体考量

### （一）监护

关于成年监护开始的请求与审理。依日本婚姻家庭法（亲族法）著述的释明，针对因精神上的障害而欠缺事理辨识能力之人，家庭法院根据本人、配偶者、四亲等内的亲族、未成年监护人、未成年监护监督人、保佐人、保佐监督人、补助人、补助监督人、检察官等的请求，进行监护开始的审判，选任成年监护人（《日本民法》第843条）。任意监护契约被登记的场合，任意监护受任者、任意监护人、任意监护监督人也得为请求。为尊重本人的意思，于监护等的开始的审判手续中，本人陈述被听取的机会应予保障。

关于成年监护人的选任。依日本现行制度，家庭法院依职权选任成年监护人，得决定选任适任者为监护人（《日本民法》第843条）。但下列之人不得为监护人：①未成年人；②被家庭法院免任的法定代理人、保佐人或辅助人；③破产人；④正在对或已经对被监护人提起诉讼者以及其配偶及直系亲属；⑤下落不明者。[1] 还有，《日本民法》第843条第4款规定："选任成年监护人时，应考虑成年被监护人之身心状况以及生活及财产状况、成为成年监护人者之职业及经历以及与成年被监护人间利害关系之有无（成为成年监护人者为法人时，其营业种类及内容以及其法人及其代表人与成年被监护人间利害关系之有无）、成年被监护人之意见及一切情事。"[2] 另外，按照现行制度，也得选任复数的成年监护人（《日本民法》第859条之2）。最后，如前述，根据《日本民法》，也认可以法人为成年监护人（《日本民法》第843条第4款）。

关于成年监护监督人。家庭法院于认为有必要时，得依成年被监护人、其亲

---

[1] 参见王融擎编译：《日本民法：条文与判例》（下册），中国法制出版社2018年版，第785页（《日本民法》第847条）。

[2] 参见王融擎编译：《日本民法：条文与判例》（下册），中国法制出版社2018年版，第783页（《日本民法》第843条第4款）。

族或成年监护人的请求，或依职权，选任成年监护监督人（《日本民法》第 849 条）。选任法人也是可以的，选任复数的成年监护监督人也被认可（《日本民法》第 852 条、第 843 条第 4 款、第 859 条之 2）。亲族、市民、入居设施长（首领）、职员成为成年监护人的场合等，不仅不正当之防止，且对监护人的忠告、建议、劝告、支援等成年监护监督人的重要性也增加。

关于成年监护人的职务、财产管理权限。其包括如下要点：①成年监护人的基本任务是保护成年被监护人的财产利益，为此而有必要的财产管理权与法律行为代理权（《日本民法》第 859 条第 1 款）。为了期望、期待财产管理的适当、公正、合理，成年监护人负有于就职之初调查成年被监护人的财产，原则上于着手调查后一个月以内做成财产目录的义务（《日本民法》第 853 条第 1 款）。未成年监护人尽管也负有同样的义务，但尤其于成年监护人的场合，因高龄认知症患者等也管理保有相当额数（数量）的财产，故此，目录做成有重要的意义。为此，有监护监督人时，财产调查及目录制作，非由其见证，不生效力（《日本民法》第 853 条第 2 款）[1]。②根据 2016 年的修改，成年监护人对邮政物、邮件物等的管理（转送、开封）权限被记明（《日本民法》第 860 条之 2、第 860 条之 3）。③为了防止成年监护人的不正当行为及为了财产管理的简便、透明化，自 2012 年始，监护制度支援信托被利用。关于信托契约的缔结、变更、解约等手续，家庭法院的指示书是必要的。自 2018 年始，家庭法院参与的监护制度支援储蓄被导入。

关于人身关怀照料。其包括如下两个要点：①不仅财产管理，关于成年被监护人的人身关怀照料事务也是重要的。在生活上面，必须处理必要的衣、食、住的筹措、供应、确保，因日常生病的诊疗契约、入院，老人特别养护住宅（家、养老院）等设施的入退所，于设施的生活状况的监视、改善等事项。成年监护人处理成年被监护人的生活、疗养看护与关于财产管理的事务时，应尊重本人的意

---

1　参见王融擎编译：《日本民法：条文与判例》（下册），中国法制出版社 2018 年版，第 788 页（《日本民法》第 853 条第 2 款）。

思，并应关怀本人的身心状态与生活状况（人身关怀照料义务，《日本民法》第858条），不仅经济的合理性，尽心竭力成年被监护人的现实的或者被假定的意思也应考虑。关于本人的居住用不动产（成年被监护人作为生活的本据而居住，或者供居住之用的预定的不动产）的处分等，考虑其影响的重大性，尤其以家庭法院的许可为必要（《日本民法》第859条之3）。②对成年被监护人身体的强制事项、有生命危险的事项、以对身体的侵袭为内容的事项（手术、对设施的入所强制等），不得进入成年监护人的职务范围。尊严死（延命治疗的拒绝）、脏器移植的同意等也是一身专属的事项，其也不包含在成年监护人的权限中。关于所谓死后事务的一部（被监护人的债务清偿、火葬、埋葬的契约等），根据2016年的修改虽被载明（《日本民法》第873条之2），但是其他超越应急处分义务的事项，则在成年监护人的职务范围之外（根据日本《户籍法》第87条第2款，得为死亡的申报）。

关于成年被监护人的能力。其包括如下要点：①成年被监护人所为的法律行为，得撤销。但是，关于日用品的购入等日常生活行为，不在此限（即不得撤销，《日本民法》第9条）。关于日常生活行为的范围，其被认为较成为夫妇连带责任的对象的日常家事债务（《日本民法》第761条）范围更狭窄。②旧法中的禁治产、准禁治产的资格限制曾受到强烈批判，制度修改之际对此进行了重新评估，但是，关于成年被监护人与被保佐人，还残留有许多不够格、不合格条项。

关于成年监护人的报酬与监护费用。成年监护人虽然没有报酬请求权，但是因成年监护人的职务多样化，且亲族以外的第三人、专业（专门）人员、法人等也有担任成年监护人者，家庭法院对成年监护人的报酬支付也应予以充分的照顾。依监护人与被监护人的资力、其他情事，从被监护人的财产中给予监护人相当的报酬（《日本民法》第862条）。虽然应使必要的费用得到支付（《日本民法》第861条第2款），但若成年被监护人为没有资力的人，不仅费用支援，且就成年监护人的报酬，支援制度的扩充也是值得期待的。

关于监护的登记。监护开始的审判被实施的，登记于设立在法务局的监护登记簿，依本人的请求，发行登记事项证明书或登记不能被实施的证明书。

关于成年监护的终止。成年监护因成年被监护人的死亡而终止。另外，成年被监护人变得并无欠缺事理辨识能力的常况的场合，家庭法院根据本人、配偶者、四亲等内的亲族、监护人、监护监督人或检察官的请求，必须撤销监护开始的审判（《日本民法》第 10 条）。据此，监护绝对终止。因监护人死亡、辞任、解任、不够格、不合格的监护的相对终止，新的监护人选任的必要性、应急处分义务（《日本民法》第 874 条、第 654 条）、监护终止（终了）时的结算义务（《日本民法》第 870 条）等，系与未成年监护相同。[1]

（二）保佐

保佐，依保佐开始的审判而开始（《日本民法》第 876 条）。审判的请求权人，是本人、配偶者、四亲等内的亲族、监护人、监护监督人、补助人、补助监督人、检察官（《日本民法》第 11 条）、任意监护受任者、市町村长。保佐制度是改善旧准禁治产制度的东西，以因精神上的障害而辨识事理的能力显著不充分的人为对象（《日本民法》第 11 条）。但是，作为旧制度的对象的浪费者，自保佐的对象中被剔除。根据新法，个人的财产处分自由被强调。当然，浪费系以因精神上的障害的判断能力显著减退为原因时，浪费者成为保佐的对象。

关于保佐人的权利义务。其要点有如下两方面：①保佐人在被保佐人实施以下行为时有给予同意的权利，即借款或为保证，关于不动产、其他重要财产的交易，继承的承认、放弃或遗产分割，新筑、增改筑，一定的重要交易等（《日本民法》第 13 条第 1 款）。但是，有本人、配偶者、保佐人或保佐监督人等的请求时，家庭法院得扩大以保佐人的同意为必要的事项范围（《日本民法》第 13 条第 2 款）。保佐人没有获得必要的同意而实施的行为，得由被保佐人与保佐人撤销（《日本民法》第 13 条第 4 款）。需要保佐人同意的行为虽然没有害及被保佐人的

---

1　参见 ［日］高桥朋子、床谷文雄、棚村政行：《民法 7 亲族·继承》，有斐阁 2023 年版，第 218—226 页（床谷文雄执笔）。

利益之虞，但保佐人不为同意时，家庭法院依被保佐人的请求，得给予代替保佐人同意的许可（《日本民法》第 13 条第 3 款）。还有，得赋予保佐人就特定法律行为的代理权（《日本民法》第 876 条之 4 第 1 款），但是这以本人的申请或同意为必要（《日本民法》第 876 条之 4 第 2 款）。成为代理权的对象的特定法律行为，并不被限定于成为同意权对象的事项。保佐人的代理权，是与保佐人的撤销权、家庭法院代替保佐人同意的许可一同由新制度导入的。②保佐人尊重被保佐人的意思，必须关怀其身心状态与生活状况（人身关怀照料义务）。保佐人的善管注意义务、保佐人有数人时的权限行使方法、关于居住用不动产处分等的家庭法院的许可，保佐监督人的选任及其权限等，准用监护的规定（《日本民法》第876 条之 3、第 876 条之 5）。

关于保佐的终止（终了）。保佐开始的原因消灭时，家庭法院依本人、配偶者、四亲等内的亲族、未成年监护人、未成年监护监督人、保佐人、保佐监督人或检察官的请求，必须撤销保佐开始的审判（《日本民法》第 14 条）。因被保佐人死亡的终止（终了），终止（终了）后的保佐人义务等，系与监护相同（《日本民法》第 876 条之 5 第 3 款）。[1]

（三）补助

补助，依补助开始的审判而开始（《日本民法》第 876 条之 6），其对象是因精神上的障害而辨识事理的能力不充分的人（《日本民法》第 15 条第 1 款），主要是轻度的高龄认知症患者及因认知障害、精神障害而判断能力不充分的人等。本人、配偶者、四亲等内的亲族、监护人、监护监督人、保佐人、保佐监督人、检察官（《日本民法》第 15 条第 1 款）、任意监护受任者、市町村长，得请求补助开始的审判。但是，没有本人的同意，不能为补助开始的审判（《日本民法》第 15 条第 2 款）。补助制度不以鉴定（鉴别、评价）为必要，有医师的诊断书等即足矣，此系为减轻手续上的负担。由于得将保护的对象限定于特定行为，补助

---

1　参见［日］高桥朋子、床谷文雄、棚村政行：《民法 7 亲族·继承》，有斐阁 2023 年版，第 226—228 页（床谷文雄执笔）。

制度的利用得限定于必要范围内（年金、福祉服务的领取，照顾、服侍保险给付，费用支付等）。另外，补助制度之下，本人的意思被尊重（代理权的授予等，也需要本人的请求或同意）。这些系为补助制度的特征。

关于补助人的权利义务。其包括如下两方面的要点：①补助人被赋予就特定法律行为的同意权或代理权（《日本民法》第 17 条第 1 款、第 876 条之 9）。补助人之同意权限，被限定为保佐人需要同意事项之一部。补助人无不当同意的场合，家庭法院得给予代替补助人同意的许可（《日本民法》第 17 条第 3 款）。没有获得同意乃至代替同意的许可时，被补助人所为的法律行为得撤销（《日本民法》第 17 条第 4 款）。②补助人处理补助事务时，尊重被补助人的意思，并且必须关怀被补助人之身心状态与生活状况（人身关怀、照料义务）。补助人的善管注意义务、补助人有数人时的权限行使方法、关于居住用不动产处分等的家庭法院的许可、补助监督人的选任及其权限等，准用监护与保佐的规定（《日本民法》第 876 条之 8、第 876 条之 10）。

关于补助的终止（终了）。根据《日本民法》第 18 条第 1 款的规定，补助开始的原因停止时，家庭法院依本人、配偶者、四亲等内的亲族、未成年监护人、未成年监护监督人、补助人、补助监督人或检察官的请求，必须撤销补助开始的审判。另外，于需要补助人同意之旨的审判与赋予补助人代理权的审判全部撤销的场合，家庭法院必须撤销补助开始的审判（《日本民法》第 18 条第 3 款）[1]。因被补助人死亡的终止（终了），关于终止（终了）后的补助人义务等，系与监护相同（《日本民法》第 876 条之 10 第 2 款）。[2]

### 三、日本法的成年监护制度对于我国的借镜价值与意义

透过以上论述，我们可以看到，日本法的成年监护制度呈现出细密、细腻、

---

1　参见王融擎编译：《日本民法：条文与判例》（上册），中国法制出版社 2018 年版，第 27 页。

2　参见［日］高桥朋子、床谷文雄、棚村政行：《民法 7 亲族·继承》，有斐阁 2023 年版，第 228—230 页（床谷文雄执笔）。

充实且完善的特点，其作为主要支撑高龄化社会的成年监护制度，是值得赞赏、应予肯定的。日本于法律（主要是民法）上通过规定并完善成年监护制度来应对高龄化社会的立法经验及其实务运作，对于我国无疑是有借镜、参考的意义与价值的。我国《民法典》对于成年监护制度的规定相对简单，这就更使日本法及其实务的运作对于我国具重要的参考意义与价值。建议我国未来的立法借镜日本立法及其实务的运作经验，由此完善、充实我国的成年监护制度及其实务。应当认为，此不失为因应我国老龄化社会的一条重要法律途径。

## 第四节　对日本法的任意监护制度的考量

### 一、概要

按照日本学理的论述，任意监护契约是以家庭法院对任意监护监督人的选任为停止条件的委任契约，亦即，委任者（作为任意被监护人而受保护者）对受任者（成为任意监护人者），于委任者自己因精神障害而陷入辨识事理能力不充分状态的场合，委托自己的生活、疗养看护及财产管理事务的全部或一部，并赋予受任者关于该委托事务的代理权的契约，其自家庭法院选任任意监护监督人时发生效力。依公证人的嘱托，任意监护契约于监护登记簿被登记。于任意监护契约被登记的场合，本人因精神障害而有判断能力不充分的状况时，家庭法院依本人、配偶者、四亲等内的亲族或任意监护契约的受任者的请求，选任任意监护监督人。但是，依本人以外的人的请求选任任意监护监督人的场合，除本人不能表示意思时，必须事先（预先）征得本人的同意。[1]

---

[1]　参见［日］高桥朋子、床谷文雄、棚村政行：《民法 7 亲族·继承》，有斐阁 2023 年版，第 230—231 页（床谷文雄执笔）。

### 二、日本法的任意监护制度

关于任意监护与法定监护的关系。成年监护以尊重本人的意思为理念，故此，比起法定监护，任意监护应当优先。任意监护契约被登记的场合，家庭法院为本人的利益，尤其是认为有必要时，得为监护开始的审判等。于本人是成年被监护人、被保佐人或被补助人的场合，因涉及（关系到）该本人的监护等，为本人的利益，尤其是认为有必要时，不能选任任意监护监督人。非属此种情形而选任任意监护监督人的场合，必须撤销就本人的监护开始、保佐开始、补助开始的审判。

关于任意监护人的职务。任意监护人就任意监护契约中规定的本人的生活、疗养看护及财产管理事务的全部或一部，行使被赋予的代理权，处理其事务。任意监护人应尊重本人的意思，并且必须关怀本人的身心状态及生活状况。此与法定监护的场合相同。其他的善管注意义务等，按照委任契约的一般规定。任意监护监督人的职务是，监督任意监护人的事务、就任意监护人的事务向家庭法院定期报告、有急迫情事场合的应急处置，以及就任意监护人或其代表人与本人利益冲突的行为而代表本人，要求任意监护人报告其事务，或者调查任意监护人的事务或状况。家庭法院认为有必要时，得要求任意监护监督人报告任意监护人的事务，命令对任意监护人的状况调查及其他必要的处分。善管注意义务、任意监护监督人有数人时的权限行使方法等，准用法定监护的规定。任意监护受任者或任意监护人的配偶者、直系血族及兄弟姊妹，不能成为任意监护监督人。任意监护人有不正当行为、显著行为不端、品行坏、不规矩、其他不适合其任务的事由时，家庭法院依任意监护监督人、本人、亲族或检察官的请求，得解任任意监护人。另外，本人或任意监护人有正当事由的场合，获得家庭法院的许可，得解除任意监护契约。但是，任意监护监督人被选任前，本人或任意监护受任者，得通过由公证人认证的书面，解除任意监护契约。[1]

---

1　参见［日］高桥朋子、床谷文雄、棚村政行：《民法 7 亲族·继承》，有斐阁 2023 年版，第 232—233 页（床谷文雄执笔）。

### 三、对日本法的任意监护制度的评析

通过以上论述，我们可以明了和看到，日本法的任意监护制度具有积极的价值与意义，其较法定监护而优先。此种监护制度与日本法的其他监护制度一起，共同发挥其应有的、独特的功用与价值。应当肯定，我国从日本法的任意监护制度中也能觅到或发现具有借镜价值与意义的内容，由此促进我国监护制度及其实务的完善、充实与发展。

# 第十章

# 抚养、扶养及赡养 [1]

## 第一节 抚养、扶养及赡养的意义与义务人

### 一、抚养、扶养及赡养的意涵

未成熟子女与亲之间，以及夫妇相互间存在所谓的生活保持义务。另外，亲族中有不能以自力过生活的人，而存在他方有生活的余裕时，有余裕的人负有给予穷乏的亲族以生活的资料或物资的义务。这就是基于亲族关系的抚养、扶养及赡养的权利、义务。具体而言，一方不能以自力过生活，他方有支持他人生活的余力的，为课予后者以支持前者的义务，需要存在某种法律上的根据。成为其法律上的根据的，即是夫妇、亲子及亲族间的抚养、扶养及赡养的权利与义务。夫妇间及亲与未成熟子女间，考虑到扶养、抚养是身份关系的本质要素，扶养、抚养义务者透过或依（以）自己的收入、资产，而对扶养、抚养权利人负有保障与自己相同程度的生活的义务。于比较法譬如日本法中，于夫妇间，生活保持义务作为同居、协力与扶助义务（《日本民法》第752条）、婚姻费用分担义务（《日本民法》第760条）而被具体化，但是，对于未成熟子女的抚养义务则未设立特

---

别的规定。通过私的抚养、扶养及赡养，与公的扶助，《日本宪法》保障一切国民健康和文化的最低限度的生活（第 25 条）。为了使依《日本宪法》的生存权保障具体化，各种社会保障制度得以设计；为了保障高龄者、障害者、儿童等的生活，年金制度、福祉制度被整备起来。尽管如此，作为支撑人们生活的最后保障的公的扶助制度仍是重要的。于日本，现在的公的扶助是作为基于生存权的国民权利而由新的生活保护法整备起来的，故此，它是补充亲族间私的抚养、扶养及赡养的。生活保护法，被认为应于民法上的私的抚养、扶养及赡养义务之履行不足以维持权利人之生活时发挥其机能，这被称为私的抚养、扶养及赡养优先原则或公的扶助的补足性。[1]

## 二、日本学者中川善之助的扶养义务的二大类型观点或主张 [2]

根据我国台湾地区学者林秀雄的研究，日本民法学者中川善之助教授于 1928 年参考瑞士民法将扶养义务分为二种，一为夫妻间、亲子间的生活保持义务，一为其他亲属间的生活扶助义务。所谓生活保持义务，系指扶养为身份关系本质上不可或缺的要素，维持对方生活即在保持自己的生活，父母以其子女的生活为自己生活的一部而维持之；夫妻间的扶养也是在保持自己的生活，故其程度与自己的程度相等，虽牺牲与自己地位相当的生活，也不得不予以维持。父母、子女、夫妻于此种意义上，就因为有扶养之故，才可称为亲子或夫妻。不为扶养的父母或夫妻，有如不会吹动的风，不会流动的河川，概念上是矛盾的。生活扶助义务，系指亲属间的扶养，乃是偶然的、例外的现象。在一方无力生活时，他方有扶养余力的情形下，才负扶养的义务，即偶然由外部受领生活的扶助，故称为生活扶助义务。生活保持义务与生活扶助义务的扶养程度有别，前者将子女或配偶

---

1　参见［日］高桥朋子、床谷文雄、棚村政行：《民法 7 亲族·继承》，有斐阁 2023 年版，第 235—237 页（床谷文雄执笔）。

2　此部分参考、依据林秀雄：《亲属法讲义》（第三版），元照出版有限公司 2013 年版，第 373—374 页。谨予释明。

的生活视为自己生活的一部，其扶养程度须与自己生活程度相同，为生活的全面保持。反之，生活扶助义务在不牺牲与自己地位相当的生活的原则下，给予对方必要的生活费用即可。换言之，前者为最后剩下一块肉也要分给被扶养者，后者则是先满足自己后，有余力时才扶养他方。自己的生活权优先于对他人的义务，乃是生活扶助义务的原则。比喻言之，生活保持义务是内面的支持，而生活扶助义务则是外面的支持。树根支持树的耸立是属于内面的支持，而为防止树木倒塌所使用的木柱则是外面的支持。树要有树根才能保持树的生命，但将树移植后，树木的根会暂时缺少生命力，此时须于外部设置支柱来支持树干，生活保持义务与生活扶助义务的差别就有如树根与树外面的支柱一样。应予指出的是，此见解提出后于日本产生很大影响而成为通说，且其影响我国台湾地区的学者及实务见解。

### 三、抚养、扶养及赡养的义务人

按照日本法及其实务，抚养、扶养及赡养的义务人通常包括：夫妇与亲子、直系血亲、兄弟姊妹。依《日本民法》的规定，家庭法院于有特别的情事时，得使三亲等内的亲族间负扶养义务（《日本民法》第877条第2款，《家事事件手续法》之家事别表第一第84项）。[1]

值得提及的是，我国台湾地区"民法"第1114条定有"互负扶养义务之亲属"[2]的规定，即以下亲属互负扶养之义务：①直系血亲相互间；②夫妻之一方与他方之父母间同居者，其相互间；③兄弟姊妹相互间；④家长家属相互间。[3]此条规定具有特色，应值重视。据此规定，我国台湾地区学说谓，直系血亲相互间应负扶养义务，且父母对未成年子女的扶养义务不因婚姻被撤销或离婚而受影响。

---

1　参见［日］高桥朋子、床谷文雄、栅村政行：《民法7 亲族·继承》，有斐阁2023年版，第238—241页（床谷文雄执笔）。

2　参见陈聪富主编：《月旦小六法》（第十七版），元照出版有限公司2014年版，第叁—140页。

3　参见陈聪富主编：《月旦小六法》（第十七版），元照出版有限公司2014年版，第叁—140页。

父母对未成年子女的保护教养义务，就其中关于保护教养费用的负担，与扶养义务迥然不同。一般而言，夫妻于婚姻关系存续期间，对其未成年子女有保护教养的权利的义务，该保护教养费用乃系家庭生活费用的一种，故在父母之间，对未成年子女的保护教养，即可依家庭生活费用负担规定而得到满足，无须论及未成年子女的扶养问题。[1]

## 第二节　《德国民法典》《瑞士民法典》与我国台湾地区"民法"对亲族关系中的扶养的厘定

《德国民法典》对于亲族关系中的扶养设有翔实、充分的厘定，堪称典范，值得赞赏。另外，《瑞士民法典》与我国台湾地区"民法"也对亲族关系中的扶养定有诸多明文，也堪称这方面的经典或重要规定。于如下篇幅，试对它们予以论述。

### 一、《德国民法典》对亲族关系中的扶养的翔实、充分的厘定

《德国民法典》于其第四编"亲属"的第二章"婚姻"第三节设有"扶养义务"的明文，自第 1601 条至第 1615 条之 5。其中，第 1601 条规定"扶养义务人"，明定："直系血亲间互负扶养义务。"[2]关于"扶养之需求"，其第 1602 条规定："无力自谋生活者，始享有扶养之权利。未成年且未结婚之子女，即使有财产，以其财产之收入及劳力所得，不足以维持生活者，于此限度内，得请求其父母扶养。"[3]关于"扶养义务人之给付能力"，其第 1603 条规定："为顾虑其他义

---

[1]　参见许澍林："论父母对未成年子女之扶养"，载戴东雄教授八秩华诞祝寿论文集编辑委员会：《戴东雄教授八秩华诞祝寿论文集：身分法之回顾与前瞻》，元照出版有限公司 2017 年版，第 253—265 页。

[2]　参见台湾大学法律学院、财团法人台大法学基金会：《德国民法》（下），元照出版有限公司 2016 年版，第 170 页。

[3]　参见台湾大学法律学院、财团法人台大法学基金会：《德国民法》（下），元照出版有限公司 2016 年版，第 171 页。

务之负担，如扶养他人，将危害自己相当之生计者，不负扶养义务。父母遇有前项情形者，对于未成年且未结婚之子女，应使用其可能处分之所有财产，以平等扶养自己及子女。未满二十一岁之未结婚成年子女，如仍与父母或一方父母共同生活及接受一般学校教育者，其应与未成年且未结婚之子女享有同等对待。如另有应负扶养义务之血亲者，不负前段之义务；子女之财产、资金足以维持生活者，亦同。"[1] 另外，第 1605 条第 1 项第 1、2 句及第 2 项规定："为确定扶养权利或扶养义务之必要范围内，直系血亲彼此负有义务，于他方请求时，应告知其财产及收入之状况。就收入之数额，于受请求时，应出具收据，特别是雇主所开立之证明文件"，"确信负有告知义务之一方，于告知后显然有较高之收入或已取得其他财产者，于告知后二年期间未届满前为限，得请求重行告知"。[2] 对于多数扶养义务人的顺序关系，《德国民法典》也设有明文，即其第 1606 条规定："直系血亲卑亲属先于直系血亲尊亲属，负扶养义务。直系血亲卑亲属间与直系血亲尊亲属间，亲等近者先于亲等远者，负扶养义务。有多数亲等相同之直系血亲者，按其收入及财产状况分担扶养义务。照顾未成年且未结婚子女之一方父母，以一般保护教养子女之方法，负该子女之扶养义务。"[3] 关于配偶或同性伴侣的责任，其第 1608 条第 1 项明定："扶养需要人之配偶先于其亲属，负扶养义务。配偶为顾虑所应负担之其他义务，非危害与自己相当之生计不能为扶养给付者，其亲属先于配偶，负扶养义务。于此情形，准用第一千六百零七条第二项及第四项规定。扶养需要人之同性伴侣负与配偶相同之责任。"[4] 至于多数扶养权利人的顺序，其第 1609 条明定："扶养权利人有数人，而扶养义务人不能为全部扶养时，

---

1　参见台湾大学法律学院、财团法人台大法学基金会：《德国民法》（下），元照出版有限公司 2016 年版，第 171—172 页。

2　参见台湾大学法律学院、财团法人台大法学基金会：《德国民法》（下），元照出版有限公司 2016 年版，第 173 页。

3　参见台湾大学法律学院、财团法人台大法学基金会：《德国民法》（下），元照出版有限公司 2016 年版，第 173 页。

4　参见台湾大学法律学院、财团法人台大法学基金会：《德国民法》（下），元照出版有限公司 2016 年版，第 175 页。

依下列规定，决定其扶养之顺序：1. 未成年且未结婚之子女与依第一千六百零三条第二项第二段所定之子女。2. 因照顾子女而有扶养权利之一方配偶，或于离婚时，该配偶与其离婚配偶有长期之婚姻；于确定婚姻之长短时，应考量依第一千五百七十八条之二第一项第二段及第三段规定所生之不利益。3. 配偶与未受第二款规定所包括之离婚配偶。4. 未受第一款规定包括之子女。5. 孙子女及其直系血亲卑亲属。6. 父母。7. 其他尊亲属；亲等近者先于亲等远者。"[1] 对于扶养的程度，第 1610 条规定："扶养之程度，应按扶养需要人之社会地位定之（相当之扶养）。扶养包括一切生活之需要及就业训练必需之适当费用；对于有教育之必要者，亦包括其教育之费用。"[2] 还有，《德国民法典》第 1610 条之一规定"损害所生多项费用之补偿推定"[3]，第 1611 条规定"扶养义务之限制或消灭"[4]。对于扶养的方法，《德国民法典》规定甚详，其第 1612 条明定："扶养应以给付定期金之方式为之。扶养义务人有正当理由者，得请求以其他方式给付之。父母应扶养其未婚子女者，于顾及子女利益之限度内，得指定以何种方式及在何期间预付扶养给付。子女未成年者，未行使亲权之一方父母，其指定仅于该子女及其共同生活之期间者为限。定期金应按月预先支付。扶养权利人于当月死亡者，扶养义务人亦应支付全月之数额。"[5] 还有，根据《德国民法典》第 1614 条第 1 项的规定，"将来之扶养不得预先抛弃"。[6] 最后，对于扶养请求权的消灭，《德国民法典》也予以明定，即其第 1615 条规定："扶养请求权，因扶养权利人或扶养义务人之死

---

1　参见台湾大学法律学院、财团法人台大法学基金会：《德国民法》（下），元照出版有限公司 2016 年版，第 175—176 页。

2　参见台湾大学法律学院、财团法人台大法学基金会：《德国民法》（下），元照出版有限公司 2016 年版，第 176 页。

3　参见台湾大学法律学院、财团法人台大法学基金会：《德国民法》（下），元照出版有限公司 2016 年版，第 176—177 页。

4　参见台湾大学法律学院、财团法人台大法学基金会：《德国民法》（下），元照出版有限公司 2016 年版，第 177 页。

5　参见台湾大学法律学院、财团法人台大法学基金会：《德国民法》（下），元照出版有限公司 2016 年版，第 178 页。

6　参见台湾大学法律学院、财团法人台大法学基金会：《德国民法》（下），元照出版有限公司 2016 年版，第 182 页。

亡而消灭。但过去因未履行扶养义务之债务或损害赔偿之请求权，或应预先给付，于扶养权利人或义务人死亡时已到期者，不在此限。扶养权利人死亡时，其丧葬费用，应由扶养义务人负担。但死亡人之继承人已先为给付者，不在此限。"[1]

综合上述，可以看到，《德国民法典》对于扶养的规定是翔实、清晰的，乃不容小觑，其对于我国同类制度的解释论及其实务运作无疑也具借镜、参考的价值与意义。

## 二、《瑞士民法典》对"帮助义务"[2]的厘定

《瑞士民法典》于其第二编"亲属法"的第二分编"亲属关系"第九章"家族共同体"的第一节规定"帮助义务"，自第328条至第330条，共计三个条文。[3]这其中，第328条规定"帮助义务的义务人"，其明定："生活充裕的人，对于如不能得到其经济帮助就会陷于穷困的直系血亲尊亲属和直系血亲卑亲属，有帮助的义务。父母和配偶、登记的同性伴侣的帮助义务，不受影响。"[4]至于请求权的范围和主张，《瑞士民法典》第329条明定："帮助请求权，依继承人的继承顺位，向义务人主张之，其给付额，依穷困者的必要生活费及义务人的经济能力，确定之。因特别情事，义务人承担的帮助义务不合理时，法院得减轻或免除其帮助义务。关于子女抚养费之诉的规定，以及关于抚养费请求权移转于公共政治团体的规定，准用之。"[5]《瑞士民法典》第330条明定"弃子女的抚养"[6]，即其规定："弃子女，由接受其入籍的乡镇抚养。弃子女的血缘关系被确定后，接受其入籍的乡镇，就

---

1　参见台湾大学法律学院、财团法人台大法学基金会：《德国民法》（下），元照出版有限公司2016年版，第183页。

2　参见戴永盛译：《瑞士民法典》，中国政法大学出版社2016年版，第124页。

3　参见戴永盛译：《瑞士民法典》，中国政法大学出版社2016年版，"目录"及第124—125页。

4　参见戴永盛译：《瑞士民法典》，中国政法大学出版社2016年版，第124页。

5　参见戴永盛译：《瑞士民法典》，中国政法大学出版社2016年版，第124页。

6　参见戴永盛译：《瑞士民法典》，中国政法大学出版社2016年版，第125页。

其所支出的抚养费，得请求有帮助义务的亲属补偿之，无帮助义务人时，得请求有帮助义务的公共政治团体补偿之。"[1]

综合以上《瑞士民法典》对于"帮助义务"的厘定，可以明了，其尽管所定条文不多，但颇具特色，由此其同样具有参考、借镜的价值与意义，乃系无疑。

### 三、我国台湾地区"民法"对扶养的厘定

我国台湾地区"民法"将"扶养"规定于第四编"亲属"的第五章中，自第1114条至第1121条，[2]内容也堪称翔实、细腻。其中，第1114条规定"互负扶养义务之亲属"，第1115条明定"扶养义务人的顺序"[3]，第1116条明定"受扶养权利者之顺序"[4]，第1116条之1明定"夫妻间扶养权利之顺序"[5]，第1116条之2明定"父母对未成年子女之扶养义务"[6]，第1117条明定"受扶养之要件"[7]，第1118条明定"扶养义务之减免（一）"[8]，第1118条之1明定"扶养义务之减免（二）"[9]，第1119条明定"扶养之程度"[10]，第1120条明定"扶养之方法"[11]，第1121条明定"扶养程度及方法之变更"[12]。由这些规定，足可见其所具有的意义与价值，同时也表明我国台湾地区"民法"对于扶养的规定同样具有清晰、明确、细腻乃至可于实务中得以运用的特色与特点，实值赞赏与赞佩。

---

[1] 参见戴永盛译：《瑞士民法典》，中国政法大学出版社2016年版，第125页。

[2] 参见陈聪富主编：《月旦小六法》（第十七版），元照出版有限公司2014年版，"目录"，第7—8页，及第叁—140至叁—141页。

[3] 参见陈聪富主编：《月旦小六法》（第十七版），元照出版有限公司2014年版，第叁—140至叁—141页。

[4] 参见陈聪富主编：《月旦小六法》（第十七版），元照出版有限公司2014年版，第叁—141页。

[5] 参见陈聪富主编：《月旦小六法》（第十七版），元照出版有限公司2014年版，第叁—141页。

[6] 参见陈聪富主编：《月旦小六法》（第十七版），元照出版有限公司2014年版，第叁—141页。

[7] 参见陈聪富主编：《月旦小六法》（第十七版），元照出版有限公司2014年版，第叁—141页。

[8] 参见陈聪富主编：《月旦小六法》（第十七版），元照出版有限公司2014年版，第叁—141页。

[9] 参见陈聪富主编：《月旦小六法》（第十七版），元照出版有限公司2014年版，第叁—141页。

[10] 参见陈聪富主编：《月旦小六法》（第十七版），元照出版有限公司2014年版，第叁—141页。

[11] 参见陈聪富主编：《月旦小六法》（第十七版），元照出版有限公司2014年版，第叁—141页。

[12] 参见陈聪富主编：《月旦小六法》（第十七版），元照出版有限公司2014年版，第叁—141页。

## 第三节　抚养、扶养及赡养关系的发生、变更和消灭

抽象的抚养、扶养及赡养关系于一定的亲族关系者间常常存在，但是，具体的抚养、扶养及赡养的权利、义务要发生，需以一方（需要抚养、扶养及赡养者，抚养、扶养及赡养权利者）有需要抚养、扶养及赡养的状态，另一方（抚养、扶养及赡养义务者）存在抚养、扶养及赡养的可能为必要。所谓需要抚养、扶养及赡养的状态，指依自己的收入、资产等不能供给生活费（除衣、食、住外，也包括医疗费、教育费、适度的娱乐费）的状态。所谓抚养、扶养及赡养的可能，指除过与该人（以及有生活保持关系的配偶者、未成熟子女）的社会地位相称的生活所需要（必要）的费用等外，仍然有余力的情形。依日本现行法，于抚养、扶养及赡养义务者或抚养、扶养及赡养权利者有复数的场合，其顺序依当事者间的协议而决定，协议不成或不能协议的场合，由家庭法院的审判而决定（《日本民法》第878条，《家事事件手续法》之家事别表第二第9项）。不过，一般认为，有生活保持关系的人较有生活扶助关系的人是优先的。抚养、扶养及赡养的程度与方法，也基本上依当事人的协议确定，协议不能达成、谈好时，由家庭法院决定。此时，家庭法院考虑抚养、扶养及赡养权利者的需要，抚养、扶养及赡养义务者的资力，以及其他一切情事（《日本民法》第879条）。关于抚养、扶养及赡养的程度，考虑需要抚养、扶养及赡养者的要求程度与资产的活用（运用）可能性，从来的生活水准，以及抚养、扶养及赡养者的抚养、扶养及赡养能力等。另外，日本现行法没有例示具体的抚养、扶养及赡养方法，基本上是委由当事人协议，不过实际上，金钱的支付是中心。但是，尤其是老亲赡养的场合，围绕领取、领回赡养乃至同居赡养容易发生争议。抚养、扶养及赡养义务者不能期望依同居的抚养、扶养及赡养时，抚养、扶养及赡养权利人对此不能强制。抚养、扶养及赡养关系被确定后情事变更时，家庭法院得撤销前头的抚养、扶养及赡养协议或审判，或者得予以变更（《日本民法》第880条），被抚养、扶养及赡

养者的经济状况好转的场合，抚养、扶养及赡养者的资力变化的场合，其他抚养、扶养及赡养权利人或义务人产生的场合等，即属之。抚养、扶养及赡养义务人死亡的场合，对遗产或继承人行使抚养、扶养及赡养请求权系不被认可。受抚养、扶养及赡养的权利，系一身专属权，不能被继承（《日本民法》第 896 条但书）。弟援助兄及其家族的场合，兄死亡，弟也不当然负扶养兄的妻子的义务。成为抚养、扶养及赡养义务的基础的亲族关系消灭的场合，抚养、扶养及赡养义务也消灭。另外，受抚养、扶养及赡养的权利，不能处分，亦即，不得让与他人以及放弃（《日本民法》第 881 条）。此盖因其系关系到人的生存的基本权利。以受抚养、扶养及赡养的权利为受动债权的抵销也不被认可（《日本民法》第 510 条）。[1]

---

1　参见 ［日］高桥朋子、床谷文雄、棚村政行：《民法 7 亲族·继承》，有斐阁 2023 年版，第 241—247 页（床谷文雄执笔）。

# 主要参考文献

## 一、中文著作

1. 《马克思恩格斯文选》（两卷集）（第一卷），外国文书籍出版局（莫斯科）1954 年。

2. 《马克思恩格斯文选》（两卷集）（第二卷），外国文书籍出版局（莫斯科）1955 年。

3. 《马克思恩格斯选集》（第三卷），人民出版社 1972 年版。

4. 中共中央马克思恩格斯列宁斯大林著作编译局编译：《马克思恩格斯生平事业年表》，人民出版社 1976 年版。

5. 徐静主编：《伟人安息的地方》，吉林人民出版社 1993 年版。

6. 史尚宽：《亲属法论》（第四版），荣泰印书馆股份有限公司 1980 年版。

7. 郑玉波编译：《罗马法要义》（第五版），汉林出版社 1985 年版。

8. 戴东雄：《亲属法论文集》（再版），三民书局 1993 年版。

9. 戴东雄教授八秩华诞祝寿论文集编辑委员会：《戴东雄教授八秩华诞祝寿论文集：身分法之回顾与前瞻》，元照出版有限公司 2017 年版。

10. 陈公棋炎先生九十晋五冥寿纪念文集编辑小组主编：《家族法新课题——陈公棋炎先生九十晋五冥寿纪念文集》，元照出版有限公司 2017 年版。

11. 林秀雄：《亲属法讲义》（第三版），元照出版有限公司 2013 年版。

12. 陈惠馨：《民法亲属编——理论与实务》，元照出版有限公司 2016 年版。

13. 李志敏：《中国古代民法》，法律出版社 1988 年版。

14. 李志敏主编:《比较家庭法》,北京大学出版社 1988 年版。

15. 江平、巫昌祯主编:《现代实用民法词典》,北京出版社 1988 年版。

16. 法学教材编辑部《中国法制史》编写组（张晋藩主编）:《中国法制史》,群众出版社 1982 年版。

17. 陶大镛主编:《社会发展史》,人民出版社 1982 年版。

18. 杨怀英主编:《中国婚姻法论》,重庆出版社 1989 年版。

19. 胡留元、冯卓慧:《夏商西周法制史》,商务印书馆 2006 年版。

20. 巫昌祯主编:《婚姻与继承法学》,中国政法大学出版社 1997 年版。

21. 江平、米健:《罗马法基础》（修订本）,中国政法大学出版社 1991 年版。

22. 黄风:《罗马私法导论》,中国政法大学出版社 2003 年版。

23. 法学教材编辑部《婚姻法教程》编写组（杨大文主编）:《婚姻法教程》,法律出版社 1982 年版。

24. 杨大文主编:《亲属法》,法律出版社 1997 年版。

25. 胡平主编:《婚姻家庭继承法论》,重庆大学出版社 2000 年版。

26. 陈苇主编:《婚姻家庭继承法学》,法律出版社 2002 年版。

27. 陈朝璧:《罗马法原理》,法律出版社 2006 年版。

28. 法学教材编辑部《罗马法》编写组:《罗马法》,群众出版社 1983 年版。

29. 谢怀栻:《大陆法国家民法典研究》,中国法制出版社 2004 年版。

30. 谢怀栻:《民法总则讲要》,北京大学出版社 2007 年版。

31. 马克垚:《西欧封建经济形态研究》（第 2 版）,人民出版社 2001 年版。

32. 丘汉平著,朱俊勘校:《罗马法》,中国方正出版社 2004 年版。

33. 周枏:《罗马法原论》,商务印书馆 1994 年版。

34. 史凤仪:《中国古代婚姻与家庭》,湖北人民出版社 1987 年版。

35. 许政贤:《民事法学与法学教育》,元照出版有限公司 2014 年版。

36. 由嵘主编:《外国法制史》,北京大学出版社 1992 年版。

37. 王利明主编:《民法学精论》（下册）,中国检察出版社 2022 年版。

38. 谭启平主编:《中国民法学》（第三版）,法律出版社 2021 年版。

39. 林耀华主编:《原始社会史》,中华书局 1984 年版。

40. 费安玲主编：《罗马私法学》，中国政法大学出版社 2009 年版。

41. 华夏主编：《简明日汉法律辞典》，人民法院出版社 2003 年版。

42. 陈梦家：《陈梦家学术论文集》，中华书局 2016 年版。

43. 陈鹏：《中国婚姻史稿》，中华书局 1990 年版。

44. 齐思和编著：《世界中世纪史讲义》，高等教育出版社 1957 年版。

45. 陈全力、侯欣一：《帝王辞典》，陕西人民教育出版社 1988 年版。

46. 胡留元、冯卓慧：《长安文物与古代法制》，法律出版社 1989 年版。

47. ［日］三浦一郎主编，《外国君主辞典》翻译组译：《外国君主辞典》，中国广播电视出版社 1991 年版。

48. 郭沫若：《奴隶制时代》（第 2 版），人民出版社 1973 年版。

49. 艾思奇：《历史唯物论、社会发展史》（第七版），生活·读书·新知三联书店 1952 年版。

50. 袁成第：《涉外法律适用原理》，同济大学出版社 1988 年版。

51. 邓振宇编：《中华千年古书》之《五经·尚书》（余力主编），紫禁城出版社 1998 年版。

52. 史凤仪：《中国古代的家族与身分》，社会科学文献出版社 1999 年版。

53. ［日］利谷信义、江守五夫、稻本洋之助编，陈明侠、许继华译，谢怀栻校：《离婚法社会学》，北京大学出版社 1991 年版。

54. ［意］朱塞佩·格罗索：《罗马法史》，黄风译，中国政法大学出版社 1994 年版。

55. 周振甫译注：《诗经译注》（精装本），中华书局 2019 年版。

56. 王雪梅：《儿童权利论：一个初步的比较研究》，社会科学文献出版社 2005 年版。

57. 张晋藩：《清代民法综论》，中国政法大学出版社 1998 年版。

58. 施启扬：《民法总则》（修订第八版），中国法制出版社 2010 年版。

59. 吕淑琴编著：《民法辞典》，上海辞书出版社 2018 年版。

60. 黄薇主编：《中华人民共和国民法典婚姻家庭编解读》，中国法制出版社 2020 年版。

61. ［日］大木雅夫：《东西方的法观念比较》，华夏、战宪斌译，北京大学出版社 2004 年版。

62. 宋歌编著：《古代神话》，知识出版社 1992 年版。

63. ［德］谢林：《先验唯心论体系》，梁志学、石泉译，商务印书馆 1976 年版。

64. 谭正璧：《中国女性文学史话》，百花文艺出版社 1984 年版。

65. 黄淑娉、程德祺、庄孔韶、王培英：《中国原始社会史话》，北京出版社 1982 年版。

66. 释证严：《静思语》（典藏版），九州出版社 2009 年版。

67. 张贤亮：《男人的一半是女人：〈唯物论者启示录〉之一》，中国文联出版公司 1985 年版。

68. 林维主编：《中国特色哲学社会科学探索与创新——〈中国社会科学院研究生院学报〉创刊 40 周年纪念文集》，社会科学文献出版社 2022 年版。

69. 何学林编著：《人体之美》，上海画报出版社 2003 年版。

70. 侯宝林、汪景寿、薛宝琨：《曲艺概论》，北京大学出版社 1980 年版。

71. 许渊冲：《追忆似水年华》，生活·读书·新知三联书店 1996 年版。

72. 范传贤：《中国古代社会探微》，中州古籍出版社 1993 年版。

73. 佟柔著，周大伟编：《佟柔中国民法讲稿》，北京大学出版社 2008 年版。

74. 金平著、谭启平、黄忠编：《金平民法文选》，法律出版社 2020 年版。

75. 江平编著：《西方国家民商法概要》，法律出版社 1984 年版。

76. 赵纪彬：《辩证唯物主义引言》，河南人民出版社 1957 年版。

77. 陈甦：《法意探微》，法律出版社 2007 年版。

78. 董安生等编译：《英国商法》，法律出版社 1991 年版。

79. 顾昂然：《新中国民事法律概述》，法律出版社 2000 年版。

80. 龚祥瑞：《比较宪法与行政法》，法律出版社 2003 年版。

81. ［德］K. 茨威格特、［德］H. 克茨：《比较法总论》，潘汉典、米健、高鸿钧、贺卫方译，法律出版社 2003 年版。

82. ［日］大木雅夫：《比较法》（修订译本），范愉译，法律出版社 2006 年版。

83. 周长龄：《法律的起源》，中国人民公安大学出版社 1997 年版。

84. 李宜琛：《日耳曼法概说》，中国政法大学出版社 2003 年版。

85. ［朝鲜］金正日：《电影艺术论（1973 年 4 月 11 日）》，朝鲜外文出版社 1989 年版。

86. ［美］E. 博登海默：《法理学：法律哲学与法律方法》，邓正来译，中国政法大学出版社 2017 年版。

87. 苏永钦：《经济法的挑战》，五南图书出版有限公司 1994 年版。

88. 蔡明诚：《物权法研究》，新学林出版股份有限公司 2003 年版。

89. 黄茂荣：《不当得利（债法总论第四册）》，植根法学丛书编辑室编辑，建诚印刷有限公司 2011 年 7 月（初版）。

90. 杨建华教授七秩诞辰祝寿论文集编辑委员会编辑：《法制现代化之回顾与前瞻 杨建华教授七秩诞辰祝寿论文集》，月旦出版社股份有限公司 1997 年版。

91. 孙国华主编：《法学基础理论》，中国人民大学出版社 1987 年版。

92. 中国大百科全书总编辑委员会《民族》编辑委员会、中国大百科全书出版社编辑部编：《民族》，中国大百科全书出版社 1986 年版。

93. 中国大百科全书总编辑委员会《宗教》编辑委员会、中国大百科全书出版社编辑部编：《宗教》，中国大百科全书出版社 1988 年版。

94. 《中国性科学百科全书》编辑委员会、中国大百科全书出版社科技编辑部编：《中国性科学百科全书》，中国大百科全书出版社 1998 年版。

95. ［美］蕾伊·唐娜希尔：《人类性爱史话》，李意马译，中国文联出版公司 1988 年版。

96. 谢选骏：《神话与民族精神——几个文化圈的比较》，山东文艺出版社 1986 年版。

97. 中国少数民族文学学会编：《神话新探（中国少数民族神话学术讨论会论文集）》，贵州人民出版社 1986 年版。

98. ［保］基·瓦西列夫：《情爱论》，赵永穆、范国恩、陈行慧译，生活·读书·新知三联书店 1984 年版。

99. 冯国超：《中国古代性学报告》，华夏出版社 2013 年版。

100. 刘达临：《中国性史图鉴》（第 2 版），时代文艺出版社 2003 年版。

101. 于鑫编译：《婚姻中的性协调》，中国医药科技出版社 1989 年版。

102. 张芝：《陶渊明传论》（再版），棠棣出版社 1953 年 4 月版。

103. 贺敬之：《贺敬之诗选》，山东人民出版社 1979 年版。

104. ［苏］米·阿·巴尔格：《克伦威尔及其时代》，陈贤齐译，四川大学出版社 1986 年版。

105. ［德］马克斯·韦伯：《论经济与社会中的法律》，张乃根译，中国大百科全书出版社 1998 年版。

106. 许涤新：《经济思想小史》（第二版），海燕书店 1950 年 10 月版。

107. ［美］埃德加·斯诺：《西行漫记》（原名：红星照耀中国），董乐山译，生活·读书·新知三联书店 1979 年版。

108. 周鹤：《岁月的斑具》，华艺出版社 1990 年版。

109. 韦君宜：《女人集》，四川人民出版社 1980 年版。

110. 陈华彬：《民法的构筑》，中国政法大学出版社 2022 年版。

111. 陈华彬：《民法总则》（第二版），中国政法大学出版社 2023 年版。

## 二、日文著作等

1. ［日］高桥朋子、床谷文雄、棚村政行：《民法 7 亲族·继承》，有斐阁 2023 年版。

2. ［日］我妻荣、有泉亨著，远藤浩补订：《民法 3 亲族法·继承法》（第 4 版，新版），一粒社 1994 年 1 月 10 日第 3 刷发行。

3. ［日］久贵忠彦等：《民法讲义 7 亲族》，有斐阁 1977 年版。

4. ［德］D·シュヴァープ：《德国家族法》，［日］铃木禄弥译，创文社 1986 年版。

5. ［美］モートン·J·ホーウィッツ（Morton J. Horwitz）：《现代美国法的历史》，［日］樋口範雄译，弘文堂 1996 年版。

6. 日本《比较法杂志》第 54 卷第 3 号（通卷第 195 号，2020 年）。

7. 中央公论社创业 100 年纪念《中央公论第一号》《妇人公论第一号》复刻版。

8. ［日］望月礼二郎：《英美法》（改订版），青林书院 1985 年 4 月 30 日改订版第一刷发行。

9. ［日］星野英一：《民法的规劝（劝告、劝诫）》，岩波新书（新赤版）536，岩波书店 1998 年 1 月 20 日第 1 刷发行。

10. ［日］星野英一：《民法概论Ⅱ（物权 担保物权）》，良书普及会 1983 年 7 月 5 日合本再订第 4 刷发行。

11. ［日］和田鹤藏：《改订基本的人权要论（宪法讲义Ⅲ）》，保文书院 1981 年 4 月 20 日改订 4 刷发行。

12. ［日］末弘严太郎：《法窗杂话》，日本评论社 1930 年 10 月 5 日发行。

13. ［日］牧英正、藤原明久编：《日本法制史》，青林书院 1993 年 11 月 30 日初版第 2 刷发行。

14. ［日］矢野胜久、长尾久卫：《行政法讲义》（改订版），法律文化社 1990 年 3 月 20 日改订版 8 刷。

15. ［日］碧海纯一：《法与社会：新法学入门》（第 45 版），中公新书 125，中央公论社 1996 年 5 月 30 日 45 版。

16. ［日］渡辺洋三：《学法》，岩波新书（黄版）338，岩波书店 1986 年 5 月 20 日第 1 刷发行。

17. ［日］真田芳宪著，矢沢久纯补订：《法令用语ア・ラ・カルト》，中央经济社 2023 年 8 月 1 日第 1 版第 1 刷发行。

18. ［日］田中和夫：《英美契约法》（新版），有斐阁 1969 年 4 月 20 日初版第 4 刷发行。

19. ［日］高柳贤三：《英美法源理论》（英美法讲义第一卷，第五版），有斐阁 1948 年 11 月 20 日 5 版第 2 刷发行。

20. ［日］秀村欣二编：《西洋史概说》（第四版），东京大学出版会 1992 年 3 月 20 日第 4 版 5 刷发行。

21. 王家福、黄明川：《中国的土地法》，［日］野村好弘、小贺野晶一监译，成文堂 1996 年 5 月 25 日第 1 刷发行。

22. ［日］小口彦太编著，濑川信久、松冈久和、渡辺达德、韩世远、王成著：《中国契约法的研究——日中民事法学的对话》，成文堂 2017 年 3 月 10 日初版第 1 刷发行。[1]

23. ［日］青山学院大学法学会：《青山法学论集》第 51 卷第 1、2 合并号（法学部创立 50 周年纪念论文集）（2009 年）。

24. ［日］半田正夫：《著作权法概说》（第 6 版），一粒社 1993 年 2 月 10 日第 6 版第 2 刷发行。

25. ［日］矢泽久纯、清水聪：《战时司法的诸相 翼赞选举无效判决与司法权的独立》，溪水社 2011 年 7 月 31 日发行。

26. ［日］八木铁男：《法哲学史 要说与年表》（第 2 版），世界思想社 1976 年 2 月 1 日第 2 版第 3 刷发行。

---

1  本日文著作为清华大学法学院韩世远教授所赠与，谨记于此，以表感念，并供未来之忆念。

27. ［日］甲斐道太郎、石田喜久夫编：《民法教室（1）总则·物权》，法律文化社 1991年 4 月 30 日第 12 刷发行。

28. ［日］山本茂、藤绳谦三、早川良弥、野口洋二、铃木利章编：《西洋的历史（古代·中世编）》，ミネルヴァ书房 1994 年 1 月 20 日初版第 11 刷发行。

29. ［日］大桥智之辅、三岛淑臣、田中成明编：《法哲学纲要》，青林书院 1994 年 3 月 10日初版第 5 刷发行。

30. ［日］铃木竹雄：《新版会社法》，弘文堂 1973 年 10 月 10 日第 30 刷发行。

31. ［日］日本共产党：《自由与民主主义的宣言》，1996 年 8 月 1 日，日本共产党中央委员会出版局发行，光阳印刷株式会社印刷。

32. ［日］森泉章：《民法判例研究》，文真堂 1985 年 1 月 20 日初版第 1 刷发行。

33. ［日］伊藤滋夫、山崎敏彦编著：《要件事实·事实认定》（第 2 版），有斐阁 2008 年 1月 15 日第 2 版第 3 刷发行。

34. ［日］尾高朝雄：《存在于法的穷极的东西》，有斐阁 1947 年 4 月 10 日初版发行。

35. ［日］金子光介：《近代西洋文化史概观》，世界思想社 1954 年 12 月 20 日发行。

36. ［日］碧海纯一：《法哲学概论》（第 3 版），弘文堂 1962 年 10 月 31 日第 3 版第 2 刷发行。

37. ［日］星野英一：《法学入门》，放送大学教育振兴会 1995 年 3 月 20 日第 1 刷发行。

38. ［日］大村敦志：《基本民法Ⅰ总则·物权总论》，有斐阁 2001 年 4 月 10 日初版第 1 刷发行。

39. ［日］藤冈康宏：《法的国际化与民法》，信山社 2012 年 2 月 25 日第 1 版第 1 刷发行。

40. ［日］田中成明、竹下贤、深田三德、兼子义人：《法思想史》，有斐阁 1989 年 7 月 30日初版第 2 刷发行。

41. ［日］池田真朗：《新世纪民法学的构筑 探求民与民的法》，庆应义塾大学出版会 2015年 4 月 30 日初版第 1 刷发行。

42. ［日］山野目章夫：《民法 总则·物权》（第 7 版），有斐阁 2020 年 2 月 20 日第 7 版第 1 刷发行。

43. ［日］山野目章夫：《民法概论 2 物权法》，有斐阁 2022 年 4 月 30 日初版第 1 刷发行。

44. ［日］山野目章夫：《民法概论 4 债权各论》，有斐阁 2020 年 4 月 1 日初版第 1 刷发行。

45. ［日］粟田贤三、上山春平编：《岩波讲座哲学Ⅸ 价值》，岩波书店 1968 年 3 月 22 日发行。

46. ［日］矢沢久纯编译：《中国环境法素描 围绕 2015 年新中国环境保护法议论的诸相》，日中言语文化出版社 2022 年 3 月 25 日初版第 1 刷发行。

47. ［日］津田市正：《法哲学序说》（补订版），津田学院 1979 年 3 月 25 日补订版发行。

48. ［日］甲斐道太郎、中川淳、西原道雄、山下末人、中井美雄编：《民法 1 总则》，苍林社 1982 年 6 月 30 日初版第 1 刷发行。

49. ［日］渡边洋三：《法社会学与法解释学》，岩波书店 1959 年 5 月 7 日第 1 刷发行。

50. ［日］若原纪代子：《民法概说》（改订版），成文堂 1980 年 4 月 10 日改订版第 3 刷发行。

51. ［日］田山辉明：《通说物权法》，三省堂 1993 年 10 月 20 日第 3 刷发行。

52. ［日］星野英一、梁慧星监修，田中信行、渠涛编集：《中国物权法之考量》，商事法务 2008 年 9 月 18 日初版第 1 刷发行。

53. ［日］林良平编：《物权法》，青林书院 1986 年 4 月 10 日初版第 1 刷发行。

54. ［日］铃木禄弥、五十岚清、村上淳一编：《概观德国法》，东京大学出版会 1971 年 9 月 20 日发行。

55. ［日］四宫和夫：《请求权竞合论》，一粒社 1978 年 5 月 10 日第 1 版第 1 刷发行。

56. ［日］北川善太郎：《物权（民法讲要Ⅱ）》，有斐阁 1993 年 7 月 30 日初版第 1 刷发行。

57. ［日］北川善太郎：《债权总论（民法讲要Ⅲ）》，有斐阁 1993 年 4 月 30 日初版第 1 刷发行。

58. ［日］柚木馨编集：《注释民法》（14）（债权 5）（赠与、买卖、交换），有斐阁 1974 年 7 月 30 日初版第 8 刷发行。

59. ［日］鸠山秀夫：《增订日本债权法各论》（上卷），岩波书店 1929 年 1 月 15 日增订第 10 刷发行。

60. ［日］鸠山秀夫：《增订日本债权法各论》（下卷），岩波书店 1926 年 2 月 5 日第 3 刷发行。

61. GY·ディオズディ：《罗马所有权法的理论》，［日］佐藤笃士、西村隆誉志、谷口贵都译，学阳书房 1983 年 3 月 5 日初版发行。

62. 《P. スタイン 法進化のメタヒストリー》，［日］今野勉、岡嵜修、長谷川史明译，文真堂 1989 年 10 月 30 日初版第 1 刷发行。

63. ［日］中田裕康：《契约法》，有斐阁 2017 年 12 月 25 日初版第 3 刷发行。

64. 《镰仓之花小事典》，かまくら春秋社 2005 年 4 月 8 日发行。

65. ［日］木村泰夫著，［日］松尾弘子写真：《雷、天候、农耕、学问、艺能——庶民的祈愿：天神さん人形》，日贸出版社 2000 年 1 月 15 日初版第 1 刷发行。

## 三、参考的法典与辞（词）典

1. 台湾大学法律学研究所编译（梅仲协等编译）：《德国民法》，1965 年 5 月印行。

2. 王融擎编译：《日本民法：条文与判例》（上册、下册），中国法制出版社 2018 年版。

3. 台湾大学法律学院、财团法人台大法学基金会：《德国民法》（上、下），元照出版有限公司 2016 年版。

4. 戴永盛译：《瑞士民法典》，中国政法大学出版社 2016 年版。

5. 罗结珍译：《法国民法典》，中国法制出版社 1999 年版。

6. 戴永盛译：《奥地利普通民法典》，中国政法大学出版社 2016 年版。

7. 陈聪富主编：《月旦小六法》（第十七版），元照出版有限公司 2014 年版。

8. 台湾大学法律学院、台大法学基金会编译：《德国民法典》，北京大学出版社 2017 年版。

9. ［日］大越美惠子、高桥美和子编：《易解汉字读音手册——为中国人的汉字的读法手册》，株式会社スリーエーネットワーク1997 年版。

10. 北京对外经济贸易大学、北京商务印书馆、小学馆共同编集：《日中辞典》，凸版印刷株式会社印刷 1997 年 1 月 10 日初版 17 刷发行。

11. 田世昌主编：《日语外来语大词典》，机械工业出版社 1997 年版。

12. 日本内阁法制局法令用语研究会编（林大编集协力）：《有斐阁法律用语辞典》，有斐阁 1998 年 6 月 30 日初版第 8 刷发行。

13. ［日］田中英夫（编集代表）等：《英美法辞典》，东京大学出版会 1991 年版。

14. 袁珂编著：《中国民族神话词典》，四川省社会科学院出版社 1989 年版。

15. 《民族词典》编辑委员会编（陈永龄主编）：《民族词典》，上海辞书出版社 1987 年版。

16. 李叔还编：《道教大辞典》（影印本），浙江古籍出版社 1987 年版。

17. 爱知大学中日大辞典编纂处：《中日大辞典》（增订第二版），大修馆书店 1996 年 10 月 1 日增订第二版第 6 刷发行。

# 后　记

　　本《婚姻家庭法》著作系为我完成民法总则、物权法及债法相关著作的写作后所撰写的另一部重要作品。于本著作付梓之际，谨再赘数言，以表达此时的心境。

　　本著作的书名的英文翻译系由陈姝羽硕士担任。我指导的中央财经大学法学院的硕士生赵欣元为我写作本书时遇到的日文释义、日文片假名打印等中的诸多疑惑与困难提供助益，谨致谢忱。我指导的在读博士生凌尧帆也为我提供助益，谨记于此，供作忆念。凌尧帆还将本书所附的照片扫描成电子版，并将其置于本书的恰当位置。另外，一如既往，雷悦硕士、周萌硕士也为本书的出版提供助益。最后，还要感念中国政法大学出版社的邝技科老师，她做事严谨、踏实，我从内心深处对她充满了无尽的感念、崇敬与爱戴之情。所有这些皆一并记录于此，供作纪念、追忆与怀念！

　　于此 2024 年的春天开启、肇始之际，谨写上如上话语，并以此表达祝福与祝愿！

陈华彬

二〇二四年三月六日谨识